政策性金融论

王学人　著

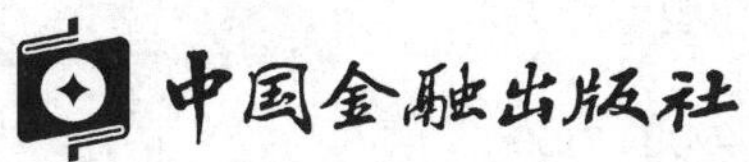

责任编辑：张智慧　赵晨子
责任校对：孙　蕊
责任印制：丁淮宾

图书在版编目（CIP）数据

政策性金融论（Zhengcexing Jinronglun）/王学人著．—北京：中国金融出版社，2014.9
ISBN 978－7－5049－7590－4

Ⅰ．①政…　Ⅱ．①王…　Ⅲ．①金融业—研究—中国　Ⅳ．①F832

中国版本图书馆CIP数据核字（2014）第146473号

出版
发行　中国金融出版社

社址　北京市丰台区益泽路2号
市场开发部　（010)63266347，63805472，63439533（传真）
网上书店　http://www.chinafph.com
　　　　　（010)63286832，63365686（传真）
读者服务部　（010)66070833，62568380
邮编　100071
经销　新华书店
印刷　保利达印务有限公司
尺寸　169毫米×239毫米
印张　15.5
字数　281千
版次　2014年9月第1版
印次　2014年9月第1次印刷
定价　33.00元
ISBN 978－7－5049－7590－4/F.7150
如出现印装错误本社负责调换　联系电话（010）63263947

目　　录

1　导论 …… 1
1.1　选题意义 …… 1
1.2　文献述评 …… 3
1.2.1　国外研究述评 …… 3
1.2.2　国内研究述评 …… 10
1.3　研究思路与方法 …… 17
1.3.1　研究思路 …… 17
1.3.2　研究方法 …… 18
1.4　内容与结构 …… 20
1.4.1　主要内容 …… 20
1.4.2　结构安排 …… 22

2　政策性金融的本质特征与构成要素 …… 25
2.1　经济发展与政策性金融的产生 …… 25
2.1.1　市场经济的发展与政府的介入 …… 25
2.1.2　经济发展过程中金融的兴起 …… 29
2.1.3　金融体系中政策性金融的出现 …… 34
2.2　政策性金融的定义及特征 …… 38
2.2.1　定义 …… 38
2.2.2　主要特征 …… 40
2.3　政策性金融的构成要素 …… 42
2.3.1　政策性金融的组织形式 …… 42
2.3.2　政策性金融的运行机制 …… 44
2.3.3　政策性金融的主要业务 …… 48
2.3.4　政策性金融的法制基础 …… 49
2.4　政策性金融的经济功能 …… 51
2.4.1　一般职能 …… 51

2.4.2 特有职能 …… 52

3 政策性金融形成中的制度均衡 …… 55
3.1 问题的提出 …… 55
3.2 政策性金融的制度需求 …… 55
3.2.1 金融市场缺陷 …… 55
3.2.2 市场与社会目标的分歧 …… 59
3.2.3 需求主体 …… 60
3.2.4 环境 …… 61
3.3 政策性金融的制度供给 …… 64
3.3.1 组建国有金融机构 …… 65
3.3.2 与商业性非国有金融机构开展合作 …… 67
3.3.3 运用公共财政手段 …… 68
3.3.4 设立国有专业政策性金融机构 …… 69
3.3.5 设立非国有专业化政策性金融机构 …… 72
3.4 政策性金融的制度选择 …… 74
3.4.1 制度选择主体 …… 74
3.4.2 环境与初始条件 …… 76
3.4.3 不同制度安排预期的成本收益比较 …… 76
3.4.4 影响政策性金融体系运行边界动态调整的主要因素 …… 78
3.5 结论：制度均衡的形成 …… 80

4 政策性金融的运行失序与治理 …… 83
4.1 政策性金融体系运行中的主体行为的互动 …… 83
4.1.1 政策性金融体系中的行为主体 …… 83
4.1.2 政策性金融体系中主体间的互动关系 …… 85
4.2 政策性金融运行中的主体行为及由此产生的干扰 …… 86
4.2.1 政府部门行为及其产生的干扰 …… 86
4.2.2 政策性金融机构行为及其干扰 …… 88
4.2.3 政策性金融服务需求者行为及其干扰 …… 88
4.3 政策性金融体系运行中的失序 …… 89
4.4 政策性金融运行失序问题的治理 …… 90
4.4.1 法治型政府 …… 93
4.4.2 治理机制 …… 95
4.4.3 机构建设 …… 96

4.4.4　金融生态环境 …… 98
4.5　菲律宾开发银行的案例分析与启示 …… 99
4.6　结论 …… 101

5　政策性金融的变迁 …… 102
5.1　传统政策性金融的发展演变模式 …… 102
5.1.1　欧美国家政策性金融的发展演变模式：自然淡出 …… 102
5.1.2　发展中国家的政策性金融发展演变模式：压力下的改革 …… 104
5.1.3　后起新兴国家的政策性金融发展演变模式：职能转换 …… 106
5.2　传统政策性金融的演变路径 …… 110
5.2.1　继续保留高政策性传统的政策性金融机构 …… 112
5.2.2　面向“高政策性、较高金融性”金融机构转型 …… 113
5.2.3　面向“低政策性、高金融性”金融机构转型 …… 116
5.2.4　小结 …… 116
5.3　政策性金融制度变迁的理论分析 …… 118
5.3.1　生产力的发展与世界各国经济发展阶段的变化 …… 120
5.3.2　经济全球化的影响 …… 121
5.3.3　金融自由化进程的影响 …… 122
5.3.4　原有运作模式的弊端日益彰显 …… 123
5.3.5　一国的基本经济制度模式及其变迁态势 …… 124
5.4　结论与启示 …… 125
5.4.1　坚定对发展政策性金融体系的信心 …… 125
5.4.2　政策性金融发展变迁的主要启示 …… 128

6　我国政策性金融发展状况及面临的主要问题 …… 134
6.1　早期发展 …… 134
6.2　政策性银行的组建 …… 137
6.3　我国政策性银行概况 …… 139
6.3.1　国家开发银行 …… 139
6.3.2　中国农业发展银行 …… 141
6.3.3　中国进出口银行 …… 142
6.4　我国三家政策性银行的发展与绩效 …… 143
6.4.1　国家开发银行的发展与绩效 …… 143
6.4.2　中国农业发展银行的发展与绩效 …… 145
6.4.3　中国进出口银行的发展与绩效 …… 146

6.5 我国政策性银行的问题 …… 148
6.5.1 政策性金融法规制度不健全 …… 148
6.5.2 政策性银行与政府其他宏观管理部门的关系未理顺 …… 149
6.5.3 融资和国家财政担保制度不完善 …… 150
6.5.4 考核评价机制的难题未解决 …… 151
6.5.5 软预算约束问题突出 …… 151
6.5.6 监管机制远未到位 …… 153
6.5.7 微观治理机制不健全 …… 154
6.5.8 小结 …… 155
6.6 我国政策性银行面临的新挑战 …… 157
6.6.1 经济全球化 …… 157
6.6.2 我国经济发展进入新阶段 …… 158
6.6.3 金融制度变迁与国际政策性金融的改革潮流影响 …… 159
6.7 结论 …… 160

7 发展我国政策性金融的对策建议 …… 162
7.1 我国政策性金融改革的目标模式选择 …… 162
7.2 政策性金融的规模及其控制 …… 167
7.3 政府对政策性金融机构的管理体制的确定 …… 169
7.4 业务范围的界定、调整与区隔制度 …… 171
7.5 政策性金融机构融资制度的完善与规范 …… 175
7.5.1 资金来源问题 …… 176
7.5.2 资金成本问题 …… 177
7.5.3 资本金问题 …… 178
7.6 业绩考核评价机制的完善 …… 179
7.7 预算约束的硬化 …… 181
7.8 加强对政策性金融机构的监管 …… 183
7.9 微观治理机制的完善 …… 187
7.10 加快政策性金融立法进程 …… 191

8 中国政策性银行的转型与未来 …… 194
8.1 分析框架 …… 194
8.1.1 政策性金融转型的缘起与目的 …… 194
8.1.2 政策性金融转型的基本模式 …… 196
8.1.3 政策性金融转型的路径 …… 198

8.1.4　我国政策性金融转型的总体原则 …… 199
8.2　国家开发银行的转型 …… 201
8.2.1　国家开发银行转型的背景 …… 201
8.2.2　国家开发银行转型的目标 …… 202
8.2.3　国家开发银行转型的具体措施建议 …… 203
8.3　中国农业发展银行的转型 …… 206
8.3.1　中国农业发展银行转型的背景 …… 206
8.3.2　中国农业发展银行转型的目标 …… 207
8.3.3　中国农业发展转型的具体措施建议 …… 209
8.4　中国进出口银行的转型 …… 211
8.4.1　中国进出口银行的发展瓶颈及转型背景 …… 211
8.4.2　中国进出口银行转型目标的确定 …… 212
8.4.3　中国进出口银行转型的具体措施建议 …… 213
8.5　中国政策性金融的转型进展与未来展望 …… 215
8.5.1　转型进展 …… 215
8.5.2　组织构架 …… 218
8.5.3　政策性金融功能 …… 219
8.5.4　政策性金融机构市场竞争力 …… 222

参考文献 …… 224

后记 …… 238

1 导　　论

1.1 选题意义

政策性金融通常是指在一国政府支持下创立、以国家信用为基础、不以盈利为目的、专为配合政府社会经济政策和意图而在特定业务领域内直接或间接从事为实现政策目标服务的资金融通活动。它也常被视为市场性与公共性、财政性与金融性、微观性与宏观性、有偿性与无偿性、直接管理与间接管理、市场运作与政府干预的巧妙结合与统一，发挥着政府发展经济与促进社会进步，以及完善宏观经济调控的积极作用。鉴于政策性金融的特殊性质和独特功能，对政策性金融的理论和实践进行深入的研究，无论是对政策性金融自身的发展，还是对加强和改善宏观经济调控，都具有重要的现实意义。

首先，它有助于我们借鉴国外政策性金融实践中的成功经验，促进我国政策性金融快速健康发展。从全球范围来看，早期的政策性金融机构出现于19世纪末期，如1894年法国政府通过法令建立的一批专门为农业经营者提供优惠流动资金的金融机构——“农业信贷互助地方金库”，而20世纪30年代则是各国政策性金融蓬勃发展的时期，但政策性金融真正引起各国理论界的重视则是在“二战”以后至20世纪50年代，在此期间各国的政策性金融得到迅速发展，并且对经济发展尤其是金融发展起到了极为重要的推进作用。特别是自然禀赋较差的日本能在“二战”后短短的二十多年里迅速崛起，成为当今世界仅次于于美国的第二经济大国，其国内的政策性金融功不可没。与国外相比，我国政策性金融的起步要晚得多。我国政策性金融体系的正式建立，是以1994年先后成立国家开发银行、中国进出口银行和中国农业发展银行为标志的。回顾我国政策性金融发展至今十余年的历程，它在调整国家经济结构、优化资源配置、弥补市场缺陷、促进国民经济协调发展等方面都发挥了不可替代的重要作用。但也应看到，我国政策性金融体系在运行过程中也出现了一系列问题。这些问题之所以出现，一个重要原因在于我国政策性金融体系作为一种新生事物，其运行的时间较短，缺少足够的管理和运营经验。为此，通过总结和借鉴国外政策性金融实践中的成功经验，从中把握其具有共性的规律与原则，用于我国，正是后起国家的一种优势所在，有助于我们少走弯路。

其次，由于政策性金融的主要目的在于服从和服务于国家的整体利益及长远利益，是国家实施宏观调控的重要手段之一，因此，加强对政策性金融发展规律的研究，也有助于我们不断提高政策性金融的运行效率，并使政府在促进经济增长、调整地区和产业结构、维护国际收支平衡等方面的调控目标能更好地得以实现。事实上，在未来相当一段时期内，受生产力水平和国际经济环境变化的制约，我国仍将处于欠发达状态。为了维护我国产业和经济安全（王学人等，2005），推动经济跨越式发展，我国也需要充分借鉴日本等国的起飞和成长经验，充分发挥政策性金融在扶持弱势产业或战略性产业、促进我国出口升级、支持我国企业实施“走出去”战略，以及促进地区平衡发展等方面所起到的难以替代的作用。

此外，为应对“入世”和经济发展的挑战，我国急需改革传统的国有商业银行，增强其市场竞争力，这就需要尽快将其原先承担的政策性业务剥离出来，让政策性金融机构或其他机构来承担，从这个意义上讲，我国国有商业银行改革的推进也离不开政策性金融体系的相应支撑。但在我国现阶段，政策性金融机构在制度设计、运行模式和外部环境支持等方面还存在诸多问题，其运行效率还有待提高。因此，要深化我国金融改革，提高金融体系整体竞争力，就不能不同时重视政策性金融的健康发展。事实上，党中央、国务院对政策性银行的改革高度重视，早在“十一五”规划纲要中，就明确提出要“合理确定政策性银行职能定位，健全自我约束机制、风险调控机制和风险补偿机制”。2007 年年初，全国金融工作会议确定，国家开发银行将在三家政策性银行中率先进行改革。国家开发银行将按照建立现代金融企业制度的要求，全面推行商业化运作，自主经营、自担风险、自负盈亏，主要从事中长期业务。2013 年 11 月召开的十八届三中全会上，又提出了“推进政策性金融机构改革”的要求。如何进一步深化改革，更好地发挥政策性银行的作用，又成为了各界关注的新课题之一。

综上所述，基于政策性金融的特殊性质和我国当前经济发展的实际，对政策性金融展开较为系统的理论和实践探讨，无论对于促进我国政策性金融体系发展，还是支持我国金融系统的改革以及提升我国宏观调控的水平，都具有重要的现实意义。

1.2 文献述评

1.2.1 国外研究述评

William Diamond（1957）认为，政策性金融机构最早出现于法国，即1852年组建的两家法国银行——the Crédit Foncier 和 the Crédit Mobilier。设立它们的初衷在于专门为铁路和工业的发展提供大量较低利率（相对于同期的市场利率而言）的贷款，从而推动这些在国民经济中具有重要地位的关键部门的发展，同时，也减少政府对它们的补贴。自那以后，一些西欧国家也陆续组建了类似的机构。进入20世纪尤其是两次世界大战的战后时期，为了达到尽快恢复生产的目的，更多的国家组建了各种类型的政策性金融机构，使之日渐成为国家金融体系中不可或缺的组成部分。在政策性金融机构不断向前演进的过程中，许多专家和学者对于这一新生事物，从不同角度展开了各式各样的思考，总结出许多真知灼见，为增进人们对它的理解和进行深入的研究打下了基础。

1.2.1.1 政策性金融的概念及特点

一些经济学家认为，较早出现的“开发银行”或“投资银行”的重要特征就在于专门侧重于“提供长期性信贷”。这也正是Olmstead（1972）将the Crédit Foncier 和 the Crédit Mobilier 归类为政策性金融机构的原因。此外，Olmstead 还指出，“开发银行”的另一个显著特点是，要对所融资的项目提供类似于企业家要素的投入，即开发银行的银行家们，还要积极参与对所融资项目的规划，并且常在已融资企业中发挥类似于普通公司董事所需提供的参谋、咨询、指导和控制等功能。从这种意义上讲，Olmstead 认为，其实美国早在19世纪上半叶时就出现了政策性金融机构，因为当时的纽约城市互助储蓄银行正具有以上提到的一些重要特征。

日本学者小滨裕久、奥田英信等人则提出①，政策性金融是指“为了实现产业政策等特定的政策目标而采取的金融手段”，也即为了培育特定的战略性产业，在利率、贷款期限、担保条件等方面予以优惠，并有选择地提供资金。政策性金融并不仅仅是由开发金融机构提供资金（即狭义的政策金融），商业金融机构在政府干预下为特定产业政策提供资金也包括在内（即广义的政策金融）。

从上述定义来看，国外的“政策性金融”这一概念实际上包含有比较广泛的内涵。它既可以指某种特殊的金融机构，也可以指某类独特的金融工具。而

---

① 小滨裕久，奥田英信，池田洁，饱启一朗．韩国的工业化与政策性金融［J］．世界经济评论，1994（10）．

将两者纳为一体的共同点就在于其与政府之间具有的相似关系——受控于并服务于特殊的政府目的。

1.2.1.2 政策性金融的产生机理

通常认为，政策性金融从本质上讲是市场失效以及由此导致的政府介入的结果。Stiglitz 和 Weiss（1981），Santomero（1989）和 Diamond（1984）指出，基于信息不对称而产生的市场不完善是真实的，并且能够带来市场失效。在 Antonio Vives 和 Kim Staking（1997）看来，这种市场失效主要体现在以下几个方面：（1）信息不对称，即指金融交易中的贷款人为了获得作为放款依据所需掌握的信息（如借款人的诚信度），必须支出一笔为数不菲的费用，并且任何一个贷款人得到了这一信息后，其他潜在的贷款人可以通过观察当前贷款人的行为而免费地获得那些信息，从而就会出现“搭便车”的现象，最终使所有贷款人都没有积极性去率先收集特定借款人的信息，而由于没有任何一个贷款人愿意在信息收集和监控方面作出投资，特定的借款人就将受到金融市场的排斥。此外，信息不对称还会导致逆向选择和道德风险问题。（2）外部性，即指贷款方对某些专门活动的融资将会对国民经济的其他部门带来正向的溢出效果。这种说法常用来证明政府对科技、农业、中小企业以及一些示范性项目支持的正当性。（3）新兴市场中信贷或其他金融市场的普通失效。如缺乏长期资本市场以及必要的风险规避工具，或者说贷款方因为处于有利的垄断地位而收取高价，抑制了金融市场的正常发育。要克服以上这些市场失效现象，就需要借助政府的力量。这种看法其实是从“社会利益论”的角度论证了政策性金融产生的原因，即西方微观经济学理论中的两个假设条件（即完善的市场和完全的竞争）是不可能在现实社会中存在的，因而市场失灵也就是不可避免的，这样的话，金融市场中也必然存在市场失灵问题，如信息不充分、信息不对称、垄断、公共品、规模经济递增和外部性等。而这些问题又会对社会整体利益带来不利的影响，为了维护社会（国家）的整体利益，政策性金融便应运而生。

但是，Antonio Vives 和 Kim Staking（1997）同时也强调，市场失效只是政府介入金融市场的必要条件而非充分条件，除非政府能够证明它的介入能够纠正市场失效或外部性，或者它有能力比私营部门更有效地解决好信息问题，否则，政府的干预理由仍然不充分。他们指出，将政府失效与市场失效区分开来是重要的。因为普通的商业银行之所以不愿给特定部门贷款，或许是出于法律方面的约束或管制方面的限制，比如司法系统不愿或不能保护合同的执行，以及政府曾强制银行对某些部门免除债务或在旧账未了的前提下继续提供新贷款。他们认为，如果是属于这类情况，政府应做的就是消除那些不当的限制，而不是将一只手直接伸进银行。

应当承认，Antonio Vives 和 Kim Staking（1997）的看法是很有见地的，他们的观点比简单的“社会利益论”又前进了一大步，而且指出了政府干预可能正是导致市场失效的罪魁祸首。但是，这种观点并没有论证清楚政策性金融存在的充分性。事实上，国内一些研究[①]已经指出了各国政策性金融制度有着巨大的差异，那么，这其中的原因何在？对于不同的政策性金融制度，它们各有何优劣之处？笔者认为，只有把这些问题分析清楚，才能更加深入地从理论上把握政策性金融制度产生和确立的内在逻辑，政策性金融制度的多样性现象也才能得到更为准确的解释。

Corrigan（1997）认为，从日本、韩国及其他一些国家通过金融手段去支持特定部门的经验来看，我们有理由推断，只要符合一定的条件，任何国家的发展史上都会出现这样一个时刻，此时需要政策性信贷或其他形式的信贷干预来发挥作用，以将资金输送给某些从社会经济的整体角度看有必要支持但市场却不能或不愿供给资金的那些经济活动，并且政府不大可能轻易停止这种干预。

1.2.1.3 政策性金融的作用

虽然许多文献也曾笼统地从理论角度抽象地分析过政策性金融的作用，但这种分析在笔者看来总有点在自圆其说中兜圈子的味道。能够真正说明问题的是来自对实践的总结。

Dietrich（1935）对英国自 1919 年以来引入的具有显著的政策性金融特征的出口信贷保险计划的分析表明，该计划的价值是不容低估的。首先，对出口商而言，该计划既方便了其获取信贷和票据贴现，又有助于为其提供中长期贷款；其次，对政府而言，该计划也达到了促进英国出口贸易的目的。因此，随着时间的推移，英国已将其作为国家对外经济政策中一个固定的组成部分。

Fergusson（1948）对 1944 年 10 月成立的加拿大工业开发银行（The Industrial Development Bank of Canada，IDBC）的运行实践的分析表明，该银行的成立，适时地满足了“二战”后中小型工业企业为实现生产转型（从战时工业转为平时工业）和现代化改造等所需的长期性资本需求。自其开通业务以后，该银行的业务量不断扩大，以致在短短的三年后，该银行就不得不再向加拿大银行申请追加资本金。

Dimitri Vittas 和 Akihiko Kawaura（1995）在这方面结合日本的实践展开了分析。他们认为，在“二战”后日本的经济建设过程中，政策性金融对于新企业

---

① 如：白钦先，曲昭光．各国政策性金融机构比较．中国金融出版社，1993；白钦先，薛誉华．各国中小企业政策性金融体系比较．中国金融出版社，2001；白钦先，徐爱田，欧建雄．各国进出口政策性金融体制比较．中国金融出版社，2003；白钦先，王伟．各国开发性政策性金融体制比较．中国金融出版社，2005．

和扩张企业克服外部金融抑制问题上发挥了非常关键的作用，尤其是对那些与居于主导性放款地位的大型商业银行缺少联系的企业而言更是如此。政策性金融的作用是通过如下的方式实现的，即政府组建起一些专业性的政策性金融机构，由它们作为中介负责把邮政储蓄资金输送给政府指定的企业，这些被指定的企业通常要么属于政府优先发展的产业，要么属于正处在现代化和结构调整过程中的产业，要么属于出口部门，要么仅是与大型产业财团没有联系的中小规模企业。

Charles W. Calomiris, Charles P. Himmelberg（1995）通过对战后日本机床业的实证分析发现，政府的管理信贷政策的确有助于促进投资。他们通过对这些贷款进行仔细地微观计量得出的结论是，政府贷款对总投资及净投资都具有巨大的、积极的影响。统计数据也表明了这一影响的重大，以3年累计效益计算，其政府来源的贷款每增加1元，带来的固定资本资产投资则增加2美元以上。但他们对于这一发现的正确性和可信度有多高并不是很有把握。因为他们意识到，实证分析中所涉及的只是一个产业内的企业，而没有估算到与此同时剥夺的原本可以流向其他部门的资金而带来的社会成本。这样一来，如果从社会全局的角度来看，管理信贷政策所带来的综合结果或许并不一定值得乐观，而且还要考虑到管理信贷政策受到政治操纵的可能性，特别是在建设基础设施和公共健康等项目上，这种可能性是有的。

Horiuchi 和 Sui 于1993年对日本开发银行的指导性贷款在20世纪60年代促进私人投资中所起的作用进行了研究（Horiuchi Akiyoshi, Sui Qing - yuan, 1993）。当时日本开发银行是对大中型企业进行政策性贷款的主要机构。他们的抽样调查包括了1965年在东京股票交易所上市的477家中型企业，得出的结论是：（1）日本开发银行借款使投资出现净增长。（2）日本开发银行发放贷款促使私营银行借款额增加，这说明日本开发银行贷款没有挤占私营银行贷款。（3）企业从私营银行借款的增加是在企业接受日本开发银行以后，这就增加了企业从非“核心”银行获得贷款的能力（日本的企业通常与一系列银行有业务关系）。这一研究表明，政策贷款似乎的确起到了信号和保险机制的作用。

世界银行（1994）在其著名的《东亚奇迹》报告中则指出，东亚国家政府政策贷款的结果是好坏参半的。该报告认为，发放给出口企业的贷款是促进经济发展的有利因素。如韩国工业之所以能实现迅速发展，与制造业出口上升所产生的带动效应是紧密相关的（Cho 和 Kim, 1993）。而其他更为具体的指导性贷款计划则利弊兼具。另外，尽管对韩国和日本政策贷款目标和结果分析研究得出的结论是，政府贷款项目发挥了积极的协作作用，但是在其他一些如国家，如印度尼西亚、马来西亚和泰国的大多数政策贷款并未达到预期目标。因而，这些国家政府放弃了许多这样的计划。

Antonio Vives 和 Kim Staking（1997）等则认为，要想知道政策性金融是否得不偿失是不可能的。对于政策性信贷的效果和需求仍将存在广泛争议。

以上诸多研究表明，如果仅仅从政策性金融的直接收益来看，它应当是对经济发展有积极的促进作用的，但是，它毕竟也会给经济造成一定的扭曲。另外，就政策性金融本身而言，它只不过是一种政策工具，能否取得预期的效果还要看各国如何来具体运用和执行它。

1.2.1.4 政策性金融的成本

引入政策性金融是要付出代价的。一些研究者如 Cho Yoon J（1997）、Santomero（1997）、Vittas（1997）已经指出，许多东亚国家通过管理信贷政策等方式而取得的经济上的相对成功，是以阻滞了更加完善的金融市场的发展为代价的。如世界银行（1993）所指出的那样，大量高补贴的政策贷款的成本也很高（见表 1.1），并很可能随着经济的发展继续增加。这些政策贷款使银行也背上了贷款无法回收这个包袱，妨碍了金融体制的有效运行，阻碍了金融储蓄的增长，有时甚至危及宏观经济的稳定。

表 1.1 若干东亚及其他发展中国家的政策贷款的实际利率

国家或地区	政策贷款（%）	非政策贷款（%）
印度尼西亚，1981—1983 年，流动贷款	-1.7 ~ 4.8	—
日本，1951—1960 年	0.5 ~ 3.8	3.1 ~ 4.6
韩国，1970—1980 年，工业	-2.7	2.9
出口	-6.7	2.9
中国台湾，1980—1989 年，工业	1.9 ~ 3.9	4.6
1984—1985 年，出口	1.5	4.6
巴西，1987 年	-23.5	—
哥伦比亚，1981—1987 年，工业	1.5	13.5
印度，1992 年	-2.5 ~ 4.0	7.0
墨西哥，1987—1988 年	-24.0	6.0
土耳其，1981 年，工业	-4.0 ~ 15.0	13.9
1980—1989 年，出口	-14.0	13.0

注：— 数据不详。

资料来源：JDB/JER（1993）；世界银行数据。转引自：世界银行，《东亚奇迹》（中译本），中国财政经济出版社，1994 年版：第 195 页。

毫无疑问，当政府被迫通过管理分配的方式来确定信贷政策时，肯定会有许多不尽完善之处。仅从政府特有的激励结构这一点，就可以看出不应对政府部门提高效率抱有太高期望。另外，政府对资源分配不当的可能性也是相当大的，这或许是受信息不充分的限制，或许是受寻租行为的影响。当这些成本似乎已在日本得到控制时（Shibata，1997），一个关于韩国经验的初步评估却显示，干预的成本实际上是很高的（Cho，1997）。

最后，还应考虑到前面已提及的政策性金融所带来的社会成本（Calomiris 和 Himmelberg，1992）。对此，Antonio Vives 和 Kim Staking（1997）作了一个大致的归纳。他们将相关的潜在成本划分为三类：一是政府干预的直接成本，如用于支付直接补助或利率补贴的资金，以及政府干预对相关金融市场所造成的扭曲等，如因向那些不具有竞争力的企业或者没有政府支持可能退出市场的企业提供融资时所带来的机会成本。二是信贷干预政策得不到正确实施所带来的成本，如政策性金融机构内部管理水平低下，或无法保持应有的抗政治干扰能力，导致资源得不到有效配置，以及寻租活动盛行所带来的相关成本。三是对金融市场发展所产生的金融抑制的影响，如当政府主宰了对工业或主要出口商的长期信贷供给时，那么其他经济主体就缺少足够的动力去发展那些更加现代的金融工具和技术，包括多层次的资本市场、机构投资者、风险资本专家以及其他类似的机构或工具等，金融市场的发展也必然受到抑制。

总的来看，以上研究尽管指出了政策性金融体系所产生的各种负面影响，但是，它并没有深入分析这些影响是如何实现的。另外，上述研究尽管隐晦地指出了政府和政策性金融机构两大主体在导致政策性金融运行失效中的作用，但是并没有深入分析并指出其原因何在，并且也没有揭示出政策性金融体系内各相关主体的行为动机及其相互联系形式。然而在笔者看来，这一点对于我们理解政策性金融体系的运行却是至关重要的，因为政策性金融体系的运行成败和得失正是由这些主体的目标和行为所决定的。

1.2.1.5 政策性金融成功运行的经验

如何才能控制政策性金融的成本，使政策性金融得到有效运转呢？在这方面，日本开发银行是一个值得关注的成功典型。它作为主要的政府贷款人，在1951—1955 年的平均贷款注销坏账率仅为 0.09%；而在 1956—1965 年是 0.01%，这比当时主要从事短期贷款且业务更加多样化的商业银行和信托银行的注销坏账率还要低。日本开发银行（JDP，1994）在总结这一非凡业绩的成因时所给出的答案是，必须做到以下三点：其一，是对市场经济的尊重，即要有一个充分按市场法则运转的民营经济体系。这其中也包括一个占主导地位的私营金融机构体系。其二，是使政府意图与民间愿望保持充分的协调。即政府产业政策不是凭空制定的，而是经过与民间部门的充分沟通和协调后制定的，这样体现政府意图的政策性金融机构在确定其资金配置的优先次序时，就不会与民间部门产生冲突。其三，则与政策性金融机构自身的情况有关，即要求政策性金融机构具有健全的内部机制和先进的管理理念，并且其内部管理的自主权受到尊重。如JDP就是凭借其较高的专业化水平、中立性和公正的评估系统，自主地作出资金投放决策，并取得良好绩效的。

Vittas和Cho（1994，1995）在对中国、日本、韩国以及印度等国的信贷政策进行考察后，归纳出了这些国家的一些经验：（1）信贷项目必须量小，集中于较为狭窄的领域，并且持续时间是有限的（伴随有明确的项目终止条款）；（2）信贷补贴必须较低，以使对激励扭曲最小化；（3）信贷计划资金必须来自于长期资金以防止通货膨胀和宏观经济不稳定，除了在发展的早期阶段要靠中央银行的帮助才能推动经济增长进入起步阶段以外，应当避免向中央银行求援；（4）信贷政策应致力于取得显著的正外部效应（或避免负的外部效应）；（5）信贷政策应促进工业化和具有国际竞争力的竞争性私营部门的出口导向；（6）信贷政策应当是一个可信的以促进增长和收入平等的经济发展远景的一部分，而且应当包括一个完善的金融体制的长期战略；（7）政策导向型贷款应该通过具有良好资本结构和管理能力较强、为享有自主权的经理人所实行专业化管理的金融机构来输送给借款人；（8）信贷政策应当基于清晰的、目标明确的、容易付诸监督的原则之上；（9）信贷项目应当努力实现良好的偿还记录和尽量少的损失；（10）信贷政策应当依赖有效连接公有部门和私营部门的沟通和协调机制，同时也包括对基本的市场信息的收集和散发的依赖。

Cho, Yoon - Je和Thomas Hellmann（1994）的研究则指出，信贷政策能否取得成功，在很大程度上取决于这些政策被怎样执行以及有何种制度环境来给予支持。即使不同的国家瞄准相同的产业和借款人，但结果仍可能大为不同，这主要依赖于信贷政策的实施是否得到了紧密的监控；另外，信贷政策的有效性也取决于是否瞄准了正确的借款者群体；更为重要的是，要取决于其所处的制度环境，即有关政府、企业和金融机构关系的正式和非正式的各种制度安排。这一观点在M. A. Taslim（1995）的研究中也得到了强调。他指出，当负有确保合同义务得以履行的制度或机构不是十分健全或根本匮乏时，就会出现故意违约的动机，而那些由公共投资金融机构所提供的贷款就更是如此。这种现象已在孟加拉国得到证实，在20世纪70年代末至80年代，该国的贷款违约问题就达到相当严重的程度。

世界银行（1993）的研究指出，与大多数试图运用政策性贷款而又失败了的国家相比，日本、韩国之所以能够取得成功，似乎正是因为它们在项目设计、评估和监督方面有很强的机构执行能力。由于这一点，其政策性贷款通常是给予那些资信状况好且有活力的项目。更重要的是，这也是与许多发展中国家形成鲜明对比的地方，其政策性资金一般都实际用于配置的目的，则使其贷款偿还率很高，且损失很少。

总之，以上研究表明，某些国家政策性金融的成功绝非是偶然的，它需要一个精心设计或安排的制度环境，既包括宏观性的法律环境，也包括与该体系运行相关的各环节的监控和执行制度。如若不然，那么考虑到政策性金融带来的各种成本和造成的经济扭曲，它很可能是得不偿失的。

1.2.2 国内研究述评

1.2.2.1 政策性金融的概念与依据

较早使用“政策性金融”这一术语的我国学者白钦先将其定义为“是在一国政府支持下，以国家信用为基础，运用各种特殊的融资手段，严格按照国家法规限定的业务范围、经营对象，以优惠性存贷利率直接或间接为贯彻、配合国家特定经济和社会发展政策而进行的一种特殊性资金融通行为，它是一切规范意义上的政策性贷款，一切带有特定政策性意向的存款、投资、担保、贴现、信用保险、存款保险、利息补贴等一系列特殊性资金融通行为的总称（白钦先，1998）。”瞿强（2000）则将其定义为后发展中国家为了实现一定的政策目标而采取的手段，它主要是通过建立政府银行或对银行体系的直接干预，以比市场或商业金融更优惠的条件，为特定的最终需求者提供中长期信用。谢汪送（1998）认为政策性金融是一个国家或地区在一定时期内为贯彻国家的产业政策，实现宏观经济目标及社会政治需要而规定的具有特定政策意义的金融行为。

对于政策性金融产生依据的分析，在近年的研究中，主要有资源配置折中论、战略资源配置论、市场建设与桥梁论、金融控制论和国家利益论等几种理论。

资源配置折中论认为，政策性金融正是在金融领域内把“政府”与“市场”两者对资源配置的作用进行“折中”的具体应用。政策性金融正是一方面需要体现出政府意图的“政策性”，另一方面又是需要遵循市场规律的金融中介。现代经济社会中的公共产品、准公共产品和私人产品，是由市场和政府这两种手段来进行资源配置的。在市场机制不健全、不完善的情况下，在具有准公共产品性质的特殊金融资源领域，需要由“无形之手”的市场机制和“有形之手”的政府机制进行联手，才能得到兼顾公平与效率的资源配置。这种联手在金融资源配置领域就表现为政策性金融机制。

战略资源配置论认为，“金融是一种稀缺资源，是一国最基本的战略资源①”，由于金融资源应被视为一种稀缺的国家战略资源，国家应遵循经济有效性和社会合理性两个基本原则对金融资源进行优化配置。在市场经济中的某些领域，商业性金融依据经济有效性原则会不愿提供融资，而这些领域对国家整体经济利益和经济发展又具有重要意义，就只有通过政策性金融依据社会合理

① 白钦先．金融可持续发展研究导论．中国金融出版社，2001．

性原则来进行金融资源配置（崔艳梅等，2004）。

市场建设与桥梁论认为，我国正处于转轨进程中，政府、企业、开发性金融等各种中介机构都应是市场建设的主体。建设市场是这些主体混合作用、自上而下与自下而上共同推进的渐进过程（陈元，2004）。政府应当将高能量的国家及政府信用用于建设市场，以建设和利用市场的方式，实现国家的经济社会发展目标。开发性金融在财政、商业金融、资本市场的“中间地带”，发挥着政府与市场的桥梁作用，是机构拉动阶段解决物质、社会、制度“瓶颈”和建设市场的最重要的主体之一。

国家利益论认为，在当前国际竞争日趋激烈、经济实力竞争日显重要的情况下，政策性金融有助于维护国家在对外交往中的整体利益（崔艳梅等，2004）。如国家介入进出口贸易将通过为特定产业及国家提供政策性金融支持，实现国家宏观调控目标；同时在我国入世的新形势下，可以根据世贸组织反补贴条款的要求，参照经济合作与发展组织（OECD）的有关规定并借鉴国际通行做法，发挥国家信用机构的作用，为提高我国企业的国际竞争力创造更加平等的竞争环境。从国际经验来看，无论是发达国家的农业政策性金融机构，还是发展中国家的农业政策性金融机构，无论是从世贸组织规则，还是从巴塞尔协议条款以及发达国家和发展中国家的通行做法来看，农业政策性金融机构都可以在支农促农上发挥不可替代的重要作用。

总的来看，上述研究虽然对政策性金融产生的原理从各种不同的角度进行了阐述，但是，在笔者看来，这些论证都有一个共同的问题：那就是它们都只是从制度的需求方面论证了政策性金融出现的原因，而没有从制度供给的角度来说明政策性金融机构为什么出现。事实上，解决市场失灵问题的手段可以是多种多样的，比如除了直接运用公共财政手段外，还可以采取由政府向商业性金融机构提供补贴，并由商业性金融机构代为提供的方式来满足政策性金融需求。然而，上述研究大多是将政府组建政策性金融机构的做法视为前提或已知条件，再反过来论证其存在的现实性和合理性，这样就排除了它与其他的市场失灵解决方案之间的比较与分析，自然就难以深刻地阐述现有政策性金融机构的产生原因。

1.2.2.2 政策性金融的功能定位

基于政策性金融的定义和原理，其功能既有与其他金融中介的相似之处，也有其特殊侧重。

首先，来看其作为金融中介的一般功能。一种观点认为，作为一种特殊的金融中介机构，政策性金融是没有发行存款形式要求权的，不是存款货币银行，换言之，除了一般不具备派生存款或信用创造功能，它具有其他金融中介应有的一切功能（白钦先，1998）。但也有学者提出异议，认为在特定情况下，政策性金融也有货币创造功能，即当政策性金融把来自于中央银行的再贷款运用到其业务活动中时，就具有货币创造功能（杨涛，2004），因为再贷款是中央银行影响基础货币的重要途径之一。

其次，再分析其作为体现国家政策性的制度工具的特殊功能。白钦先（1998）认为，政策性金融主要发挥六项特殊功能，包括：对基础产业和农业的直接扶植及强力推进功能；逆向性选择功能；诱导性功能；扩张性功能；补充性功能；专业性服务与协调功能。杨涛（2004）提出，政策性金融的特殊功能具体体现在六个方面：支持农业发展；支持基础设施建设；影响国家进出口业务；支持中小企业发展；增进社会福利水平（尤其在住房和社会保障方面）；优化经济结构（除了财政政策和产业政策外）。黄河静（2003）提出，政策性金融不以利润最大化为经营目标的特点就决定了它不同于商业性金融的特殊功能，这些功能主要体现在政策性功能、诱导性功能、区域经济梯度整合功能、补充性功能等方面。

1.2.2.3 我国政策性金融主体与其他相关主体的关系

政策性金融机构在行使其经济职能过程中，必然会与社会金融运行体系所涉及的其他主体之间产生多样化的关联，这些外部关联是政策性金融本质特征的逻辑延伸所致，即既要体现“政策性”，又是一种“金融中介工具”。为了更加深入地认识这些外部关系问题，我们主要介绍关于政策性金融主体与政府（尤其是财政）、商业银行以及中央银行等之间关系特征的研究情况。

第一，政策性金融主体与政府（尤其是财政）之间的关系。陈志祥（1997）提出，政策性金融的建立和运行不仅在一定程度上强化了政府财政调控力度，而且可以加速经济结构调整，有利于实现财政的宏观调控目标。但是，从政策性金融的内在规定性来看，它除了需要体现政府“政策性”导向的特性，还有作为“金融中介”的特性，因为政策性金融贷款发放是以按期偿还和收取利息为前提的。所以，我们在实践中一定要防止政策性金融被财政化运作而导致资金分配低效率，简言之，政策性金融和财政应明确分工，各司其职。由此，何正文（1998）认为，政策性金融与政府的密切关系体现在五个方面：其一，政策性金融的存在是由政府决定的；其二，政策性金融的资本和运营条件是由政府提供的；其三，政策性金融的融资领域及职能范围是由政府规定的；其四，政策性金融本身就具有财政分配的特性，而财政部门不仅为政策性金融提供资金、担保和补贴，而且也要在一定程度上对这些资金运营进行监督及管理；其五，政策性金融在业务上接受相关政府主管部门的业务指导，从而能更充分地体现政府相应经济政策意图。

第二，政策性金融主体与商业性金融主体之间的关系。何正文（1998）认为，这两者的关系在本质上是平等互补的关系，二者相辅相成，共同使一国的金融体系整体功能得以实现。具体表现在以下四个方面：其一，两者在法律上的地位是平等的；其二，两者的业务范围是互补的；其三，两者间存在业务的委托—代理关系；其四，当商业性金融从事的业务符合政府的经济政策意图时，政策性金融就会给予资金、利息补贴及偿还担保等支持。白钦先（2005）等则更为深入地从静态和动态两个方面来阐述政策性金融与商业性金融的关系。他们认为，从静态的角度来看，政策性金融与商业性金融是一个完整的金融统一体中不可或缺的两翼，二者相互对称，彼此平行并列，相互补充而非相互替代，是平等协调合作的伙伴而非对立或从属的竞争对手；从动态的角度来看，市场是一个动态过程，政策性金融和商业性金融的活动领域也是一个相对的不断变动与调整的过程，不同国家在同一时期或者同一国家在不同时期，两者的“界限”总是相对的。

第三，政策性金融主体与中央银行之间的关系。陈志祥（1997）提出，虽然政策性金融与中央银行的关系相对松散，例如日本的“二行九库”均由大藏省领导而不受日本银行直接管理，但是这并不意味中央银行可以完全放任。否则，政策性金融就成为“第二中央银行”，最终导致其负责的政策性业务与经营性业务之间的矛盾转化为调控者与被调控者之间的矛盾。何正文（1998）则认为，虽然两者间的关系比较松散，但中央银行仍然有责任依法对政策性金融进行监督和管理。一方面我国中央银行在既定调控目标和资金能力允许的条件下，可以提供再贴现、再贷款、专项基金贷款、购买政策性金融机构债券等方式为向政策性金融提供资金支持；另一方面，中央银行也可以派驻代表参与政策性金融的重大决策和业绩考核，以实现对政策性金融的运营监管。

以上的研究，虽然对政策性金融机构与政府部门和商业性金融机构的关系作了很好的说明，但是，它仍然忽略了一些十分重要的问题，比如怎样防止政府对政策性金融机构的不当干预问题，同时也没有提出如何保障两者之间的适当关系得到实现。事实上，正如众所周知的那样，现实生活中不仅有“市场失灵”，也有“政府失灵”，那么，这种“政府失灵”对政策性金融的运行有哪些影响？其后果如何？如何来防止政府的越位？对于这些问题，上述研究中都没有提出并进行深入分析。

1.2.2.4 我国政策性金融运行中存在的问题及制度缺陷

虽然我国政策性金融机构近年来取得了显著的发展，但是运行中也出现了不少问题。从现有的文献来看，主要将其问题及其根源归结为制度安排不合理或不完善。

第一，法律制度方面的缺陷。我国的三家政策性金融机构成立至今，没有专门的立法来保障和规范其运行，对其经营范围、运行规则、违规处罚等都没有明确的法律规定，而在其成立时国务院的批复文件也没有根据经济发展阶段的变化而进行修订。当前，仅仅是参照商业银行的模式和法规、制度来进行管理，维系其运行的只是一些临时性的规章、办法，这种缺乏绝对权威性的法律制约与保障的状况，已严重制约了我国政策性金融的发展。表现出明显的负效应（陆娟等，2003）：一是使政策性金融的业务经营处于“摸着石头过河”的状况；二是使中央银行的监管无法可依而流于形式，一些重要问题长期得不到解决而蕴藏着极大的金融风险；三是制约政策性金融职能发挥及自身可持续发展，如在农发行扶贫贷款管理中，存在“多家投、一家收”的问题，而出现信贷风险时却只由农发行来承担，导致权利、义务和责任严重地不对称，增大贷款风险，也影响到国家政策性信贷资金的使用效益。

第二，委托代理制度方面的缺陷。由于我国幅员辽阔，政策性金融在没有分支机构的地区内，主要是通过委托商业银行的基层分支机构来代理业务的。在这个委托—代理关系中，由于双方追求的目标存在差异，存在严重的信息不对称，而且缺乏必要的法律约束，这样就有可能导致较大的道德风险，最终影响政策性金融的绩效（牛晓健等，2003）。

第三，融资和国家财政担保制度方面的缺陷。近年来，我国虽开始探索以市场化发债来筹资，但至今仍无明确的立法保障（廖有明，2005）。具体来看，我国政策性金融机构的融资面临三个突出问题（牛晓健，2004）。第一，渠道单一。目前，我国的政策性银行未能充分利用国家信用的特点，与财政的联系也不紧密，而过分依赖于债券市场。第二，筹资成本高。我国在 1999 年对政策性金融债的发行方式进行改革，实行由商业银行在银行间债券市场招投标的方式，使债券的资金成本有所降低，但仍然高于同期商业银行的资金成本，这样就很可能导致政策性金融业务利率倒挂，贷款越多则亏损越大，使政策性金融信贷业务缺乏可持续性，影响国家宏观经济目标的实现。第三，我国政策性金融在融资环节上对中央银行的依赖过大，这可能会影响到中央银行的独立性。同时，我国的政策性金融也缺乏实质性的国家信用支持，财政担保非常有限，除了给政策性金融的正常运营造成困难外，还会导致其他问题的出现（李吉平等，2000）。

第四，业务领域限定制度方面的缺陷。我国国内研究及实践中，对于什么是政策性金融，政策性金融究竟应在哪些领域发挥作用、如何发挥作用以及发挥多大作用等问题都缺乏统一的认识和明确的法律规定，由此导致的最突出的问题是，难以准确界定政策性金融与商业性金融的业务范畴（陆娟等，2003）。事实上，“我国的政策性金融在努力追求市场份额，力争做大做强，纷纷向竞争性的商业金融业务渗透，已经超出法定的核准业务经营范围；而另一方面，在中小企业、住房、环境保护、社会保障和存款保险等，这些本应由政策性金融发挥作用的领域内，却又缺少政策性金融的相应融资支持，从而制约着这些领域的良性发展”（廖有明，2005）。

第五，监管制度方面的缺陷。这方面的问题主要包括监管无法可依，政策性银行监管混同商业银行监管，监管缺乏规范性和系统性，监管支持系统薄弱等。目前，我国的政策性金融法人治理结构不健全，内部审计和监察力量薄弱，致使某些政策性金融的不良贷款率很高，面临很大的信贷业务风险（廖有明，2005）。从我国中央银行的性质和政策性金融的职能看，中央银行有必要对政策性金融进行监督、指导和服务，包括对政策性金融的资金援助、人事调配以及通过利率政策、公开市场业务等间接手段来控制和管理政策性金融，但是，由于我国尚无专门立法进行明文规定，这种外部监督并未严格实施（庄辉，2001）。此外，从监督的法律依据来看，“国家将对政策性金融机构的监管与对商业性金融机构与市场的监管混为一谈，常常是比照或参照执行，或界限模糊不清”（白钦先，1998）。

第六，风险管理制度方面的缺陷。我国政策性金融本身的运作机制缺陷就存在导致严重金融风险的隐患（李吉平等，2000）。因为一方面，政策性金融资金的来源及运用都是有偿的；另一方面，它又要体现政策性功能，贷款投向必须符合国家产业政策要求，扶持那些商业性金融不愿贷款、经济效益差而社会效益好、贷款回收期长的项目。我国尚无相应的风险管理制度加以约束，贷款随意性大，对款项回收力度不强，责权利不明确，造成政策性金融资产质量低下，潜在金融风险很严重。以我国农发行为例，它在1997年净亏损达25亿元，1998年在财政补贴156亿元的情况下也仅盈利1亿元（黄河静，2003）。

应该承认，以上归纳的几类问题，的确在很大程度上制约了我国政策性金融机构的健康发展。但是，更应看到的是，困扰我国政策性金融机构发展的问题远非这些，尤其是随着我国近年来在经济实力、市场经济体制建设所取得的不断进步以及与世界经济关系发生的新变化，我国政策性金融的需求也发生了一定的变化，比如一些原先需要政策性金融大力支持的事业，如电信、交通及机电设备出口等，现在已经变成高度商业性的业务；另外，国内资本市场也在不断成熟，新的金融机构比如信用担保公司等也开始涌现；再加上近年来许多国外政策性金融机构也在积极改革和转型，这就使人们对政策性金融的发展产生了更多的疑问，比如，是否还需要一个独立的政策性金融体系？是否还需要专门的政策性金融机构来实现政府的意图？能否通过完善对商业性金融机构激励的方式来诱导其行使政策性金融功能？政策性金融究竟应在哪些领域发挥作用？它应如何发挥作用？这些涉及政策性银行生存发展和转型方向的重大问题也开始浮现出来，困扰着决策者和从业人士。然而，这些问题在上述研究中，还没有得到足够的重视，还需要对此展开更为深入的研究。

1.2.2.5 完善我国现有政策性金融体系的对策建议

第一，坚持推动政策性金融的发展。这是因为我国实行了几十年的计划经济体制，加上市场经济体制所需的基础制度尚未完善，决定了政府在市场经济体制形成过程中的作用，在相当长的时期内，将不能仅限于扮演“守夜人”的角色，而应对完善市场规则、创造平等竞争条件、弥补信用制度、改进市场失灵等方面负起责任。而作为连接政府与市场之间的桥梁，政策性金融将责无旁贷地承担起这一职能（郭新双，2004）。

第二，针对我国政策性金融实行“三行合一”式的机构重组。刘世祥（1999）认为可按业务设立职能部门，分经济区域设置分支机构，实施“三行合一”机构重组方案。

第三，努力推动面向综合性开发金融机构的转型。中国人民银行研究局副局长张涛认为（程勇，2005），由于我国宏观经济环境、金融环境、产业结构及市场需求等方面的深刻变化，政策性银行应面向综合性开发金融机构进行转型。

第四，对现有三家政策性银行应本着实事求是、“一行一策”和保证现有政策性金融体系基本稳定的原则，适度调整其未来的市场定位，使其在不同领域以不同形式发挥作用。国务院发展研究中心《开发性金融理论与政策制度安排》课题（单羽青，2005）指出，对于国家开发银行，可以考虑允许其参照德国复兴开发银行、韩国产业银行的模式，建立综合性金融服务体系，开拓新的开发性金融领域；对于中国进出口银行，应继续保持和强化政策性，拓展在进口和海外工程承包、对外投资方面的服务领域，国家在资本规模、风险化解、财政补贴等方面加大支持力度；对于中国农业发展银行，除了要调整职能、扩展业务范围外，更要将其纳入农村金融服务体系中，统筹考虑其职能和地位，并解决好机制落后和风险控制能力低下等问题。

最后，完善我国政策性金融体系的其他建议还包括：

（1）建立住房政策性金融机构。荣九勇（1999）认为，目前我国的政策性住房资金主要由国有商业银行经营，其他商业银行被排斥在外，事实上形成了商业银行间的不平等竞争。而且国有商业银行之间，在争夺政策性住房存款上已达到白热化程度，有时不得不靠中央银行及政府出面来协调。能够根本解决这一矛盾的办法是将国有商业银行的住房信贷业务剥离，组建住房银行（区域性专业银行），以使房地产业得到足够的资金支持。至于房地产企业的一般存贷业务，可仍由商业银行经营。

（2）建立中小企业政策性金融机构。吴洁（2002）认为当前我国迫切需要建立专门的中小企业政策性金融机构——中小企业银行，并制定专门的《中小企业法》，从法律上对中小企业银行的宗旨、法律地位、功能、业务运作等进行全面的规定。中小企业银行对城乡中小企业提供发展资金，资助的关键不在于其是否有抵押品，而应看其是否有资助价值。此外，中小企业银行可通过讲习班、专家服务、调查统计、信息咨询等多种方式，帮助我国中小企业提高生产技术和经营水平。

（3）建立西部开发政策性金融机构。何德旭、姚战琪（2005）等认为，可重组现有的开发银行西部各省的分支机构，对其业务进行整合，并且在国家开发银行内部成立相对独立的监督管理西部开发信贷资金筹集和运用的西部开发专门委员会。

（4）将社会保障基金投入政策性金融运行。一方面，社会保险基金只有进行安全合理的投资，才能实现基金的保值和增值，满足社会保障不断增加的资金需求；另一方面，我国的政策性金融又存在很大的资金缺口问题有待解决。因此，通过由政策性金融来对社会保险基金进行专门的管理和投资的途径，则可一举两得地解决上述问题（牛晓健，2004）。

（5）把邮政储蓄改建为储蓄银行，将邮政储蓄运用到政策性金融。由于邮政储蓄还存在着资金成本高、专业设施及专业人员短缺、与邮政业务相关度不高等问题，从整个社会的资源配置效率来讲，筹资的综合成本远远高于商业银行，是一种资源的低效率配置，因此应改革邮政储蓄体制为邮政储蓄银行，将其办成吸收居民储蓄并向中小企业和城乡社区发放贷款的社区金融机构（卢平等，2005）。

从上述对策与建议方面的研究来看，尽管包括的范围已经十分广泛，但是仍然欠缺对一些重要问题的深入研究，比如政策性银行的管理体制问题、业绩评价与考核问题、监管问题，等等。

1.3 研究思路与方法

1.3.1 研究思路

本书旨在探讨政策性金融的基本理论及其在中国的实践，以期加深对政策性金融运行和改革的规律性的认识，并为促进我国政策性金融的健康持续发展提出对策建议。

按上述意图，本文首先从政策性金融现象为何出现这一最基本的问题出发展开思考，力求更好地理解其真正的逻辑所在。为此，本文超越了常规的论证思维，即不仅仅从必要性的角度来论证政策性金融机构出现的原因，而是从制度供求的角度来更为全面地剖析政策性金融制度的形成逻辑和主要影响因素，从而获得了一些新的认识。随后，本文进一步寻求增进对政策性金融运行机理的理解，在考虑到“经济人”假定的基础之上，本文分析了政策性金融运行过程中各主要行为主体的目标函数、行为模式及其影响，指出了政策性金融运行失序的内在原因及其治理的制度安排，从而更加清楚地证明了配套的制度环境对于政策性金融取得成功的重要性。此后，本文根据国外政策性金融近年来的发展变迁实践，总结其演变的模式、路径，分析其变迁的原因，从而使人们能够更系统地把握政策性金融变迁的总体特点和趋势。通过以上三个部分的分析，本文就初步构建起了一个较为完整的关于政策性金融的基本理论，尽管这些理论看上去仍显得十分粗糙和稚嫩。

在上述理论探讨工作结束之后，本文就转入了对我国政策性金融成就和问题的考察和审视。然后依据前面分析所取得的一些理论成果，并结合我国当前的实际情况，对我国政策性金融的发展模式、运行制度、改革内容等一系列问题提出了相应的对策建议，从而完成本文的预定任务。

1.3.2 研究方法

1.3.2.1 以马克思主义为指导，借鉴新制度经济学的分析工具

马克思主义是人类文明的优秀成果。马克思重视研究人们之间的经济关系，通过分析人类社会的演进和变革，表明生产关系的外在性或个人的不可控制性。从经济领域看，制度可以说是生产关系的具体表现形式，马克思对生产力决定性作用的强调，并不否定或贬低生产关系在某些历史时期或条件下的决定性影响。制度分析方法并非制度学派学者的独创。马克思通过对资本主义生产关系的分析，得出资本主义社会制度结构基本矛盾的发展导致社会变革的必然趋势。从这一意义上讲，制度分析实质上是马克思用于分析资本主义经济的基本方法之一。

新制度经济学发端于罗纳德·科斯（1910—　）的重要贡献（胡代光，1998），以制度作为研究对象，完全沿用和承袭了新古典经济学的核心假定、方法和工具，如理性人假定，稳定偏好和均衡或最大化分析经济理论。新制度学派在制度分析方法上也受到马克思唯物主义影响。诺思是公认的新制度经济学的代表人物之一，他认为，“在详细描述长期变迁的各种现存理论中，马克思的分析框架是最有说服力的，这恰恰是因为它包括了新古典分析框架所有的因素：制度、产权、国家和意识形态”（袁峰，1999）。诺思认为，制度是社会的一组博弈规则，制度的框架决定了组织生存和发展的机会，反过来，组织的演化又会影响制度变迁的路径和过程。

本书根据马克思主义关于生产力决定生产关系的原理，结合我国目前生产力水平，探讨我国政策性金融体系的地位和作用。同时，本书还运用新制度经济学理论来分析了制度对主体行为的激励和导向作用，表明规则对行为塑造的重要作用。此外，本书还运用制度均衡方法分析了政策性金融制度确立的主要影响因素。这里所谓的制度均衡，就是指“人们对既定制度安排和制度结构的

一种满足状态或满意状态，因而无意也无力改变现行制度”，“当现行制度安排和制度结构的净效益小于另一种可供选择的制度安排和制度结构，也就是出现了一个新的盈利机会，这时就会产生新的潜在的制度需求和潜在的制度供给，并造成潜在制度需求大于实际制度需求，潜在制度供给大于实际制度供给。人们为了捕捉这种新的盈利机会，就会力图改变原有的制度安排和制度结构，选择和建立一种新的更有效的制度，从而形成新的制度均衡。当然，在实践中常常由于‘外部性’和‘搭便车’等原因，也即变革成本的关系，制度变革的动机和力量还不够强和不够大，或者说只有变革的欲愿而无变革的力量，潜在的制度需求虽然能够变成现实的制度需求，但潜在的制度供给却不能变成现实的制度供给。因而出现‘欲意改变而尚未改变’的制度状态①”。这种制度非均衡的状态就会使改革成为可能，把这种可能变为现实则需要促进制度的供给。

1.3.2.2 *规范与实证分析方法*

实证方法是排斥价值判断，只研究经济因素之间的关系，探讨经济运行的内在规律，以分析和预测经济行为后果的。它要解决“是什么”的问题。规范方法则以一定的价值判断为基础，来回答“应该是什么”的问题。一般就西方宏观经济学的内容而言，实证方法是基本的（梁小民，1989）。它假设基本社会制度为既定，撇开价值判断问题，研究各种经济总量之间的关系，探讨整个经济运行的规律。但应该指出的是，规范方法在宏观经济学的研究中也是十分重要的。无论经济学家们如何想回避价值判断，实际上他们是无法回避的。如西方宏观经济学研究的是资本主义制度下的总量关系及其运行规律。尽管没有人提到这一点，但西方经济学家们都是在肯定资本主义制度的价值判断前提下来研究各种宏观经济问题的。另外，宏观经济政策是宏观经济学中非常重要的一个部分，理论是为政策服务的，宏观经济的研究目的在于确定科学的宏观经济政策。然而政策问题是离不开价值判断的。政策目标是什么？这实际上是一个价值判断问题。每种政策目标都有利有弊，要达到一定的政策目标总要付出代价，应该牺牲什么，得到什么，只有以一定的价值判断为基础才能解决。因此，从这种意义上说，实证分析与规范分析是不可分割的，离开了规范分析，实证分析就没有什么意义了。对两者的关系，西方理论的说明到此为止，然而，从辩证唯物论和历史唯物论观点看来，价值判断并非意味着人们可任意而为，不同的价值判断有科学与非科学之别。只有顺应社会历史发展趋势的目标构成的价值判断才是科学的，据此进行的规范分析与实证分析从根本上说是统一的。这样的规范分析与辩证唯物论、历史唯物论指导下的实证分析相结合，得出的结论才是真正科学的。本文正是从规范的角度提出了政策性金融运行的“应然”

---

① 王学人，张立．产业安全问题制度非均衡成因探讨［J］．求索，2005（4）：18．

状态及其条件，然后又从实证的角度指出了政策性金融运行的“实然”情形，并从这两者的差距出发，来探讨其形成的原因和解决的方案。

1.3.2.3 比较制度分析方法

比较制度分析的经济哲学适用于政策性金融保障制度的比较、评价与选择政策性金融保障制度的收益（效率）取决于该制度实施的初始条件，不具备初始条件，其约束目标就会发生错位，就不能产生效率。因此，引进一种好的政策性金融保障制度安排，首先要分析该制度安排是否具备合适的运行条件，然后再分析该制度安排是否具有成本优势。评价一种政策性金融保障制度，必须是收益（效率）先于成本的。主张收益（效率）先于成本，是因为纳入政策性金融保障制度比较分析体系中的所有政策性金融保障制度都应该首先实现国家利益等目标，不能实现目标的政策性金融保障制度是无效率的，制度无效率意味着该制度的社会成本最大化，包括金融损失、经济波动、政治动乱乃至政府垮台。

比较制度分析主要从以下新视角来分析政策性金融保障制度问题：第一，由于内部制度配置不同而存在各种不同政策性金融保障制度（体制的多样性）。第二，某种作为稳定的结构而存在的制度，是由于某种社会行为方式越普遍，选择这种行为方式在战略上就越有利，从而作为一种自我约束机制固定下来的缘故（制度所具有的战略上的互补性）。第三，多样性的政策性金融保障制度之所以产生，是由于一个体制内部各种制度之间是互补的，并产生出作为机制整体的强度（体制内部的制度互补性）。第四，政策性金融保障制度具有惯性，经济所处的外部环境与所积累的内部环境的变化会一起逐渐地进化及演变（体制的进化与路径依赖性）。

1.4 内容与结构

1.4.1 主要内容

本书在详细回顾考察国内外相关文献的基础上，以马克思主义为指导，同时借鉴新制度经济学的分析工具，重点围绕政策性金融制度形成的原因、运行的机理、演变的逻辑及其在我国的实践与改革等问题，展开了全面而深入的分析。

首先，本书提出满足政策性金融需求的制度安排可以是多样化的，建立以专业性政策性金融机构为核心的政策性金融体系并不是政府的唯一选择，相反，政府的制度供给形式可以包括组建国有金融机构，与商业性金融机构开展合作，运用公共财政手段以及组建专业性政策性金融机构等多个选项。而以政策性金融机构出现为标志的政策性金融制度的最终形成，正是因为它在特定的时空条件下，相较其他制度供给形式而言，所带来的预期净收益更大。在分析了政策性金融制度形成的一般原因的基础上，本书还进一步探讨了影响政策性金融作用边界发生变化的主要因素，比如，一国国有金融机构的规模大小、数量多少以及素质高低，一国政府对该国商业性金融机构的调控力的大小强弱，一国财政实力强弱及其功能定位，以及该国政策性金融机构自身素质高低等。并指出，随着这些因素的变化，一国政策性金融的运行边界也将相应呈现或扩张或收缩的动态调整，从而更加清楚地阐明政策性金融与商业性金融和公共财政等之间的相互作用关系。

在政策性金融体系的运行方面，本书探讨了政策性金融体系中政府、政策性金融机构和政策性金融服务使用者等行为主体之间的互动关系，指出由于各行为主体在目的、动机和利益取向上并非完全一致，因而政策性金融体系的实际运行也就因受到不同主体的自利行为的干扰而在一定程度上偏离政策设计者所安排的理想轨道，并呈现出一种相对混乱和无序的状态。反观国外的一些政策性金融之所以能取得成功，则是因为它们引入了一整套较为完善的制度，使之在社会公众与政府机构、政府机构与政策性金融机构、政策性金融机构内部以及政策性金融机构与社会外部环境之间建立起了一种有效的激励约束机制，从而有效地抑制了政策性金融体系内各行为主体的机会主义式自利行为，使政策性金融运行实现良性循环。为此，笔者得出了“不同参与者的目标和行为模式所存在的内在冲突是导致政策性金融运行出现失序的根源所在，因而要使政策性金融体系实现良性循环，就必须引入一套较为系统的制度安排和治理机制，以对各主要行为主体形成有效的激励和约束”的结论。

面对国外政策性金融近年来发生的各种变化，本书归纳总结了其演变的模式和路径特点，并借鉴现有的金融创新理论，分析了其变迁原因及主要的影响因素，指出许多国家政策性金融体系之所以出现新的重大变化和转折（如实施私有化、合并或取消原有机构等），正是由于原有的制度安排的成本太高，或者是由于外部环境的改变而使制度需求发生了变化，从而使原有的制度均衡被打破，不得不开始新一轮制度变迁的必然结果。与此同时，也正是由于追求效率的共同动机驱使，以及各国环境因素的千差万别，才使各国政策性金融的演变呈现出多样性与规律性有机统一的新局面。此外，本书还指出了影响各国政策性金融制度变迁的一些主要因素，具体包括：生产力的发展与世界各国经济发展阶段的变化，经济全球化和金融自由化的影响，政策性金融原有运作模式的内在矛盾及其与日俱增的负面影响以及一国的基本经济制度模式及其变迁态势等。

最后，本书分析了我国政策性金融的发展状况、存在的问题和面临的新挑战，同时依据前述分析所取得的一些理论成果，探讨并回答了我国政策性金融发展改革的目标模式这一重大问题，指出我国当前应当坚定不移地发展和改革现有政策性银行，而不是取消它或将其业务通过委托—代理方式分流给商业性金融机构。只有这样，才能真正满足我国经济和社会发展所提出的各种政策性金融需求。此外，本书还就如何改革和完善我国政策性金融的管理、运行制度等一系列具体问题提出了相应的对策建议。

1.4.2 结构安排

本书共分八章，各章安排如下：

第1章，导论。本章阐明了本研究的意义、进展、研究方法、主要内容以及所取得的主要成果，对全书起到一个总括性说明的作用。

第2章，政策性金融的本质特征与构成要素。本章指出了政策性金融的本质特征在于它是“政策性”与“金融性”的有机融合体。其中，“政策性”特性是其区别于其他金融而存在的关键；“金融性”特性又是其区别于其他政府机构管理而存在的关键。其构成要素主要包括：政策性金融的组织体系、政策性金融的运行机制、政策性金融的主要业务以及政策性金融的法制基础等。通过对政策性金融本质与构成要素等的介绍，人们就可以对政策性金融现象有一个较为基本的认识，也为进一步深入研究作了准备。

第3章，政策性金融形成中的制度均衡。本章指出，以政策性金融机构的建立为标志的政策性金融的制度形成，并不是仅仅由于要满足市场失灵和社会公平目标等所引起的政策性金融需求的结果。从政策性金融的制度供给形式来看，还有组建国有金融机构、与商业性金融机构开展合作、运用公共财政手段等其他多种选项。然而，在特定国家的特定历史时期，由于专业化的政策性金融机构相较其他几种制度供给通常具有预期的净收益优势，因而政策性金融制度得以形成。但是，随着以下因素的变化，即一国国有金融机构的规模大小、数量多少以及素质高低情况，一国政府对该国商业性金融机构的调控力大小强弱情况，一国财政实力强弱及其功能定位情况以及该国政策性金融机构自身素质强弱情况等所发生的变化，一国政策性金融的制度优势也将发生改变，从而使其运行边界也相应呈现或扩张或收缩的动态调整，并使政策性金融制度最终实现新的均衡。

第4章，政策性金融运行的失序与治理。本章指出，从规范的角度看，政策性金融要保持顺利运转并达到既定目标，需要政府、政策性金融机构以及政策性金融服务使用者等行为主体的一致合作。然而，受“经济人”自利动机或机会主义行为的影响，各行为主体的目标函数和行为模式却可能会对政策性金融的正常运行产生干扰，使之趋于混乱与低效。为此，需要借鉴国外的成功经验，引入一套较为系统的制度安排和治理机制，以对各主要行为主体形成有效的激励和约束，抑制住各行为主体的干扰行为，使政策性金融运行实现良性循环。

第5章，政策性金融的变迁。本章指出，从国外政策性金融的发展演变情况来看，可以将其归结为三种类型：第一种是欧美国家政策性金融的发展演变模式，呈现自然淡出的特点；第二种是发展中国家的政策性金融发展演变模式，呈现出压力下加快改革的特点；第三种是后起新兴国家的政策性金融发展演变模式，呈现动态调整与职能转换的特点。从其演变路径来看，也可归为三类：一是保留高政策性传统的政策性金融机构，以日本政策投资银行（DBJ）为代表；二是由传统政策性金融机构向“高政策性、较高金融性”金融机构转型，以德国复兴信贷银行（KFW）和韩国开发银行（KDB）为代表；三是由传统政策性金融机构向“低政策性、高金融性”金融机构转型，以星展银行（DBS）为代表。其发展演变的原因，则是由于原有的制度安排的成本太高，或者是由于外部环境的改变而使制度需求发生了变化，从而使原有的制度均衡被打破，不得不开始新一轮制度变迁的必然结果。造成这种变化的一些具体因素主要有：生产力的发展与世界各国经济发展阶段的变化、经济全球化和金融自由化的影响，政策性金融原有运作模式的内在矛盾及其与日俱增的负面影响，以及一国的基本经济制度模式及其变迁态势等。尽管国外一些政策性金融机构已经出现了如私有化、商业化等许多重大变化，但从总体上讲，政策性金融仍然在世界上众多国家发挥着重要的作用。

第6章，我国政策性金融发展状况及面临的主要问题。面对广泛存在的政策性金融需求，我国最初选择的制度供给形式是通过组建国有银行来提供政策性金融服务。这时的国有专业银行事实上就等同于政策性金融机构。但随着经济水平的提升、市场化程度的加深以及政策性金融需求的相应缩小，这种制度供给形式所带来的负面效应不断加大，其制度成本日渐升高，直至政府再也无法接受，为此，政府进行了改革，选择了新的以组建专业性政策银行为特点的制度供给形式，使原为国有专业银行所承担的大量政策性业务被分离出来，纳入到新建的三家政策性银行中去。这些政策性银行构成了我国新的政策性金融体系的主体。近二十年来，它们在贯彻国家意图、支持基础设施、基础产业和支柱产业的发展、扶持农业进步以及促进进出口业务的发展等方面发挥了积极的作用。但与此同时，其运行中也暴露出不少的问题。归纳来看，这些问题均与政策性金融体系运转过程中所涉及的各行为主体间的委托—代理关系未得到妥善处理密切相关。与此同时，我国政策性银行还面临着来自我国更深地融入经济全球化、经济发展进入新阶段以及全球金融制度变迁呈现新特点等三重新挑战。这些老问题和新挑战，迫切要求我国在合理借鉴国外政策性金融发展演变经验的基础上，加强对现有政策性银行发展与改革对策的研究，以使我国政策性金融体系能够得到更好的发展，并满足经济和社会发展的需要。

第7章，发展我国政策性金融的对策建议。改革我国政策性银行已成为共识。但在改革的目标模式方面仍存在诸多争议。依据本书提出的相关理论并结合我国实际来看，我国当前应当选择坚定不移地发展和改革现有政策性银行的改革思路，而不应是将其取消或将其业务通过委托—代理方式分流给商业性金融机构。另外，我国还需采取有效措施解决好其他一些现实问题，比如，适度降低政策性金融的总体规模；建立以国家财政部为主体的管理体制，对于同时开展政策性和商业性业务的政策性银行建立有效的“防火墙”，避免两类业务相互混淆并引发其他不利后果；拓宽政策性银行的资金来源；降低政策性银行的融资成本；建立以定性目标和定量目标相结合的政策性银行业绩考评机制；硬化预算约束以及建立以专业性金融监管为主的监管体制；完善政策性银行的法人治理机制以及加强政策性银行的法制建设等。

第8章，中国政策性银行的转型与未来。政策性银行转型通常是指根据内外部环境变化，对政策性银行的发展方向、经营模式、体制机制等进行战略性调整，从而达到解决既有矛盾、增强内部活力以更好地发挥其作用和功能的总体目标。本章本着“一行一策”的思路，分析了三家政策性银行各自的转型背景、目标、内容等。指出国家开发银行的转型目标应确定为“综合化的开发性金融机构”，中国农业发展银行的转型目标应当确定为“高政策性的政策性金融机构”，中国进出口银行应定位于以“政策性业务为主兼营商业性业务的政策性金融机构”，但即便在它们都完成现阶段的转型任务后，就我国政策性金融的未来总体发展而言，仍存在组织体系还有待进一步优化、覆盖面还相对较窄以及现有各政策性金融机构都还缺乏竞争条件下的运营经验和足够的自成长能力等问题。为此，笔者提出如下建议：首先，在组织体系建设方面，可使国家开发银行向综合型开发性金融机构发展，业务领域包括经济和社会“瓶颈”，重点支持长期、大额、重点项目建设，实行市场化运作；同时让中国农业发展银行、进出口银行等继续保持单一型支持性政策金融机构，分别服务于农村、农业开发和设备进出口、担保等外经外贸服务领域。其次，我国可以借鉴日本、韩国的历史经验，为适应不同经济发展阶段而成立相应的政策性金融机构，以便实施侧重于不同领域内的政策性金融扶持，比如组建新的居民住宅贷款政策性银行、社会互助与就业扶助银行、教育产业扶持银行、文化产业发展银行以及中小企业银行等，另外使国家开发银行在地区开发上发挥更大作用。最后，政策性金融机构自身必须选择集约型发展道路，通过高素质的人才和先进的经营管理能力来实现内涵式发展，按照“先做强，次做优，再逐步做大”的顺序实现自身的稳健成长。

2 政策性金融的本质特征与构成要素

自从现代国家出现以来，促进经济发展既是各国政策的重要出发点，也是单个经济主体生产活动的核心内容。但受实践经验的制约，人们对经济发展的认识也经历了一个演进的过程。较早时期，人们将经济增长视为经济发展的同义语，但逐渐地，不断浮现的其他经济社会矛盾的上升，使这种狭隘的发展观受到了强烈抨击，人们开始赋予发展更为丰富而多维的内涵。包括居民收入分配的情况、贫困问题、地区差距问题、产业结构失衡问题等，诸多社会问题都被纳入了新发展观的范畴之内。这时，实现发展的手段和途径也受到了新的审视，尤其是对于两种最为基本的发展工具——国家与市场，如何加以运用或组合，人们也经历了一个对其不断试验与调整的反复过程。这种争议，在理论上曾经表现为以亚当·斯密为代表的经济自由主义学说同以凯恩斯为代表的政府干预学派之间的激烈交锋。但历史最终给出的结果是，两派观点都没有取得全胜。成功的经济发展其实需要融合这两个方面的努力，因为无论国家抑或市场都有“失灵”之时，所以，现代主流经济学由此得出的教益是，要使它们合理分工，各自扬长避短，互补支撑。而在金融领域这个国民经济子系统内，同样也需借助和协调发挥政府与市场两种力量的作用，即是说，这既需要有大量商业性金融机构随市场机制的作用而翩然起舞，捕捉转瞬即逝的商机，并于竞争中沉浮跌宕，也需要有一批政策性金融机构遵政府之命来查漏补缺，寻求整体的和谐。

2.1 经济发展与政策性金融的产生

2.1.1 市场经济的发展与政府的介入

近代以来，随着现代民族国家雏形的出现，以及政治经济学这门新兴学科的诞生，增加国民财富和提升居民福利水平，已成为各国社会生活的重要目标。正如斯密在其具有经济学学科奠基性意义的《国富论》中所指出的，“政治经济学提出两个不同的目标：第一，给人民提供充足的收入或生计，或者更确切地说，使人民能给自己提供这样的收入或生计；第二，给国家或社会提供充足的收入，使公务得以进行。总之，其目的在于富国裕民①”。

自斯密以后，紧随各民族国家间的相互争斗和崛起冲突，经济力量成为各国解决内政外交问题的重要依靠。与此相适应的政治经济学这门新兴学科也得到快速发展，尤其是进入19世纪30年代后，资本主义生产方式不仅在英法等国，而且在美国也已确立，机器大工业也已经出现，阶级矛盾和阶级斗争不断尖锐化，资产阶级需要新的经济学理论为其剥削和压迫进行辩护。这便使以达到为资本主义制度辩护为目的的庸俗经济学逐渐取代古典经济学占据了统治地位，政治经济学也被分成了“科学”和“艺术”。政治学被分离出来，从而实现了由“政治经济学”到“经济学”的现代转变。正如马歇尔的门徒昂内尔·罗宾斯在其《经济科学的性质和意义》（1932）中所作出并已为当代大多数经济学家所采用的定义中所描述的，“经济学是从目的和用途可供取舍的稀缺资源之间关系的角度去研究人类行为的科学②”，即是说，在稀缺条件（机会成本）下研究人们生产、消费、工作与休息等决策的科学。

尽管政治经济学经历了这一“纯化”过程，而且在其西方发源地也先后经历了几次大的“革命”，如从18世纪斯密的古典革命到19世纪的“边际革命③”，再到20世纪上半叶的“凯恩斯革命④”，直至20世纪70年代的“预期革命⑤”，但从总的理论演变进程来看，“国家或政府”作为一种具有浓厚“政

---

① ［英］亚当·斯密．国民财富的性质和原因的研究（下卷）．商务印书馆，1972：1.

② ［英］莱昂内尔·罗宾斯．经济科学的性质和意义．北京：商务印书馆，2000.

③ 1871年，洛桑学派的瓦尔拉斯、英国的杰文斯和奥地利学派的门格尔，几乎同时提出了边际效用价值论。他们以不同的术语、不尽相同的方法，提出并论证了一个思想：商品价值是人对商品效用的主观心理评价，价值量取决于物品满足人的最后的亦即最小欲望的那一单位的效用。边际效用价值论的提出被认为是经济学上的第二次革命——“边际革命”（marginal revolution），它标志着新古典经济字的开始，马歇尔于1890年发表的《经济学原理》是其代表性的教科书。边际革命的意义主要在于：它提出主观价值（边际效用价值）理论，将需求因素引入经济学分析框架；同时它使数学方法在经济学研究中得到广泛应用。详见：方福前（2004）、吴易风（2005）等。

④ “凯恩斯革命”以英国经济学家凯恩斯于1936年出版的《就业利息与货币通论》为标志，它开创了当代宏观经济学，提出了系统的国家干预经济理论以解决自由市场的问题，动摇了古典革命以来的自由主义信条。详见：方福前（2004）、吴易风（2005）等。

⑤ 20世纪六七十年代西方国家经济普遍陷入“滞胀”之后，政府行为处于一种“两难”境地，理性预期学派由此兴起，也被称为“预期革命”。理性预期学派以存在自然率的假说和价格具有完全弹性，从而以所有市场及时出清的假定为前提来进行经济分析的，提出了附加预期变量的总供给曲线，价格理性预期及经济周期理论。理性预期学派积极地主张实行自由主义的经济政策，反对国家干预经济，反对凯恩斯主义的财政政策和货币政策，主张政府应使有助于稳定经济的且能加以控制的经济变量维持在一定水平，可以通过改善和刺激劳动供给的政策措施来降低自然失业率。其主要代表人物有：罗伯特·F.卢卡斯、托马斯·萨金特、罗伯特·丁·巴罗和尼尔·华莱士等。详见：方福前（2004）、吴易风（2005）等。

治色彩”的行为主体并没有被彻底“逐出”政治经济学家们的视野，各个理论流派始终无法忽视经济发展中不可避免要牵涉的政府与市场两者间的复杂互动关系。

比如，虽然斯密对市场机制大唱赞歌，对重商主义阻碍了国家财富的增长提出了批判，论证了“自由放任”对加速资本积累的巨大作用，但在论及政府或联邦的支出问题时，他也不得不承认，政府有义务“（1）保护社会免受其他国家的暴力和入侵；（2）尽可能保护每一位社会成员免受其他成员的不公正对待或压迫，或者有义务建立一套精确的执法体系；（3）建立并维护那些虽然会极大地施惠于整个社会但其性质却是利润不足以抵补任何个人或集团的成本支出因而不可能指望个人或集团去加以建立或维护的公共机构和设施。同样的，执行这项义务要求在社会的不同发展阶段投入不同程度的经费”。紧接着，斯密还进行了如下论述：“在完成上述社会防御和执法体系所必需的公共机构和设施两项工作后，其他此类设施和机构主要还包括那些能够促进社会商业以及能够提高国民受教育水平的东西。教育机构可分为两类：专门针对年轻人的教育和针对各年龄段公民的教育”。这正如沃伦·萨缪尔斯和斯蒂芬·曼德玛在对斯密著作的解读中所指出的，“即多数学者在对斯密政府经济角色进行评论时所参照的书都是《国富论》，但是必须注意，本书中斯密对政府经济角色的讨论仅仅是为了服务于特定目的，即详尽描述一种有助于增加国民财富的手段，以对抗当时盛行的重商主义氛围”，而“作为‘自由市场教父’，斯密竟然对于政府的作用进行了如此繁缛的描述和讨论。此外，斯密对政府的描述是它应扮演商业促进者的角色，这种观点并不是说政府应该置身事外，听任各个企业自由行事，相反，他为政府制定了一套具体（而冗长）的行动纲领——如果政府希望增进国民财富的话，它截然不同于重商主义政府的行为准则”。[①] 现代的新制度主义学派经济学家，更是揭示了政府在促进西方经济增长中所起到的不可替代的重要作用。如1993年诺贝尔经济学奖得主D.诺斯教授在其1973年发表的《西方世界的崛起：新经济史》中提出，产权是经济活动的创造力，国家是明确规定和强制维护产权的单位，而且意识形态也影响到观念如何被转化为行动的道德与伦理信仰体系。因此在他看来，封建主义向资本主义过渡，是以民族国家的兴起和确定物质财产产权的法律体系的发展为特征的。事实上，只要谈到经济发展，就不可能将政府或市场两者中的任何一方撇在一边置之不顾。经济发展无论是从纯粹物质上的意义而言（如社会总

---

① 沃伦·萨缪尔斯，斯蒂芬·曼德玛原著．陈未译．亚当·斯密是“自由市场”论者吗？——兼评理论史中对亚当·斯密“政府在经济中之作用”的误读［J］．货币金融评论，2006（2）．原文译自：政治经济史杂志，2005（2）．

产品的扩大），抑或是从那些意义更为深远的人类价值观而言（如平等、公正、和谐等），都意味着需要理智而全面地认识到政府与市场这两种经济组织方式的特点和作用。

从历史角度分析，市场经济是三种传统经济交换形式的重要发展，尽管这些传统交换形式从未单独存在过，但都曾一时占据过重要地位①。但当市场一出现，如同马克思高度评价的，它就成为促进社会变革的强大力量。因为市场经济的动力性质具有三个特点：（1）商品交换及服务的相对价格的重要作用；（2）竞争在决定个体与组织机构行为中的主导地位；（3）效率对决定经济行动主体能否继续生存下去的重要性。这些特点导出市场对经济社会和政治生活的深远影响，而且市场促进经济增长的原因既有静态的，也有动态的。就前者而言，市场促进了现存资源如土地、劳动力与资金的有效分配，使经济得以迅速发展。而另一方面，市场竞争也强迫生产者创新，并提高生产效率和技术水平（无论这些生产者想事业发达或仅打算维持生计），因此市场有力地促进了技术及其他形式的创新，从而增强了经济的力量与能力。

但市场经济绝不是在真空中运作的。它赖以运行的条件也不是唾手可得的，它所产生的后果也绝不全是正面的。如果综观近现代世界的大多数时代历史，我们反倒可以肯定地说，这些条件其实是异常苛刻的，即便某些区域最终满足了这些条件，但同时也是由人类社会付出了相当惊人的代价的，如出现了“羊吃人”、种族灭绝和世界上大多数弱小国家沦为悲惨的殖民地等公然践踏人性的丑恶现象。就一国的单个情况而言，市场机制的运转既是以政府的支持配合为前提，也是以政府来收拾它扔下的“包袱”为保障的。就前者而言，国家通过确定所有权性质和分配形式，并制定各种经济法规，来为市场活动提供稳定的秩序框架，促进市场的稳步扩大。而就后者而言，则正如詹姆斯·奥康纳所指出的，“我们的首要前提是，资本主义国家必须竭力完成两个基本的、常常是相互矛盾的任务——积累和合法化。它意味着国家必须竭力维持或创造条件，使有利可图的资本积累成为可能。但是，国家也必须竭力维持和创造社会和谐的条件。一个资本主义国家若公开使用强制性力量去协助一个阶级去积累资本，而不惜牺牲其他阶段，那它就会失去合法地位，因而削弱了对它表示忠诚和支

① 贯穿历史的最普遍的经济形式是区域性交换经济，这种经济形式至今还是许多不发达国家的经济特征，交换极大地受到不充足的商品供应及地理范围的限制。第二种交换形式是命令式经济交换形式，例如历史上的亚洲大帝国的经济形式，其次还有罗马帝国，或者是今天社会主义国家的经济形式；在这种计划经济中，生产、分配与商品价格一般都由国家部门一手控制。第三种是珍贵商品的长途贩运，尤其是在过去，亚洲和非洲的商队路线是这种贸易的主要范围。虽然这种贸易在地理上范围很广，但所涉及的商品种类极其有限（香料、丝绸、奴隶以及珍贵材料等）。有许多原因可以说明，市场将取代这些传统的经济交换形式。

持的基本力量①”。此外，还有如吉登斯所提出的，由于“无所不在的市场局限性”，“那种认为国家应把其职能削减为‘看护人’角色的主张不能成立。最小国家的意识形态忽视了市场的局限性，其程度就像传统左派忽视国家的缺陷一样彻底。要维持市场事实上赖以存在的社会和公民框架，政府必须起基础性的作用②”。

总之，以上分析表明，言及经济发展，总是要涉及政府与市场两种力量的组合搭配问题。

2.1.2 经济发展过程中金融的兴起

进入现代社会后，在论及影响一国或某一地区经济发展的诸多因素中，金融往往被视为一个重要而特别的方面。尽管在对这两者关系的认识上，理论界一直都存在着一定的分歧（赵怡，2006）。但是笔者认为，大量鲜活的现实经验，以及许多新近取得的研究成果都表明，那种关于金融与经济发展无关的说法即使不是荒诞无稽的，至少也是极为偏颇和勉强的。

为了进一步阐明上述观点，我们可以从对以下两种机制的理解入手来展开分析：一是货币影响经济发展的机制；二是金融中介和金融市场影响经济发展的机制。因为许多理论之所以会在金融与经济两者间的关系上产生争议，正在于它们对于以上两种作用机制的理解有所不同。

认为金融与经济无关的论调其实是源远流长的。古典经济学家一度认为，经济活动本身是不受货币因素影响的，货币仅是充当商品流通的媒介，货币数量的变化只是引起商品价格水平的成比例变化，而不影响商品之间的比价关系。这正如萨伊的货币中性论所指出的，货币只是实体经济的面纱，货币数量的改变对生产供给、实际产出和就业不会产生实质性的影响。而后来的新古典经济学派也认为，货币只不过是经济运行的润滑剂，使得商品交换更加容易和顺畅，而对经济中的实际变量并不发生实质性的影响。现代货币学派代表人物弗里德曼在1956年发表的论文《货币数量论——一个重新表述》，又复活了传统的货币数量论。现代货币数量论把货币看作是一种资产，认为货币仅是人们保持财富的一种方式，因此，货币需求基本上可以看作是受总财富和各种不同形式财富报酬影响的函数。弗里德曼通过引入永久性收入的概念进行实证分析而得出结论，货币需求是少数几个可以观察到的变量的稳定函数，在这些变量中，永久收入最为重要，利率没有被看作是货币需求的重要的决定因素。这样得到货

① 詹姆斯·奥康纳. 国家的财政危机. 纽约：圣马丁出版社，1973：6；转引自：丹尼尔·贝尔. 资本主义文化矛盾. 赵一凡. 蒲隆. 任晓晋译. 生活·读书·新知三联书店，1989：288.

② ［英］安东尼·吉登斯. 第三条道路及其批评. 孙相东译. 中共中央党校出版社，2002：59.

币需求受收入决定的传统货币数量论的观点，从而复活了传统的货币数量论。在现代货币数量论看来，货币需求函数是极其稳定的，短期内由于存在适应性预期，货币供应量的变化可以影响产量和物价；但从长期看，产出量是由劳动、资本和技术等非货币因素决定的，货币供应量只决定物价水平。而理性预期学派也认为，只有未预期的货币变动能够影响短期真实变量。从长期看，由于货币政策是可预期的，货币变动只会引起价格水平的相应变化，而对真实产量和就业没有影响。尽管理性预期学派在一定程度上否定了“货币面纱”论，但仍坚信金融与经济增长无关。

当然，大量学者并不认可上述说法。但是他们的意见也并不完全一致。一些经济学家认为，金融对实体经济发展所起的作用十分有限，金融发展只是经济增长的一个结果。如琼·罗宾逊就反对熊彼特关于金融部门引导产业部门并激发技术创新行为和企业家精神的论断，强调经济发展为某种特定形式的金融安排创造了需求，而金融体系只是对这些需求作出反应，从而否认了金融体系对经济发展的积极作用。

然而，更为主流的看法却坚持金融促进经济发展论。这种观点同样可以回溯到比较久远的年代。如亚当·斯密就曾指出，慎重的商业活动可增进一国产业，但增进产业的方法不在于增进一国资本，而在于使本无所用的资本大部分有用，使本不生利的资本大部分生利。随后，马克思提出了货币资金是“第一推动力”和“持续推动力”的观点。他科学地考察和分析了货币的起源和本质问题，在分析货币的属性和职能的基础上，提出和阐明了货币资本是“第一推动力”和“持续推动力”的理论。在他看来，商品生产都要求以货币形式的资本或货币资本作为每一个新开办企业的前提条件，在此意义上，货币资本堪称“第一推动力”。同时，资本循环要求资本在货币资本、生产资本、商品资本三种形式上保持空间上的并存性和时间上的继起性，并且资本的每个不同的部分能够依次经过相继进行的各个循环阶段，不断地从货币资本出发，经过生产过程和流通过程，最终以增值的形式还原为货币资本形式，持续推动资本循环过程的正常进行，因此形成货币资本的“持续推动力”。

瑞典经济学家魏克塞尔也于19世纪末就认识到古典货币中性论的不足，认为在信用制度条件下，货币对经济活动起着积极的作用。他通过分析货币利息率（指借贷资本的利息以货币形式来表现的利息率）同自然利息率（指假定没有货币参加的实物经济中，借贷资本的储蓄与需要相一致时的利息率）的背离与均衡变动，通过储蓄、投资的影响决定价格的变动，提出“利息率是价格的调节者”的观点。当货币利息率低于自然利息率时，由于企业扩大生产便引起生产要素价格和消费品价格上涨，而且这种上涨还不是一次性的而是累积地发展，直到自然利息率与货币利息率相等。当货币利息率高于自然利息率，则会引起相反的累积过程。只有在自然利息率与货币利息率相一致时，物价水平才会保持稳定。魏克塞尔通过累积过程理论，指出了货币数量变动通过利息率而对实际经济活动和价格产生影响。

1911 年，熊彼特（J. A. Schumpeter）明确指出，一国金融部门的发展对该国的经济增长和人均收入提高具有积极的正效应。他还从信用创造的视角突出了银行体系对经济发展的强大推动力。他认为，经济发展的实质在于创新，而功能健全的银行可以对企业家进行筛选，为创新活动提供资金支持。到了 20 世纪 30 年代，凯恩斯指出，未来的不确定性是货币经济的主要特征，通过利率对投资的诱导作用，货币就能影响国民收入的产出水平。凯恩斯还通过总量分析，把实体经济和货币经济理论结合起来，克服了古典经济学“二分法”的不足，实现了对早期货币中性论的质的突破。20 世纪 50 年代，约翰·格利和爱德华·肖阐述了金融中介在储蓄——投资转化机制中的重要作用，揭开了金融理论研究的序幕。此后，金融因素逐渐在经济理论中得到重视，并凸显成为同土地、资本、劳动同样重要的经济增长因素。1969 年，现代比较金融学的奠基人戈德史密斯指出，以初级证券和次级证券为形式的金融上层结构加速了经济增长，改善了经济运行，为资金转移到最佳的使用者手中提供了便利。在其经典著作《金融结构与金融发展》中，戈德史密斯构造了包括金融相关率（FIR，全部金融资产价值与全部实物资产价值之比）在内的 8 个衡量金融结构变化和金融发展的指标，并通过大量的国别比较分析和统计验证，得出了包括 FIR 发展趋势（先递增，直至 1 ~ 1.5 时趋于稳定）在内的 12 条重要的金融发展基本规律。20 世纪 70 年代，爱德华·肖和罗纳德·麦金农分别在金融深化论、金融压制论的分析中，将货币与非货币资产、银行与非银行金融机构统一起来，阐述了一国金融体制与该国经济发展之间存在互相刺激、互相制约的关系。之后，卡普尔等人把麦金农和肖的静态分析发展成为动态分析，进一步阐明了金融深化对于发展中国家经济发展的重要作用。20 世纪 90 年代以来兴起的内生金融理论强调，资本效率的改进得益于金融中介和金融市场在把资本分配到最佳可能用途上所起的关键作用。

除了近年来理论成果的不断丰富之外，相关的实证研究也在进行，从而为人们更好地把握两者关系提供了更有力的支持。国际货币基金组织 1993 年的《发展中国家的利率政策》不定期报告，通过对 21 个发展中国家 1971—1980 年的实际利率、金融资产增长率与国内生产总值增长率之间关系的计量验证，其结论是，随着利率的上升，实际金融资产增长率与实际经济增长都呈递增趋势；世界银行 1989 年提供的相当综合的发展中国家金融发展（涉及 1965—1985 年 34 个欠发达国家的数据）的分析报告，其结论是，实际储蓄利率与国内生产总值之间呈现出强相关性，并且较高的储蓄利率对投资效率的促进作用大于对储蓄或投资的激励作用，前者是后者的四倍。即便有一些研究表明金融深化并未产生积极的效果，如同迪米特里艾兹和赫森（Demetriades 和 Hussein，1996）运用16个国家的时间序列资料分析，发现金融深化与经济增长之间存在着双向因果关系，并且不同的国家显示不同的因果关系，这取决于各自的金融政策及制度结构的差异。但是，正如现代经济增长所实际显示出来的那样，它不仅要靠实物资源的开发和技术进步，更要靠金融资源的开发利用，而又在很大程度上依赖于金融的发展程度。因此，总的来说，金融与经济发展两者之间积极而紧密的关系，不仅是在实践上得到了更为充分的展现，而且也深刻地改变了人们的观念和认知。金融是现代经济的核心①，这已经成为不容置疑的事实和真理。

鉴于金融对经济发展所可能产生的复杂影响，推动金融发展、并建立一个有效率的金融制度就成为实现经济持续、稳定、健康发展不可缺少的基础性条件。世界银行②（2001）认为，所谓“金融发展”，涉及金融制度和金融职能两个层面。从制度层面来看，它表现为从货币本身开始，专业机构包括金融中介、市场和代理，在一种经济体的金融活动中的渗透越来越广，从而取代了双边安排③。相对于金融机构或市场的制度模式而言，更重要的是金融的功能。Levine（1997）和 Merton、Bodie（2000）等认为，由一系列机构组成的一国金融安排所承担的职能远远超过简单的交易和资金转移。它们主要包括：（1）提供支付结算服务。金融机构提供有效的支付结算服务是适应经济发展需求最早产生的功能，该功能的重要作用在于促进商品交易的顺利实现，目前对市场支付结算服务一般都是由可吸收存款的金融机构提供，其中商业银行仍是最基本的提供支付结算的金融单位。（2）有效动员储蓄，否则，储蓄渠道将十分有限。金融机构通常采用发行金融工具的方式融通资金。（3）配置资本，即金融机构充当专业的资金融通媒介，促进社会闲置资金向生产性资金转化。（4）降低交易成本并提供金融便利。金融机构通过规模经营，能使投资融资活动最终以适应社会经济发展需要的交易成本来进行。提供金融便利功能是指金融机构为各融资部门的提供专业性的辅助与支持性服务。（5）改善信息不对称。金融中介机构

① 金融在现代经济中的核心地位，可以从以下六个方面反映出来：（1）经济货币化程度加深；（2）以银行为主体的多元化金融体系已经形成；（3）金融创新方兴未艾，货币形式正在发生变化；（4）经济主体的持币动机发生转移；（5）金融调控已经成为主要的宏观调控方式；（6）金融深化已经成为现代经济发展中的典型特征。

② 世界银行．金融与增长——动荡条件下的政策选择．经济科学出版社，2001.

③ 然而，应该注意的是，在发展中国家，不少融资行为是通过合伙或非公司型企业，在家族内部进行的。尽管融资行为在没有专业金融机构时也可以并且确实存在，但本文中的讨论仍然集中于有组织金融，即资金由专业性金融机构取得、融通或管理，或在有组织的金融市场交易。

通过自身的优势，能够及时搜集、获取比较真实完整的信息，据此选择合适的借款人和投资项目，对所投资的项目进行专业化的监控，从而有利于投融资活动的正常进行，并节约信息处理成本。(6) 监控经理人员①。因为只有这样，资金才能按预定目的进行配置。(7) 风险转移与管理。金融中介机构通过各种业务、技术和管理，分散、转移、控制、减轻金融、经济和社会活动中的各种风险，例如为投资者分散风险并提供风险管理服务。此外，金融体系还提供了其他一些功能如图 2.1 所示。从金融发展概念出发，我们就可以对特定时空中的金融发展水平作出比较清晰的评价，也可以从国际或地区比较的视角，形成一个更为具体的衡量高低优劣的标准或尺度。换言之，那些金融发展水平较高的

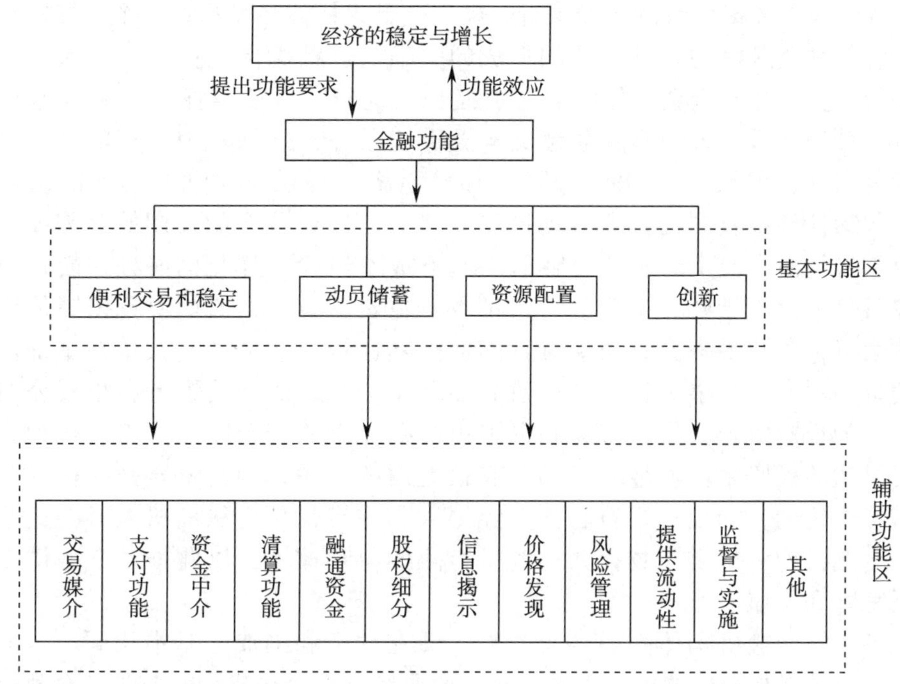

资料来源：徐良平：《金融与经济关系研究的功能方法：一个分析框架》，南京大学斯密论坛：经济发展评论，2002 年第 1 卷第 1 期。

图 2.1　经济发展中的金融功能

① 监控意味着金融中介机构并不仅仅获取企业信息、对企业发放贷款或投资，还必须跟踪把握资金使用者的活动轨迹，并以执行合同条款或终止融资的形式参与公司治理。由于获取信息很难，对信息的辨别成本又很高，金融机构的上述工作是极其重要的。在这个意义上，金融中介机构承担了“代理监控者”的职能，否则，企业的所有权和经营权将很难分离。

国家和地区，通常表现出金融机构种类齐全、金融监管交易制度完善、金融功能发挥顺畅到位等情况。反过来说，金融落后的国家，或者在金融制度方面，或者在金融职能方面，或者同时在上述两个方面，都存在着若干显著或重大的缺陷。当然，即便是金融发展水平已经处于较高阶段的国家或地区，也只是相较于落后者具有相对的发达。因为实体经济的发展没有一刻停歇，这种随时变化的动态局面也将牵引着金融业的脉动，使金融发展相对经济发展而言，始终处于一种手段的地位。深入研究和推动金融发展，也就成为促进经济发展的一项重要任务。

2.1.3 金融体系中政策性金融的出现

从金融服务提供者的角度来看，国家金融机构体系是指在一个主权国家里存在的各种金融机构及其彼此间形成的关系。金融机构包括从当铺和放佃人到银行、养老金基金会、保险公司、经纪人商行、投资信托公司和证券交易所等。总的来看，各个不同金融机构提供的服务，既是互为补充的，又是互相竞争的（世界银行，1989：39）。如储蓄机构提供支付和流动性的储蓄基金，契约性储蓄机构提供非流动性储蓄机会，迎合顾客的长期储蓄需要。合作投资机构向小投资者提供专业管理和低成本风险多样化的好处，鼓励他们将储蓄分散投资于各种上市的有价证券。在贷款方面，商业银行按照传统提供营运资金和贸易资金；长期贷款随着国际性银行业务的扩大也在增加。托收信贷公司专门从事为存货和应收款项提供资金，而开发银行和租赁公司提供长期的投资资金。货币市场和资本市场则提供适合契约性储蓄机构和集体投资机构的投资手段。金融市场要有效地发挥作用，则要依靠一些很少为自己借贷的机构，如投资银行、证券经纪人和评定信用等级的机构等。这些不同的金融机构和金融市场，共同竞争有限的总量储蓄，以此推动金融体系的不断完善和发展。

各国的金融机构体系虽各有特点，但在种类和构成上基本相同。一般地讲，国家金融机构主要由管理性机构、商业经营性金融机构和政策性金融机构三大类构成。之所以提出这种划分，是因为在商品经济条件下，除中央银行等管理性金融机构之外，所有参与市场的金融机构都受到追求利润最大化的无情压力，否则就会面临竞争带来的生存危机，因而这些金融机构无论在其办理的业务上有何异同，究其本质则是完全相同的，即在经营宗旨、外部环境、运行机制上都要受到巨大的市场力量左右，可以被笼统地归于商业性金融机构的范畴。另外一类被称为政策性金融机构的组织却与前一类大相径庭。它们并不以利润为经营之根本，在外部环境方面也受到来自非市场力量即政府部门的强大影响，这种影响是有别于所有金融机构都要一般性地受到政府监管和约束的那种对待的；另外，在运行机制上也存在着较大的不同，如后一类机构在资金的筹集和资金的运用等方面都显著地不同于前一类机构。基于所有这些差异，将它们作一个明显的区分和归类就显得很有意义了。既有利于人们更好地认识它们，又有利于人们区别对待，分类管理，以使它们能够各得其所。具体地讲，所谓管理性机构是指一个国家或地区具有金融管理、监督职能的机构。目前各国的金融管理性机构，主要构成有四类：一是负责监管存款货币银行的中央银行或金融管理局，二是按分业设立的监管机构如银监会、证监会、保监会，三是金融同业自律组织如行业协会，四是社会性公律组织如会计师事务所、评估机构等。其中，中央银行或金融管理局通常在一个国家或地区的金融监管组织机构中居于核心位置，而商业经营性金融机构则是指以经营工商业存放款、证券交易与发行、资金管理等业务，以利润为其主要经营目标的金融企业，如各种商业银行和存款机构、商业性保险公司、投资银行、信托公司、投资基金、租赁公司等。政策性金融机构是指那些专门配合宏观经济调控，根据政策要求从事各种政策性金融活动的金融机构。这类金融机构的建立旨在支持政府发展经济，促进社会全面进步。世界各国都根据各自发展需要建立了相关的政策性金融机构。

从历史上看，明显有别于商业性金融机构的现代政策性金融组织的出现是较晚时期的事，正如我们在导论中已经提到的，大概是在19世纪末期出现于法国。但自那以后，尤其是在先后两次世界大战结束后的时期里，都经历了一个迅速的发展过程。如果非要追溯它成长的逻辑，也许可以将其与伴随凯恩斯主义出现而兴起的国家干预主义挂上钩，尤其是“二战”后，无论是亟待从战争的废墟中重新站起来的资本主义世界，抑或是从殖民主义的牢笼中获得解放和新生的第三世界，都深感市场机制的不足，政府干预的合法性、必要性和急迫性被广为接受。这时，政策性金融机构便进入了发展的高峰期。它们受命于政府，服务于社会公共利益，分布于不同的行业和区域，致力于满足多元化的国民需求。由此，各类政策性金融机构便成为许多国家金融体系中与商业性金融机构并存的一个重要组成部分（如图2.2和图2.3所示）。

从系统论的角度来看，政策性金融体系与金融体系之间有一系列密切而复杂的关系。首先，政策性金融体系作为金融体系的组成要素和子系统之一，它要服从于金融体系的目标引导和约束。如果说金融体系的根本目的是通过各种金融制度及其功能发挥，用以促进经济发展，那么，政策性金融体系同样也不能背离于这一目标。同时，为了体现金融大系统内诸多要素的同一性，政策性金融体系也必须遵循金融机构的生存发展法则来运转。其次，为了使金融体系这个大系统能够向外部输出更大的能量，政策性金融体系与商业性金融体系作为两大机构组成要素必须合理分工，协同配合，避免产生过大的“内讧”，降低

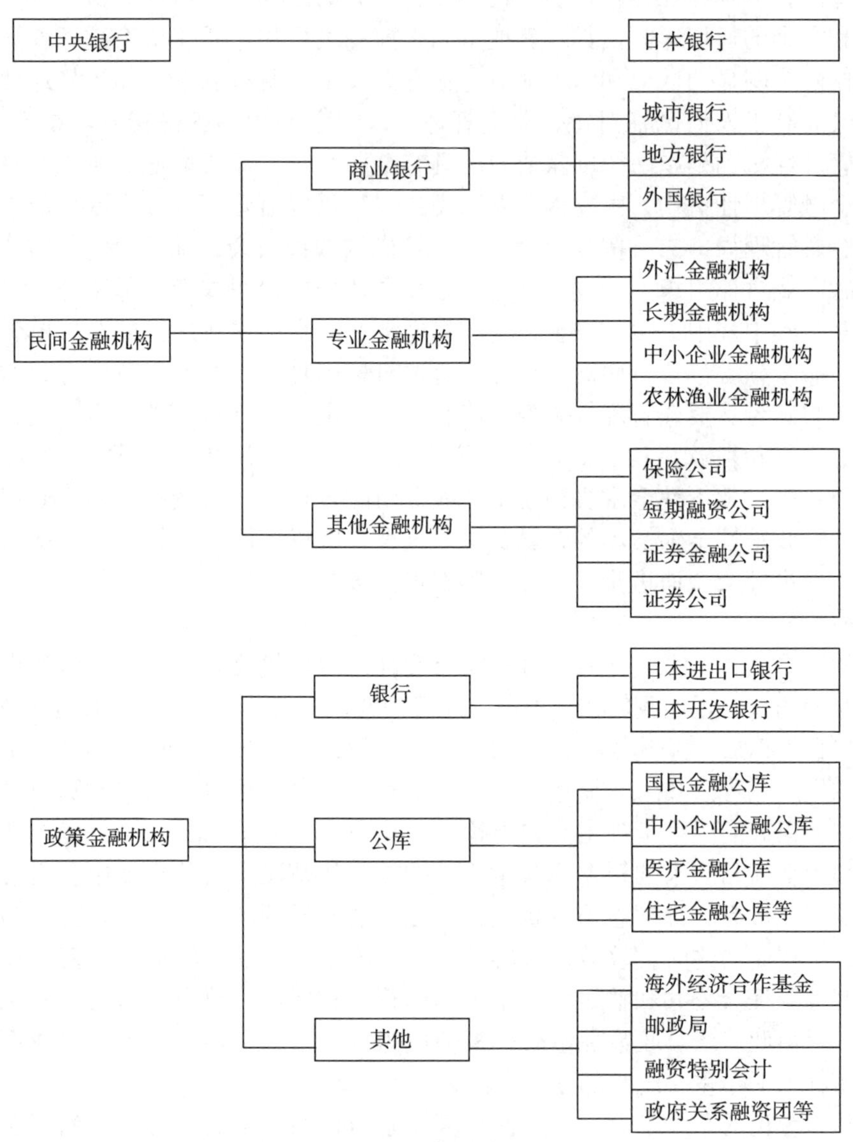

资料来源：国家开发银行，中国人民大学联合课题组：《开发性金融论纲》，中国人民大学出版社，2006：293。

图 2.2 日本金融体系的基本结构

系统整体的功能。再次，政策性金融体系代表了金融体系所应发挥的重要功能。这些功能是由经济和社会发展目标对金融体系所提出的要求。从这个意义上讲，政策性金融体系的产生并不是偶然的，而是建立在深刻的现实需要基础上的。

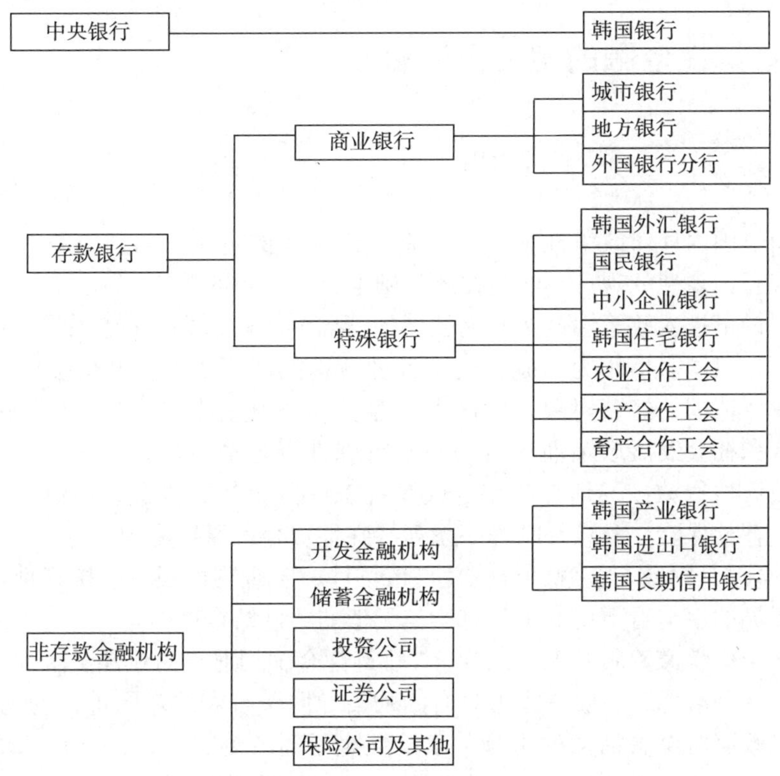

资料来源：国家开发银行，中国人民大学联合课题组：《开发性金融论纲》，中国人民大学出版社，2006：301。

图 2.3　韩国金融体系的基本结构

它的出现，既是金融体系日益向高级、复杂阶段发展的结果，也是社会经济不断演进的结果。最后，政策性金融体系的运行状况对金融体系的整体发展有着积极的影响。一些国家的政策性金融机构成功运行的经验表明，它们除了在产业发展、落后地区开发、弱质产业的扶持、国际经济交往的深化方面直接发挥了积极的促进作用外，还间接地通过经济的增长以及金融理念的传播等渠道促进了市场机制的建设和完善，因而也为金融体系的未来发展提供了更为广阔的空间。反之，一些国家对政策性金融机构管理不善，导致了大量的坏账损失，加重了政府财政的负担，也扰乱了金融秩序，使金融体系的发展前景变得更加黯淡。

总之，政策性金融之所以能在现代金融体系中占据一席之地，不是偶然的，而是有着现实的社会需求基础。这就意味着，要发展一国的金融体系，不但要关注商业性金融体系的状况，同时也应重视政策性金融体系的成长。

2.2 政策性金融的定义及特征

2.2.1 定义

目前，国内外对政策性金融并没有一个统一的定义。为此，我们将首先介绍一些较有代表性的观点，然后在此基础上提出笔者的看法。

我国最早进入政策性金融研究领域的著名学者白钦先教授提出，“在一国政府支持下，以国家信用为基础，运用各种特殊的融资手段，严格按照国家法规限定的业务范围、经营对象，以优惠性存贷利率直接或间接为贯彻、配合国家特定经济和社会发展政策而进行的一种特殊性资金融通行为，它是一切规范意义上的政策性贷款，一切带有特定政策性意向的存款、投资、担保、贴现、信用保险、存款保险、利息补贴等一系列特殊性资金融通行为的总称[①]”。简言之，“政策性金融是财政与金融，行政性与市场性，宏观与微观，直接管理与间接管理，看得见的手与看不见的手，有偿与无偿的巧妙结合体[②]”。

著名金融学家曾康霖先生认为，“政策性金融相对于商业性金融而言，政策性金融有多种解释，一般是指由政府的政策导向按政府的意图进行的融资活动。其实质是政府对金融活动的干预。政策性金融需要通过一定的部门去组织。国内外的实践表明：它能够通过财政部门去组织，也能通过设立专门的金融机构去组织。通过财政部门去组织表现为‘财政投资融资’。财政投资融资与财政预算拨款不同，主要表现在它的有偿性，即政府在投融资时使用单位必须还本付息，这不仅是因为这样的投融资资金来源的一部分是有偿的，即政府要向出资者还本付息，因为需要通过这样的方式去作用于资金的使用效益。通过设立专门的金融机构去组织表现为银行的政策性贷款。政策性贷款相对于经营性贷款而言，它具有指令性、低利性和全局性等特点[③]”。

翟强先生认为[④]，所谓“政策性金融”，目前还没有统一的定义，除了“政策性金融”这一称呼外，还有“制度金融”、“开发金融”、“两步贷款”等多种用语，显得有些混乱，而且大多缺乏明确的定义。由于发展中国家政府政策的重点是社会经济开发，因而“政策金融”与“开发金融”常有重合之处，但是后者所包含的范围更广，它包括发展中国家在金融领域出现的重要问题，例如

---

① 白钦先，曲昭光．各国政策性金融机构比较．中国金融出版社，1993．

② 白钦先．白钦先经济金融文集（第二版）．中国金融出版社，1996．

③ 曾康霖．按科学发展观发展金融事业需要多元化的金融制度安排．金融时报，2004－10－19．

④ 翟强．经济发展中的政策金融——若干案例研究．中国人民大学出版社，2000：8．

金融体系的建立、金融压制与金融深化、金融自由化、企业融资、外债等，政策金融只是其中的一个部分。“制度金融”这一概念外延最为广泛。至于“两步贷款”，主要是指从外国援助机关到发展中国家的金融机关，再到最终需要者这样一种资金流程，是一种操作性的概念。

王伟撰文指出[①]，“政策性金融是一个国家或地区的政党或政府，为实现一定历史时期的政治目标和社会经济政策所采取的一系列指令性金融活动的总和”。

我国著名金融学家赵海宽研究员提出[②]，“所谓政策性银行业务，主要是完全按照国家规定的数额、用途、利率发放的贷款。这种贷款不能考虑银行自身的业务活动成本和经济效益，甚至不能只考虑社会经济效益，而应把现实规定的政治目标作为主要目的，准确地说，这是一种政治性银行业务”。

从上述观点来看，虽然不同学者的定义在内容的具体描述上有一些差异，但大体而言，都一致强调了政府在其中的干预作用，并且这种干预的目的主要在于贯彻政府自身的意图，以实现“政治目标”，而非要“与民争利”。因此笔者认为，综合来看，对于政策性金融这一概念应当从广义和狭义两个方面来理解。从广义上讲，它应是指一国政府为满足特定时期的社会整体公共目标要求而从事的各类资金融通行为的总称。而从狭义上讲，它应是指一国政府创立、参股或提供担保，不以盈利为主要目的，为贯彻执行或配合政府社会经济政策或政策意图，在法律规定的特定业务领域内，直接或间接从事政策性融资活动的特殊金融机构。之所以作这种划分，主要有两个原因：首先，正如上文所述，目前理论界对于政策性金融并没有形成统一的概念，只是对其基本属性有一些共识，然而，包含有这些共性的现象很多，比如政府的财政支出行为，政府对国有或非国有商业性金融机构的控制和引导行为以及政府组建专业性政策性金融机构并使其依法运转等，都具备政策性金融的本质特征，即是一种体现政府意图的资金融通行为，因此，不宜将这些现象完全排斥在政策性金融的范围之外，需要从广义的角度将其纳入一般性的政策性金融范畴。其次，对于组成广义上的政策性金融的各类现象而言，它们又在属性、功能与职责等方面存在着较大的不同，比如，财政支出具有无偿性，主要用于生产或提供社会所需的纯公共品；而商业性金融机构（无论是国有的还是非国有的）的主要目标则在于取得最大化利润，并以促进社会资金资源的流动分配效率的提高为手段；除此之外，还有一类特殊的政策性金融机构，其资金融通行为既不同于财政支出是无偿的，但也不同于商业性金

① 王伟．论政策性金融的内涵和外延［J］．金融理论与实践，1996（4）．

② 赵海宽．中国金融业的大变革．河南人民出版社，1993．

融机构的高逐利性，而是更为充分地体现了政策性与金融性的有机结合，因此，为了使之区别于其他现象以显示出这些现象之间的明显界线，同时也有利于促进人们进一步深化对这一类更加集中全面地反映了政策性金融一般属性的金融机构的认识和研究，也需要提出一个狭义的政策性金融概念，用以代表或指称这类特殊的金融机构①。事实上，自 19 世纪末 20 世纪初这类机构陆续诞生并在二战后得到蓬勃发展以来，如无特别说明，人们所提到的“政策性金融”一词大多是指这类狭义的特殊金融机构。它们作为与财政、商业性银行等古老机构有所不同的新生事物，由于其影响力和发展的复杂性日益变化，正在不断吸引越来越多的关注目光。而在本文中，如无单独说明，笔者所谓的“政策性金融”也是指这种狭义上的政策性金融机构。而这类专业性政策金融机构的组建或成立，则标志着一国政策性金融体系或政策性金融制度的形成。

还应强调指出的是，笔者在这里提出的狭义上的政策性金融概念，也是根据某一金融机构的主要职责功能来确定其归属范畴的。那些其职责不是以从事政策性融资活动为主的金融机构，虽然也不排除它会偶尔地肩负类似职责，如美国的美联储前些年为挽救处于经营困境中的联邦国民抵押协会（Fannce Mac）而不得不提供50 亿美元紧急贷款等类似行为，即便可以被归属于广义上的政策性金融范畴，但是，这决不意味着美联储也属于本文定义上的狭义性政策性金融机构，实际上，由于它的主要功能仍是监管和调控金融系统，因而它仍是一个不折不扣的管理性金融机构。

2.2.2 主要特征

政策性金融主要有三个方面的特征（刘国华，2004）：首先是“金融性”。第一，政策性金融机构的具体业务经营与商业性金融机构类似，它是以金融的运行机制、操作方式及具体业务来贯彻执行国家的相关经济政策，从而实现社会经济目标的性质。从本质上讲，政策性金融的特殊金融行为属于有偿接待金融行为，与无偿拨付的财政行为有着根本区别。尽管它被赋予特殊的政策性使命，但仍然必须遵循一般金融机构的基本经营规律，通过一般金融机构的基本运行机制来运作。第二，政策性金融机构的经营是非无偿性的，所以，它的资金与财政资金很大差别，它不能以无偿拨款、赈济或配给的方式来使用，简言

① 其实这种分类并非笔者的原创。瞿强（2000：9）就将日本的政策金融分为广义与狭义的政策金融。他指出：“日本的政策金融有广义与狭义之分：广义的政策金融指的是财政投融资制度，它由资金来源、资金综合管理和资金运用三个部分组成，其中，作为财政投融资运用机构一部分的政策金融机构，则是所谓的狭义的政策金融”。

之，政策性金融机构的资金只能有偿使用，需要支付利息，尽管这种利息可能很低。

其次是“政策性”。第一，政策性金融是由政府出资创立、参股或保证的。政府出资创立，是指由政府出全资直接创立政策性金融机构，如美国进出口银行、中国进出口银行。政府参股创立，是指政府参与投资并联合其他商业性金融机构共同组建政策性金融机构，如法国对外贸易银行就是由法国中央银行和信托储蓄银行、国家信贷银行、国家农业信贷银行等金融机构共同投资组建的。政府保证创立，是指由政府担保的另一个金融机构来间接创立政策性金融机构，如捷克出口银行是一家股份公司，它的最大股东是国家财政部（占35%的股份），在提供政府支持的融资领域内它必须接受财政部的监督。第二，政策性金融创立初衷是为执行国家的宏观经济政策和意图而进行融资活动。由于政策性金融具有特殊的政策导向性，决定了它的经营目标是非营利性的。这也是政策性金融区别于商业性金融的重要特征。在此需要特别强调的是，它不以营利为经营目标并不等同于不盈利甚至亏损，而应当理解为尽量不给政府增加额外经济负担的前提下，把资金投向那些商业性金融不愿投入的政策性强、期限长、社会效益明显而风险较大的项目。比如韩国、巴西等国的政策性金融机构资产盈利率就在0.2%～3%。第三，政策性金融是依照专门立法建立及运行的特殊机构。大多数国家都对政策性金融制定了专门法律作为其行为的基本规范，规定其设立宗旨、经营目标、业务目标、业务领域及业务操作方式等内容。但是，由于政策性金融本身具有较强的“政治性”色彩，它的部分业务是不能公开的，所以，这些专门法律对其业务活动内容又不能做过于具体化的规定，有时甚至只能做笼统的规定。比如，大多数国家都不要求进出口政策性金融遵循公开披露原则。第四，政策性金融有特定的业务领域及服务对象。对其特定业务领域及服务对象会依法给予投资和贷款项目的相关政策性支持，比如贷款期限长，低贷款利率，偿还确实有困难时由政府补贴等。此外，政策性金融机构对商业性金融机构从事符合政策目标项目的贷款给予偿还担保、利息补贴或再融资，甚至充当“最后贷款人”或“最终偿债人”的特殊角色。

最后，“政策性”与“金融性”的有机融合（白钦先，1998）。政策性金融是政策性与金融性的有机融合体，也就是说，“政策性”特性是其区别于其他金融而存在的关键；“金融性”特性又是其区别于其他政府机构而存在的关键。若仅强调“政策性”而忽略“金融性”，则易导致将它混同于其他政府机构；若仅强调“金融性”而忽略“政策性”，则易导致将它混同于其他商业性金融机构。总之，“政策性”是它之所以存在的精髓，“金融性”是它得以为继的基础；这两种特性应缺一不可地统一在政策性金融这个独特的有机体内。

从其外延上讲，政策性金融在各国实践中所表现出来的具体形态非常丰富。

它既包括各类政策性银行，如农业发展银行、产业发展银行、进出口银行、中小企业银行等，也包括各类政策性保险机构，如出口信用保险公司，甚至还包括其他一些承担新的特殊金融业务的新型金融机构，如中国政府于1999年先后成立的信达、东方、长城、华融四大资产管理公司，它们的主要职责就是收购和处置国有商业银行的不良贷款。再以美国为例，其政策性金融机构则包括了政府国民抵押贷款协会（Ginnie Mae）、联邦国民抵押协会（Fannce Mac）和联邦住房贷款抵押公司（Freddie Mac）、中小企业投资公司，以及1996年根据《中小企业项目改进法》成立的特种中小企业投资公司（SSBIC）等。

这些形态各异但本质相同的政策性金融机构共同组成了一国的政策性金融机构体系。在我国现阶段，以中国农业发展银行、国家开发银行和中国进出口银行为代表的三大政策性银行，无论就资产实力还是就人员规模而言，在整个政策性金融机构体系中都占有压倒性的优势地位，因此，笔者将把它们视为本文的研究对象，相信通过对它们的研究，能够基本了解和把握住我国政策性金融体系的整体特征，而对其他的一些份额和影响都较小政策性金融机构则略而不论。

2.3 政策性金融的构成要素

2.3.1 政策性金融的组织形式

一个国家的政策性金融组织体系，是指按照政策性金融自身不同的质的规定性，由多种形式的政策性金融机构而组成的不同系统层次的组织体系。

从实践来看，各国都普遍设立了政策性金融机构，按照不同的划分标准可以将政策性金融组织形式进行不同的分类。

按照政策性金融机构的数量和规模，可将政策性金融划分为多元组织体制和有限组织体制两类（王伟，1996）。（1）多元组织体制，是指政策性金融机构门类齐全，相对数量及规模都较大，比如日本、法国、意大利、韩国等国家的政策性金融组织体制。（2）有限组织体制，是指仅仅建立几个特殊的政策性金融机构并且其作用范围主要限定在基础产业、农业、中小企业、进出口及住房业等几个重要门类，除农业类外，规模都较小，比如美国、加拿大、澳大利亚、荷兰、巴西、泰国等国家的政策性金融组织体制。

按照政策性金融的活动范围可划分为全国性政策性金融和地方性政策性金融两类（段京东，2005）。（1）全国性政策性金融，是指其业务范围覆盖全国地域的政策性金融。在世界各国的政策性金融中，大多都是全国性政策性金融，比如日本的开发银行、进出口银行、农村渔业金融公库，美国的联邦专业信贷机构，德国的复兴信贷银行，法国的农业信贷银行，韩国的开发银行，巴西的全国经济开发银行，菲律宾的开发银行等。（2）地方性政策性金融，是指其业务范围局限于国内某些地域的政策性金融。这种类型的政策性金融大多产生于经济较不发达的国家或其较落后的发展阶段，比如日本工业化过程中设立的北海道东北开发金融公库和冲绳振兴开发金融公库，巴西在开发落后的东北地区时设立的东北部开发银行，印度尼西亚设立的26个地区开发银行，马来西亚的11个州立经纪开发公司等。

按照政策性金融的组织结构不同而划分为单一型政策性金融和金字塔形政策性金融两类（王伟，1996）。（1）单一型政策性金融，是指全国仅有一个机构而无成员机构的政策性金融。实践中这种类型的政策性金融占大多数。比如美国的进出口银行，日本的“二行九库”，韩国和菲律宾的开发银行等。（2）金字塔形政策性金融，是指有一个中央机构来领导，由多层次的会员机构或分支机构共同组成的呈金字塔形的政策性金融体系。实践中这种类型的政策性金融多见于农业支持领域，比如法国的农业信贷银行分为三个层次，最高层为全国农业信贷中央金库，中间层包括94个区域金库，最底层是3 010个地方金库。

按照政策性金融的主业不同可划分为信贷类政策性金融和保险类政策性金融。（1）信贷类政策性金融，是指以信贷业务作为其主营业务的政策性金融机构，由国家承担其风险（政治风险为主）以达到平衡国际收支的目的。（2）保险类政策性金融，是指以进出口信贷保险和存款保险为主营业务的政策性金融机构，它通过保护存款者利益而增强金融体系的稳定性。

按照业务领域不同而划分为农业、中小企业、进出口、住房、经济开发、基础产业、主导产业、环境及国民福利等领域的政策性金融机构（白钦先，曲昭光，1993）。很多国家都有农业、中小企业、进出口和住房业的政策性金融机构，而一些经济发展较落后的国家则大多设有在基础产业及经济开发等领域的政策性金融机构，包括日本在内的经济较发达的国家里还设立了环境卫生及医疗等领域的政策性金融，以提高国民福利和生活质量。

按照命名方式的不同而划分为银行、金融公库、公司等政策性金融机构。（1）银行。绝大多数的政策性金融机构命名时都采用在“银行”之前冠以某专门服务领域的方式，比如农业银行、进出口银行、开发银行、住房银行等。（2）金融公库（简称金库或公库）。这种以“金融公库”命名的政策性金融机构较之银行往往更局限于较窄的贷款业务范围，具有较浓的政策色彩，比如日本中小企业金融公库等九家公库，美国住宅取得者金融公库，法国国家市场公库等。（3）公司（包括金融公司、开发公司、投资公司等）。这种以“公司”命名的政策性金融机构较之于银行往往具有更大的经营自主权，比如墨西哥全国金融公司、加拿大出口开发公司、印度工业信贷和投资公司等。（4）其他命名。除了以上述种种方式进行命名外，政策性金融机构还有很多其他命名，比如美国小企业管理局（SBA）、农民家计局（FmHA）、印度轮船开发基金委员会、日本海外经济协力基金会等。

2.3.2 政策性金融的运行机制

政策性金融的运行机制主要包括三个部分，即融资机制、经营机制和监管机制。

2.3.2.1 融资机制

政策性金融发挥应有的职能必须以相对稳定、低成本且充足的资金来源作为基本前提，所以，合理的资金筹措机制是政策性金融运行机制的重要组成部分。当前，各国政策性金融的资金来源渠道主要包括以下几类（戴晓萍，1994）：

第一，政府财政拨款。由于政策性金融本质上是贯彻政府经济政策意图的特殊工具，政府一般都会为其提供资本金并逐年增加对它的资本金投入。比如，美国的联邦土地银行、中期信贷银行及合作社银行的初创资金就全部由联邦政府提供的；美国的农民家计局、商品信贷公司及农村电气化管理局的资本金全部由美国国库提供；日本的农林渔业金融公库的资本金大部分由财政预算拨付；法国农业信贷银行的资本金主要由财政预算拨付；泰国农业合作社银行99.7%的股本由政府用财政资金购买。

第二，发行债券。发行债券筹集资金是各国政策性金融机构较普遍采用的筹资方式，发达国家的金融市场较为健全，其国内政策性金融机构采用这种方式筹资的较多，但大多有发行债券的额度限制。比如，美国联邦专业信贷机构（进出口银行除外）的主要筹资方式就是发行各个专业机构的证券，日本的“二行”及部分公库也多采用发行债券的方式筹资。但是，美国和日本的政策性金融发行债券数额不得超过其资本金的十倍。在发展中国家，由于金融市场不完善，发行债券的方式目前只能作为一种辅助筹资手段。20世纪90年代后期以来，一些发展中国家开始尝试以发行债券筹措农业政策性资金并取得一定的成效。

第三，政府为其借款提供担保。政策性金融机构的借款，一般都由政府提供担保。它的主要借款途径包括向财政借款，向其他政府部门借款，向中央银行借款，向世界性金融组织借款等。比如，日本政策性金融机构主要向大藏省资金运用部借款；韩国开发银行主要向财政借款。此外，发展中国家的政策性金融还享有向世界银行、亚洲开发银行、国际粮农组织等国际性金融机构借款的优惠待遇。比如，印度从20世纪80年代起曾先后向世界银行借款28.39亿卢比，用于国家种子工程计划的实施。巴西于1967年建立全国农村信贷体系，其信贷资金的20%左右是来源于政府财政拨款，其余部分来源于向中央银行及国外机构的借款。

第四，吸收存款。根据政策性金融机构是否吸收存款以及吸收存款的种类限制，当前各国的政策性金融机构主要分为三类，即不吸收存款类，吸收存款类和只吸收特定对象存款类。日本的“二行九库”、美国联邦银行信贷机构及德国复兴信贷银行属于不吸收存款类，法国农业信贷银行属于吸收存款类政策性金融，它不仅吸收外来对象存款，还吸收社会公众存款，而大多数国家都规定其政策性金融只能向特殊的存款对象吸收存款。此外，还规定贷款对象企业的存款、农业政策性贷款支持单位的财政项目拨款、筹措的各种基金存款、国外援助农业项目赠款等必须作为政策性存款，不得存入商业银行。

第五，其他来源。一些国家的政策性金融还向社会保险基金、养老基金、退休基金、医疗基金、就业基金、住房公积金等资金管理部门借款。因为这些“基金”大部分是在政府倡导、推动及立法保障下建立和运营的，具有一定的政策性色彩，所以，政策性金融向其借款的根本理由在于他们都是具有政策性的资金。

从上述的几个渠道来看，我们可以将其归为两个大类：一类是“市场性资金”，如发行的各种债券、各种对外借款以及吸收的民间存款等，这类资金也大多是需要偿还的资金；另一类是“非市场性资金”，如政府财政拨款和贴息补助等，这类资金也大多是无须偿还的资金。但从金融自由化的总体趋势和世界各国的发展情况来看，市场性资金在政策性金融中所占的比重有不断上升之势。以日本为例，“市场性资金”在新增资金来源中所占比例在1953年（即其财政投融资计划开始时）只有一半左右，但是到1994年已上升到75%。有偿性的市场性资金所占比重的上升，也给政策性金融提出了要重视收益安全性和效益性的要求，否则政策性金融的正常运转就难以持续，而且也会给财政增加新的负担。

政策性金融不但在资金来源渠道上与商业性金融有所不同，而且其在资金利率的结构上也相差颇大。这一点对于理解政策性金融的特性十分重要。因为利率水平和结构在影响金融机构的盈利能力和风险程度方面起到了决定性的作用。如果资金来源利率低，则不但可使金融机构的总成本低（除了融资成本外，其他成本包括只占较小比重的业务费用、管理费用和税费等），而且可使贷款利率的可浮动空间也相对较大，贷款数额也容易增加；反之，则反是。从利率结构上讲，如果固定性利率所占的比重较大，那么，金融机构应对市场变化的能力就较强，金融风险就相对较低；反之，则反是。所谓固定性利率，是指在一定时期内不能或不易变动的利率，如金融债券利率、社保基金利率等。定期存款利率虽然从表面上看来也是比较稳定的，但是由于许多国家允许客户在付出一定的利息代价的前提下随时中止原有协议，因此，不能简单地把定期性存款看作是固定利率存款，因为当市场利率浮动得较厉害以致客户违约所增加的收益超出其负担的成本时，定期存款就极容易转换成活期存款或现金。

从理论上讲，利率是为使用货币的购买力而付出的租赁价格（考夫曼，2001）。利率有名义利率与实际利率之分，实际利率是指对名义利率剔除了物价变动因素后的利率。在本文中我们所未特别单独指明的利率统称名义利率。另外，利率还有官定利率与市场利率之分（王松奇，2002：43～45）。所谓官定利率是指由货币当局规定的利率。这里所说的货币当局，既可以是中央银行，也可以是具有实际金融管理职能的政府部门。市场利率，则指由市场资金供求及其他状况决定的利率。利率还有短长期之分，一般将一年以内的信用利率称为短期利率，一年以上的长期信用利率称为长期利率。金融机构按一般标准发放贷款或吸收存款所执行的利率则称为一般利率；而低于一般标准的贷款利率和高于一般存款利率的利率则被称为优惠利率；另外，利率还可根据不同金融工具或金融政策的名称而区分为国债利率、年金利率、存款利率、金融债券利率、贴现利率、再贷款利率等。这些不同形式的利率有机组合构成了一国的利率体系。在这一体系中，通常存在着内在的联动关系。通常而言，金融机构的利率要么由政府控制，要么由市场决定。但从根本上说，如果官定利率长期与市场因素决定的利率相背离，其对资源配置所造成的扭曲是相当大的，因此，政府管制利率的制定也要考虑到市场利率的状况。

从实际来看，商业性金融机构融入资金大多执行的是一般利率，无论这一利率是由官定或是由市场供求所决定。而政策性金融机构融入资金的利率除了零利率的财政拨款外，还有一些以优惠利率吸入的资金如政府担保发行的金融债券和大量以一般利率吸入的资金如普通储蓄存款等。

2.3.2.2 经营机制

所谓的“经营机制”，是指在企业生产过程中，为达到一定的目标，多种管理因素相互作用和相互制约，形成的一种内在关系及制约功能。经营机制决定着整个系统功能的力量，所以经营机制不完善则会使系统功能削弱甚至缺损。一般地说，经营机制是由动力机制、约束机制和调控机制三个子机制耦合而成的（陈志祥，1997）。具体来讲：（1）动力机制，是指通过建立一整套价值评价标准和行为规范，来有效地推动政策性金融机构行为的相关机制，包括目标机制、自主经营机制和利益及其补偿机制。（2）约束机制，是指规范及制约政策性金融整个机体有效营运的相关机制，包括内部和外部约束机制。（3）调控机制，是指能使政策性金融整个机体各因素相互作用的相关机制，包括调控目标、调控内容、调控体系和调控手段。总之，政策性金融的经营机制，是指在特定动力机制推动下，由特定约束机制和调控机制相互作用，从而完成自身特定职能的特殊运作过程。

从营运流程的角度来看，政策性金融的运行过程主要包括以下两大环节的内容：

第一，筹资环节。该环节所要解决的主要问题是为政策性金融机构确定具体可得的资金数额和不同利率资金的结构组合情况。在日本，这通常是由政策金融机构与大藏省沟通并经国会批准后得以确定（瞿强，2000：97～100）。如日本开发银行即是在与有关部门就政策性贷款的范围及预算规模进行共同研究并达成一致意见后，在每年8月底前向大藏省提出下一年度的预算计划，此后还要会同有关部门继续与大藏省就该预算计划进行反复沟通，直至12月底前大藏省最终确定预算上报国会批准后，该环节的工作才告结束。

第二，投资环节。该环节的主要任务是由政策性金融机构运用资金以完成政府目标和实现自身效益。从理论上讲，在政府确定的预算范围和相关政策框架之内，政策性金融机构有独立的资金运用或投资决策权。与此相对应，它也要承担投资的风险和损失的责任，以尽可能保证资金的安全和高效运用。这一环节一般包括借款人提出贷款申请、审查、决定贷款、签订协议、拨付资金、确认资金用途、进行贷款管理及回收等步骤。事实上，在这一环节中，除了在审查中要侧重进行政策性评价以及在发放贷款利率方面有所不同外，其他与商业银行的操作方法并无根本的差异。

这里所谓的政策性评价，就是指评价融资对象与政策性金融机构的融资方针是否相同，具体的评价标准通常有融资对象、地域、融资比率、利率、贷款期、项目领域等。而在发放贷款利率方面，政策性金融机构的特殊性则表现为除了要执行一般性利率之外，还要执行大量政策优惠利率。这些优惠利率不受市场利率波动情况的影响，由政府决定，突出体现了政府的意图和偏好。事实上，优惠利率固然体现了政策性金融的特点，但也带来了相应的问题，如导致融资需求膨胀，同时与市场利率的隔离或者差距过大也易导致政策性金融机构出现进出资金的利率倒挂，从而造成政策性金融在资金来源和资金运用方面的基本矛盾，并威胁到政策性金融机构的自主生存。

2.3.2.3 监管机制

监管机制是保障政策性金融机构经营活动按照预定的经营目标、经营原则进行运作的制衡系统。监管机制主要由监管的目标、行为主体及手段这三部分构成。（1）监管的目标，是指建立一整套界定政策性金融经营行为合理性的标准作为实施监管行为的依据。（2）监管的行为主体，是指建立健全职责明确、分工合理、相互协作的各个实施监管行为的主体。（3）监管的手段，是指由监管主体实施的能够实现预定监管目标的相关工具及方法。

监管机制又可以分为内部监管机制和外部监管机制两个相辅相成、相互制衡、相互依赖的部分，这两个机制的共同目标都是保障政策性金融机构经营活动的合规性和风险防范性。（1）内部监管机制，是政策性金融的自我约束机制，是一种确保政策性金融机构在经营活动中自觉贯彻执行政府方针政策，自觉遵守法律法规，自觉进行风险防范的内在制衡机制，主要包括自我表现约束和内部监督两个部分。（2）外部监管机制，是一种由政策性金融机构之外的有关主体对政策性金融机构的经营合规性及防风险性进行监督的外在制衡机制，主要包括政府的监管、职能部门的监管（如中央银行、财政部及其他有关部委）、专门委员会的监管和社会的监管（如中介组织约束、公众舆论监督、国内法律法规及国际规范约束）等。

2.3.3 政策性金融的主要业务

政策性金融机构的业务分为负债业务和资产业务两类①：

2.3.3.1 政策性金融的负债业务

政策性金融的负债业务，即政策性金融机构筹措资金而形成其资金来源的业务，主要包括政府提供资金、吸收存款、借入资金、金融市场筹资及其他资金筹集等负债业务种类。

第一，政府提供资金。从世界各国的政策性金融实践来看，大多数都是由本国政府创设、倡导或直接由政府来经营的，故而政府提供资金是政策性金融创办及业务运营资金的最重要的来源。一般来讲，政府通过有偿拨付和无偿借入两种形式为政策性金融提供资金。世界上大部分国家的政策性金融初创资本金都是由政府全额出资的，也有一些国家的政府只提供部分的政策性金融初创资本金，但一般也已占到其全部资本金的相当部分。

第二，吸收存款。发达国家的政策性金融由于有充足而稳定的资本金来源，一般都不吸收存款；而发展中国家的政策性金融都或多或少地吸收存款。一些国家是通过设立专门的储蓄银行来吸收储蓄存款，发行储蓄债券来筹措资金，然后全部或部分转贷给政策性金融机构。如泰国银行由银行业务部储蓄部吸收的各种存款贷给政府住房银行。我国的邮政储蓄存款也是作为政策性金融的资金来源之一的。

第三，借入资金。从各国的实践来看，政策性金融有多种借入资金的方式，除了常见的向政府财政、中央银行、政府部门、公共基金以及储蓄机构等借入资金，还有向国际金融机构借入国外资金的情况。比如，美国进出口银行借入

① 本处参考了以下文献：马春熠．中国政策性银行的问题与对策．大连理工大学硕士学位论文，2000；刘云龙．借鉴和启示：如何开展政策性金融业务．河北经贸大学学报，1996（4）．

资金曾是其主要资金来源，日本政策性金融从大藏省资金运用部和简易保险年金借入资金，韩国进出口政策金融向国家投资基金、中央银行和国外其他金融机构借入资金。一些发展中国家开发性金融机构还向世界银行、区域性开发银行等国际金融机构借入资金。

第四，金融市场筹资。政策性金融向金融市场筹资有向国内外金融市场间接筹资和向国内外金融市场直接筹资两类。其具体操作途径包括：向国内金融市场发行债券，向国内商业银行及其他一些融资机构借款，向国外金融市场发行债券，向国外金融机构借款，向国外政府及国际金融机构借款等。

第五，其他筹资。某些国家的政策性金融还有一些特殊的筹资方式，比如，向社会保险系统、养老基金、退休基金、医疗基金、就业基金、住房公积金借款以及向邮政储蓄借款等。正是因为这些社会保障系统内的基金，大多是由政府倡导和推进的，或者是在政府立法的强制下建立及运行的，这些基金中还有政府投入的资金，所以应当说，这些资金本身就具有政策资金的属性。所以，在满足这些基金自身的正常运转前提下，会有一定的沉淀金额且它将随时间推移而稳定增长，这样的资金就正符合政策性金融的资金来源属性及特点的要求。

2.3.3.2 政策性金融的资产业务

政策性金融的资产业务，即政策性金融机构直接或间接提供资金的业务，主要包括贷款业务、投资业务和担保业务三种。

第一，贷款业务。它是政策性金融的主要业务活动，与商业银行的贷款业务相比，政策性金融的贷款业务有四个特征：其一，以社会效益作为贷款对象的基本选择标准；其二，对贷款投放的领域及数量设有一定的限制；其三，贷款的额度高且期限长故而风险较高；其四，优惠的贷款条件。

第二，投资业务。它是政策性金融的一项重要资产业务。由于受到政策性金融的性质决定，政策性金融机构进行投资业务，并非取代社会资金的投入，而只是为了弥补和增强资金的投入。我国的政策性金融就较多地进行投资业务。

第三，担保业务。它是指政策性金融机构为需要其支持的领域融通资金而提供信用保证。担保业务也是政策性金融机构的重要业务活动之一。由于政策性金融的一切业务活动都有政府作为强大的经济后盾，所以，政策性金融机构的进行担保业务更容易为融资者接受且效率更高。担保业务实质是转移了资金风险，有利于改善借款者的融资地位及条件，有利于扩大其融资渠道，有利于多方面支持政策性项目的发展。

2.3.4 政策性金融的法制基础

政策性金融的法制基础就是政策性金融法，它是政策性金融的必要构成要素之一。我们可从政策性金融法的本质、目标、基本原则及其法制体系四个方面来阐述这个政策性金融的法制基础①。

第一，政策性金融法的本质。政策性金融法是专门用于调整政策性金融各经济法律关系的法律规范的总和。它的本质是"以社会责任为本位，贯彻平衡协调、责权利效相统一的法律价值观②"的经济法，具体来讲：首先，政策性金融法归属于经济法范畴，它就应当体现经济法的本质，即"社会责任本位法"，所以政策性金融法是在对社会尽责前提之下来行使其权利及获取利益，需要全面贯彻权利义务相统一的原则；其次，政策性金融法又是一种在国家利益与金融企业利益、长远效益与当前效益、宏观利益与微观利益、国家干预与市场调节、公平与效率之间不断进行协调的特殊的经济法，所以政策性金融法具有鲜明的协调及平衡的特质。

第二，政策性金融法的目标与宗旨。政策性金融的资金来源及其使用性质决定了政策性金融法必然具有鲜明的目的性，如维护政策性银行及其债权人的合法权益，规范政策性银行的行为，提高资产质量、防范金融风险等。比如，《日本政策投资银行法》第 1 章第 1 条规定，"按照不和一般金融机构竞争的原则，通过运用长期融资和其他金融便利，并补充和促进其他金融机构的融资和服务，日本政策投资银行旨在实现居民生活富足并支持地区经济的独立发展、促进经济和社会持续的发展"。《印度进出口银行法》（1981 年）规定"本法旨在成立一个公司，其名称为印度进出口银行，主要职能为为印度进出口商提供金融服务，作为主要金融机构，对其他为货物、服务进出口贸易提供融资的金融机构的工作进行协调，以促进印度国际贸易及与之相关联业务的发展"。

第三，政策性金融法的基本原则。法的基本原则，是指在研究、制定、解释及执行法的过程中的根本准则，是法的价值取向的集中体现。政策性金融法的基本原则，是指贯穿该法的全部制度规范所体现的价值取向及根本准则。从世界各国政策性金融法的实践来看，主要有以下三条相通的基本原则（段京东，2005)：(1) 不和一般商业性金融机构竞争原则（或称补充性原则、中立性原则)。主要指通过政策性金融法来规定，政策性金融机构的经营活动中不以盈利为核心目标，它仅作为政府弥补市场缺陷的有效调控手段，必须将其业务范围限定于非竞争性领域，避免与一般商业性金融机构在基础设施建设、交通工程等竞争性领域的竞争。比如，《日本国际协力银行法》第 1 章第 1 条和《日本政策投资银行法》第 1 章第 1 条都明确规定"不和一般金融机构竞争的原则"；《日本政策投资银行法》第 1 章第 2 条规定"日本政策投资银行的业务只能是对

① 此处较多地参考：段京东（2005：59～66)；张长利（2000）等相关内容；另还可参阅：朱大旗．金融法．中国人民大学出版社，2000：134～149.

② 段京东．中国政策性银行法律制度研究．中国人民大学出版社，2005：59.

商业性金融机构业务的补充和支持，而不能与其竞争”；《德国复兴信贷银行法》(1984 年）规定“业务范围必须是商业性金融机构因无利可图不愿意做，或自身能力不及而做不了的业务；由于有政府支持，享受政府的优惠政策，在金融市场上就必须保持中立，不能与商业性金融机构竞争”。(2）政策性原则。主要是指通过政策性金融法来规定，政策性金融机构的产生及发展的出发点就是作为贯彻国家经济政策意图的调控手段和工具。政策性金融法中贯穿政策性原则，正是确保政策性金融区别于其他商业性金融的根基所在。(3）安全性原则。这是一切金融法的共同基本原则，是指通过金融法的各项规定来保障金融机构资金的安全运营。对政策性金融机构而言，对资金安全性的要求更为严格，因为政策性金融的资金大部分来源于国家财政和政府担保的社会融资（包括境外融资），所以各国的政策性金融法对于安全性原则尤为重视。在实践中，各国都要求其政策性金融机构在保本的安全前提下尽量实现微利。

第四，政策性金融法的法制体系。它可以分为组织机构法律制度和业务经营法律制度两大类。组织机构法律制度，是指关于规定政策性金融机构的名称、性质、法律地位、法律形式、设立变更、终止的条件及程序、注册资本金、内部机构的设置、权利和义务、法律责任等的法律规范的总称。业务经营法律制度，是指关于规定政策性金融机构的业务活动制度（涉及经营范围、业务范围、金融功能等）、财务会计与资产负债制度（涉及资产、负债、财务会计、审计等）、解散与清算制度，以及其他相关制度等法律规范的总称。

2.4　政策性金融的经济功能

2.4.1　一般职能

政策性金融机构的一般职能，是指与一般商业银行相似或相同的职能，即作为金融中介的职能（白钦先，1998）。金融中介分为两类：一类是发行存款形式要求权的金融中介，比如商业银行；另一类是不发行存款形式要求权的金融中介，比如政策性金融。作为金融中介机构，与其他金融中介机构一样，政策性金融以资金借入者和贷出者的中介机构身份来实现借款人与贷款人之间的资金融通，即它先通过负债业务吸收资金，然后通过资产业务投放资金。但是，政策性金融的资金来源非常特殊，它一般不接受社会活期存款，而以政府资金及金融市场筹集资金为主要资金来源，而且资金运用也多属于中长期贷款或投资性质。所以，政策性金融与商业性金融在一般职能上的根本区别在于，商业性金融在信用中介和支付中介的基础上能够产生信用创造职能，政策性金融一般不吸收社会活期存款且专款专用，故而不具备派生存款或信用创造职能。总之，商业性金融通过信用创造收缩与扩张来传递货币政策，从而贯彻政府宏观经济政策；而政策性金融是以更主动、更直接的方式来贯彻政府宏观经济政策，尤其是产业政策和贸易政策。

2.4.2 特有职能①

第一，诱导职能（倡导职能）。由于政策性金融对某些产业或领域提供资金能够反映政府经济发展的中长期目标，能增强其他金融机构对这些领域或行业的投资信心，所以当它进行直接或间接投资时，必然会吸引社会或民间金融机构也来实施符合经济政策意图的协同投资，而当这些社会或民间金融机构在某领域或行业的投资热情高涨时，政策性金融机构再逐步减少投资份额，转而寻找及扶持其他经济政策意图的领域或行业，这就使政策性金融发挥出其吸引和倡导的职能（龚明华，2004）。这种诱导机制既能使社会及民间金融机构的经济活力充分展现，又能使政策性金融发挥“四两拨千斤”的乘数效应，推动更多资金投向特定的领域。比如：在日本成长高速时期，虽然其政策性金融在主要产业部门的投资比重并不大，但其具有明显的诱导职能（见表2.1）。

表2.1　　日本若干部门设备投资对政府资金依存度（%）

产　业	1952年依存度	1959年依存度	1965年依存度
全部产业	34	22	19
电　力	50	31	32
纤　维	46	18	17
化　学	35	12	8
机　械	33	14	11
钢　铁	32	5	3

资料来源：中国经济体制改革研究所赴日考察团，《日本模式的启示》，四川人民出版社，1988年版：第230页。转引自：白钦先，曲光昭，《各国政策性金融机构比较》，中国金融出版社，1993年版：第41页。

当然，政策性金融的诱导职能是建立在商业性金融的积极配合的基础之上的。政策性金融不可能也没必要完全替代商业性金融的相应作用。只有两者相互合作、互为补充，才能增强整个金融体系在各个特定产业领域内的金融支撑作用。以较少的资金推动更多的资金流向特定的领域，这才是政策性金融的诱导职能的核心所在。

---

① 对此国内研究颇多，比如可参见：张孝成．农业政策性金融理论及实证研究．西南农业大学．2002届博士学位论文；王廷科．薛峰．现代政策性金融机构：职能、组织与行为理论．金融与经济．1995（2）．

第二，选择职能。政策性金融机构仅在市场机制不能或不愿发挥作用的情况下，才由政府干预来选择其应当支持的特定领域或行业，从而体现出政策性金融的特有的选择职能。所以，在实践中，各国的政策性金融的业务范畴主要是农业、中小企业、住房及落后区域开发等，而这些领域正是商业性金融机构不予或不愿选择进入的领域。

此外，这种选择职能是处于动态之中的，因为市场机制的选择会伴随客观经济情况变化而及时调整，所以，政策性金融的活动范畴也必然随之相应调整。我们仍以日本为例，在“二战”后的经济恢复时期，日本开发银行为尽快奠定工业化基础，把其资金集中投向电力、海运、煤炭和钢铁这四大基础工业部门；但是，当日本经济处于高速发展时期，日本开发银行则转而将资金投向机械工业、石油化工及合成纤维等新兴工业部门；20 世纪 70 年代以后，日本经济发展处于逐步成熟时期，日本开发银行又把融资重点调整为支持社会开发，以城市开发、地方开发及防止公害为中心，努力改善国民生活及社会福利。又比如，美国农民家计局成立初衷是为新创业农民和低收入农民新建农场维持生计而融通资金，随着美国农村经济发展，农民生计问题基本得到解决，该机构的业务重点就逐步转向支持农村生产、促进农村发展以及贯彻政府农业发展政策等方面来。

第三，补充职能。在一国的金融体系中，政策性金融以市场经济为前提，以商业性金融为主体的，政策性金融只是作为商业性金融的补充而不是替代它，两者共同组成完善的国家金融体系。具体来讲，政策性金融在技术及市场风险较高的领域只进行倡导性投资，在收益低且回收期长的项目中只进行补充性融资，对成长中的需要扶植产业仅提供优惠利率的贷款，主要以间接融资或提供担保的方式来引导商业性金融机构的投资，主要提供中长期贷款资金等。比如，美国农民家计局的贷款对象仅包括无法从其他金融机构获得贷款的农民，一旦借款人经济状况改善而能够从其他渠道获得贷款时，就应归还贷款而转向其他金融机构申贷。

第四，服务职能（辅导职能）。为了减少风险，避免呆账，提高政策性贷款使用效益，政策性金融机构有必要对借款人的经营活动进行指导及监督。而政策性金融也具备这样的能力，因为它在其特定业务领域内具有专业性，积累了丰富的专业经验及技能，拥有大量精通业务的专业人员，能够提供相关的专业化服务，具体服务内容包括公司财务结构分析、企业经营效益诊断、提供专业金融信息数据、沟通外部联系等。比如，美国小企业管理局就专门针对中小企业提供“财务协助”、“投资协助”、“经营管理协助”以及“争取政府采购合同协助”等服务项目；秘鲁农牧业开发银行提供收购农产品及提供农牧业技术援助等服务项目以支持其农牧业发展等。又比如，美国农民家计局提供贷款的前提条件之一，就是借款人必须接受该机构的监督和指导，包括帮助进行经营计划制订、市场预测、收支安排、技术指导和财务分析等。

此外，由于政策性金融机构长期从事某特定领域相关业务，它非常熟悉此领域内的各方面情况，故而往往充当此领域内政府事务的咨询顾问，参与政府经济规划制定甚至代表政府组织实施工作。这项特殊服务职能是其他商业性金融无法承担的。比如，巴西住房建设银行就曾经参与制定并组织实施“全国住房计划”和“全国卫生计划”等。

3　政策性金融形成中的制度均衡

3.1　问题的提出

一直以来，人们对政策性金融的评价都是毁誉参半。尤其在崇信古典市场经济模式优越性的所谓西方正统经济学派看来，因为有了政府的介入和参与，政策性金融就极易成为扭曲市场机制的工具和滋生官僚腐败的土壤。但与此相对应的是，“二战”后“东亚奇迹”的实践却展现了另一幅不同的画面。政策性金融在这些新兴国家中（最为突出的是日本和韩国）较好地克服了金融市场机制发育滞后的矛盾，适应了追赶型国家的经济发展战略要求，并为日后的金融深化打下了坚实的基础。进入 21 世纪，伴随经济和金融全球化进程的骤然提速，新自由主义思潮甚嚣尘上，与政府紧密联系的政策性金融的地位和角色再次引发关注与质疑。政策性金融有无必要继续存在？它能否与全球市场经济相容？在日趋成熟而复杂的金融体系中，它将如何定位和自立？这些直接关系到政策性金融未来走向问题的提出，表明了人们对政策性金融的作用边界和形成机理尚未达成基本的共识，惯常于用政府与市场对立的旧思维来处理现实经济问题。为此，本文试图运用新制度经济学的观点进行考察，以期对政策性金融均衡制度的形成给出一个理论性的阐释，并且为展望其未来演变提供一种逻辑依据。

3.2　政策性金融的制度需求

3.2.1　金融市场缺陷

基于金融与经济的关系，确保金融市场高效运转对于国家而言至关重要。但遗憾的是，仅仅依靠市场机制本身，金融市场的效率会大打折扣。如同政府制定的其他公共政策或作出的其他制度安排一样，政府基于干预金融市场的需要而引入的政策性金融体系从理论上讲也正在于市场的经常的、无数的缺点（沃尔夫，1994）。

世界银行（1989：34）认为，金融市场缺陷的根源在于金融契约的特殊性。金融契约涉及信用风险、价格风险和清偿能力风险。信用风险是借款人违约的风险，价格风险是未预期到的价格变化（例如利率或汇率的变化）而造成损失的风险；清偿能力风险是金融资产除非付出极高的贴现，否则无法迅速卖出而产生的风险。此外，还有这样的风险，即一个人或少数人的借款人违约，危及整个金融体系，这称为体系的风险。为了弥补风险所造成的损失，贷款人可能提高他们对贷款收取的利率。但这就可能导致逆向选择问题（即债信较好的借款人作不借款的选择而只剩下一些债信较差的客户）和道德危机问题（即客户为偿付成本更高的借款而可能承担风险更大的项目）的出现。此外，为减少自身所承担的风险，贷款人可能趋向于索取附属担保物并且在债信最好的借款人中分配信贷，这样就极易排除掉那些没有附属担保物的借款人以及欠缺信用历史的新借款人，造成金融市场的部分残缺。

信息不对称问题也在较大程度上导致了金融市场的不完全性。在 Mises（1935）、Hayek（1948）[①] 等看来，市场体系首先而且主要是一种信息体系。撇开了市场价格，根本无法对一个复杂的现代经济的所有不同部分进行协调。在市场体系下，一旦某一工业部门出现短缺，或者消费者改变其偏好，或者新技术使得现存制造方法显得陈旧，所有这些都会迅速反映在变动的价格上，相应地，所有其他生产者和消费者可即时调整自己的行为。世界银行（1999）曾经讨论了两类信息失灵问题及其后果，这对于我们理解政府直接干预金融市场具有重要的参考价值。世界银行认为，第一种信息失灵既来自验证质量的难度，也来自收集关于质量的信息的必要性。验证质量是指获取商品和服务属性方面的知识，如一种产品的使用期限或一个工人的劳动生产率。第二类信息失灵来自确保履约的难度和发现一种能够监督交易的机制的必要性。这些问题是普遍存在的，但在发展中国家比在工业国更为严重，而穷人面临的问题也更加严重。事实上，这些达成交易所必需的信息失灵问题在金融服务领域所造成的后果比在商品领域更为严重，因为商品至少可以在购买前进行检验，然而服务质量的验证却比较困难，因为服务是在购买以后才出现的。事实上，金融领域中放贷款者如不了解借款人的可信度，就会面临同样的问题。此外，关于质量的信息也具有很强的公共品属性，即收集或取得所花费的代价昂贵，但是，一旦由任何一个贷方获得，则此信息将被其他贷方免费地观察到，或众人分享时只需付出很低的代价。这样，许多金融企业都不愿意率先投入资源用于收集部分具有

① L. von Mises, "Economic Calculation in the Socialist Common - wealth" in F. von Hayek (ed), Collectivist Economic Planning (London: Routledge, 1935); F. von Hayek, 'Socialist Calculation' in Hayek, Individualism and Economic Order (Chicago: University of Chicago Press, 1948.

准公共品属性的潜在借款人的资信问题。此外，因为金融交易包含着许诺，因此，不完善的监督和确保信守允诺时遇到的困难，就共同构成了确保履约的问题。实际上，一些近年来的新研究表明[①]，信息问题在金融领域具有至关重要的影响。虽然在新古典主义的世界里，可以假定“信息完全而获知亦不须花费成本”，金融体系只需简单地根据项目收益率高低来配置资金，因而政府的干预纯粹是多余的，但很显然，真实世界中的信息既非均衡分布，更不是“免费的午餐”。因此，新古典主义的推导不过是“纸上谈兵”式的“空中楼阁”，这就为政府的介入提供了充足的理由，“信贷配给[②]”也可能作为一种长期均衡的现象而存在。

再从交易成本的角度来看，金融机构提供服务，需要做工作去收集和处理大量的信息，并且设计、监督和执行合约。提供这些服务的花费是很大的，金融机构必须负担管理费（主要是工资和房租）、税收、资本的成本、奉行政府规章的费用和违约损失。他们采取对专项服务收费、对贷款收取利息的办法来收回这些费用。但对于特定的某些经济主体而言，由于金融机构所能获取的收益

---

① 如：J. Stiglitz and A. weiss, Credit Rationing in Markets with Imperfect Information, The American Economic Review, June, 1981, Vol. 71, No. 3, 1981. 该文主要分析了因“逆向选择”产生的信贷配给，即借款人与贷款人之间的债务契约，其形成本身是外在给定的，监督成本也难以明确表示，品质不好的借款人可能假装品质好的借款人而产生逆向选择问题，当面对贷款的超额需求且银行无法辨别单个借款人的风险时，银行为避免逆向选择，不会进一步提高利率，而会在一个低于竞争性均衡利率但能使银行预期收益最大化的利率水平上，对贷款申请者实行信贷配给。在配给中未获贷款的申请人即使愿意支付更高利率也不会被批准，因为银行担心其可能由此选择高风险项目，进而降低银行的平均资产质量，故即便有剩余的可贷资金，银行也不愿冒险贷出。另见：S. D. Willianson. Costly Monitoring, Financial Intermerdiation and Equilibrium Credit Rationing, Journal of Monetary Economics 1986, Vol. 18, 1986. 该文主要从“道德风险”的角度分析了信贷配给现象，即取得贷款后，借款人可能会认为只要贷款已经到手，最后就是破产也没有关系，从而出现随意挥霍贷款现象，况且要想真实查明其破产的原因，也比较困难或银行会支付较高的成本，因而，为防止这种“道德风险”现象，银行也可能会实施信贷配给或出现“惜贷”心理。

② “信贷配给”是信贷市场上存在的一种现象，根据基顿（W. Keeton）的定义，可以把信贷配给分为两种类型：第一种类型的信贷配给发生在借款人的借款需求在现行的利率条件下完全不能得到满足或只有部分能得到满足。第二种类型的信贷配给是指在一群同质的借款人中，一些人的借款需求能得到满足，而另一些人的借款需求却不能得到满足。这种区分依赖于对投资目不同技术特征的区分。如果项目是不可分的，或项目是可分的但规模报酬是递增的，那么，产生的信贷配给将属于第二种类型的信贷配给。如果项目是可分的且规模报酬是递减的，那么产生的信贷配给将属于第一种类型的信贷配给。以上引自：方福前. 徐丽芳. 信贷市场及其机构的演化：基于交易的功能观. 中国人民大学学报. 2005，(3)：第49～50页。Vittas和Cho（1995）认为，在信息不完美和具有交易成本的现实世界里，政府若对银行信贷采取适当的干预，可以在一定程度上弥补商业银行自发提供长期信贷的不足。这种干预也可能源于以下考虑：政府在信贷供给方面可能享有的比较优势。即政府可能在项目甄别上具有比较优势（由于政府机构比私人公司占有更多的信息），可能在监控和证实结果方面具有比较优势（由于政府实体比金融中介机构可能具有的相对高的组织效率），可能具有更低的履约成本（由于政府拥有税收和政策权力）。

甚至不足以补偿所付交易成本中的变动部分，例如，对那些小额信贷者而言就是如此，因而，金融机构基于效率的考虑将放弃这部分客户。如图 3.1 所示。图中纵坐标表示利率水平，横坐标表示信贷资本供应量；M_r 是市场利率；D_1 是借款企业对借贷资本的需求；S_1 是金融机构对中小企业信贷供应曲线。在市场利率水平上，中小企业对信贷资本的需求是 $0Q_1$，而此时银行愿意供给的 $0Q_2$，则 Q_1Q_2 就是金融缺口。在市场的作用下，中小企业获得的资本是 Q'，相应的均衡利率应为 M_{b1}，M_{b1} 高于 M_r 的部分是中小企业贷款的风险溢价。然而，如果这些客户能够获得必要的资金支持，却会给社会带来正的外部效应甚至逐步发展成为优质的金融需求机构。这里所谓的外部性就是指一项经济活动的市场价格（根据私人成本和私人收益的计算得出）并没有完全反映该活动社会收益和社会成本平衡所产生的影响。就金融体系的外部性而言，它是指第三方的影响没有反映在一项金融安排所收取的利率上（埃德温·H. 尼夫，2005：第 285 页）。由此会出现交易的资金数额小于社会最优的数额，因为对于私营部门企业而言，达到交易的社会最优资金数额是无利可图的。如一家（私人部门）银行发放出口贷款所获得的利息收入一般没有反映这样一些社会利益，如银行贷款可能使得出口增加，由此创造了就业。在图 3.1 中，如果在市场上引入政府的支持计划，由于政策性金融机构提供信贷供给，则 S_1 会向右移动至 S_2，金融机构提供的信贷额总和就会达到 $0Q''$，此时的贷款缺口就将缩小 Q_2Q''，而其他陷于缺口中的企业的一部分信贷需求则只能通过接受含有风险溢价的利率 M_{b2} 来得到满足。虽然中小企业的信贷问题并未完全得以解决，但通过政府的干预，仍可以使市场扭曲现象得到一定程度的校正。

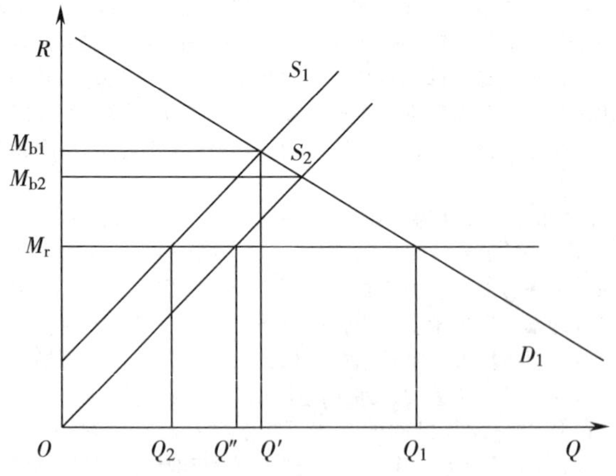

转引自：白钦先，薛誉峰，《各国中小企业政策性金融体系比较》，中国金融出版社，2001：第 53 页。

图 3.1　中小企业金融缺口与政府的作用

从上述分析中可以看出，由于金融市场中存在的若干缺陷，导致了缺少附属担保物的借款人、欠缺信用历史的新借款人以及小额信贷者等被市场所排斥，然而这种排斥带来的不利后果并非只落到这些主体身上，而且还会对社会产生更大的外部负效应，因此，从这个意义上讲，这些主体的融资需求便具有了一种准公共品属性，即美国经济学家劳埃德·雷诺兹①所认为的，“准公共品是指一种具有消费的竞争性、排他性但不具有消费上的独立性的物品。”既然是作为一种准公共品，那么由政府来提供或参与提供便顺理成章。

3.2.2 市场与社会目标的分歧

自由放任的市场可能产生严重的收入不均，因为竞争市场并不能保证收入和消费一定归属于那些最需要或最应得的人（毕世杰，1999）。相反地，市场经济中的收入和消费反映着与歧视、努力、健康和运气等诸多因素一起被继承下来的才能和财富的初始禀赋。在收入分配和其他社会问题上，市场并不承认平等这个伦理标准。比如横向平等要求对同样的人一视同仁，纵向平等要求对不同的人（如富人和穷人）不区别对待。此外，代际平等要求公平对待各代人的利益. 不能为目前几代人的利益而牺牲子孙后代的发展机会。为此，许多政府致力于解决的难题之一就是处理好公平与效率这一对矛盾关系。这就要求政府积极介入到经济活动中去，以“看得见的手”去重塑分配机制，缓和市场的冷酷无情。

市场还会不计后果地生产公益品和公害品。公益品是指那些不论消费者是否喜欢，能给消费者带来好处的产品。教育、节油汽车、摩托车头盔、退休保险都被认为是公益品的例子。香烟、酒精、麻醉品、赌博是公害品的例子，这些物品或活动可能会很讨消费者喜欢，但它们会给消费者带来危害。市场是根据偏好提供产品和服务的过程，它自身是无法甄别益害的。因此，这就要求政府通过管制的方式限制公害品的生产；与此同时通过管制、补贴等手段去鼓励公益品的提供，因为这有利于消费者和社会的长远利益。

此外，面对各种经济政治问题，不同的国家有不同的政治和社会需要，这些要求也很难由自由市场来满足。如20世纪30年代美国的罗斯福新政、前苏联的强制工业化都不是单纯依靠市场的力量能够实现的。对许多第三世界国家而言，经济发展是议事日程上的头等政治目标，但市场并不一定会带来这一所期望的结果。

如上所述，除了金融市场本身存在诸多缺陷以外，在范围更大的社会环境中，市场同样不能很好地提供一个健康社会所必需的具有准公共品性质的诸多产品或服务，这也为政府的介入提供了契机。

---

① 劳埃德·雷诺兹. 微观经济学分析与政策. 北京：商务印书馆，1982.

3.2.3 需求主体

在标准的宏观经济分析模型中，经济主体通常根据其经济功能等的不同而被划分为政府、企业和居民等几大类，为此，我们也可以借用这一分类，来分析不同经济主体对政策性金融需求的特点。同时，考虑到不同主体的内部结构特点，我们还可以将其作进一步的细分，由此得以更好地认识不同主体的政策性金融需求特点。这样我们可以将政府部门细分为中央政府和地方政府，将企业部门细分为大企业和中小企业，将居民部门细分为城镇居民和乡村居民。总的来看，不同类型的需求主体，受其自身的素质和融资能力等的限制，对政策性金融需求的形式、特征和满足其金融需求的手段与要求是不一样的。

首先以政府部门为例，无论是中央政府或是地方政府，都需要向社会提供一定数量和质量的公共品，以满足社会日益增长的物质和文化需求。这些公共品的范围可以十分广泛，除了传统上的国防安全、司法秩序和教育等之外，还可包括市场体系的培育、基础设施和基础产业的建设、对宏观经济的调控以及国际交往安排等。至于究竟需要提供哪些公共品，既取决于社会的呼声，也取决于一国政府的自我定位。如东亚的“发展型政府”与英美的“服务型政府”在对政府的职责使命定义上就有着巨大的差异。另外，无论何种类型政府，要能够提供上述公共品，它就必须找到可靠的财源。虽然这一难题看似已经通过税收制度得到应对，但实际上在许多国家及其许多历史时期，税收并不足够偿付财政支出。因为它要受到一国经济发展水平、征税能力等条件的硬性约束。为此，政府部门必须寻求外源融资，在开辟外来财源的过程中，中央政府因其拥有一国最高行政权力而较地方政府更具优势，如中央政府可以通过发行国债、以主权国家名义向国际金融机构贷款等方式来弥补资金缺口，而地方政府要效仿类似的方式，却必须得到中央政府的批准或授权。这就意味着，地方政府对于政策性金融的需求愿望更大。

其次从企业部门来看，尽管一般而言它是典型的资金需求部门，但是企业规模不同，其资金需求特点也不同。如大企业通常因其实力雄厚、信誉有保证以及融资的额度大等原因，而能够从商业银行那里获得所需的资金。但中小企业就没有类似的好运。因为它们的融资通常具有单笔融资金额小、笔数多、融资频率高、期限短等特点，这就使相当数量的中小企业无法筹集到足够的资本金或维持连续经营活动所必需的周转资金。另外，企业的素质状况也对其金融需求有着重大影响。很显然，如果企业的竞争力强，那么它就可以从折旧和经营盈余中获得一定数额的自有资金，对外部金融需求就会相应减少。反之，企业则只有依赖外来资金的不断“输血”才可以苟存于世。

最后从居民部门来看，虽然一般而言它应属于资金富余部门，但是就内部而言，其金融需求仍差异很大，尤其是对处于中低收入阶层的城镇居民和农户而言，仍需要通过外来资金来解决自己生活中面临的各类问题，比如住房、后代教育等生活必需品的供给以及从事小本经营所需的资本金等。尽管他们有强烈的融资意愿，却因其缺少足够的抵押品，使普通的商业性金融机构不愿伸出援助之手。

上述分析表明，由于不同主体都存在着一定的金融需求，而且这些需求难以通过正常的市场化融资方式得到完全的满足，尤其是对于那些融资能力相对较弱的主体而言，更依赖于某种非市场化融资渠道的支持，这也使政府的介入显得势在必行。

3.2.4 环境

经济主体不可能作为封闭系统来运作，它都是在特定的环境中从事活动。环境是经济主体生存发展的土壤，既为其活动提供发展的条件，又起着限制作用。在金融领域中，政府是否介入金融市场以及介入的深浅程度如何，都要受一国所处的宏观环境因素的影响。

一国宏观环境通常包括政治法律、社会文化、经济、技术、自然等方面，其中政治法律环境是指一国的政治和法律制度特征。社会文化环境则指一国人口数量及其发展趋势、国民受教育程度、宗教信仰、风俗习惯、审美观念价值观等。经济环境则包括宏观经济环境、微观经济环境及中观经济环境，宏观经济环境主要指国民收入和国民生产总值及其变化；中观经济环境则指部门经济，如工业经济、商业经济、农业经济、林业经济等；微观经济环境指企业所在地区或所需服务地区的消费者收入水平、消费偏好、储蓄水平、就业等。技术环境则指一国的技术能力和水平高低情况。自然环境就是指一国的地理位置、气候条件、资源状况等。在不同的国家或一国的不同发展时期，这些环境因素往往差异很大或者发生一定的变化，结果导致政府对于金融市场的看法或者做法各有不同。

事实上，广为流行的发展中国家与发达国家之间的划分，其实就反映出这两类国家具有极为不同的环境因素特征。尽管从某种意义上讲，在发展中国家与发达国家的内部，不同的国家在政治、经济、文化、自然地理等各个方面相差仍十分巨大，但是，这种差异比起这两类国家之间所存在的差异来说，却仍有相形见绌之感。因此，我们可以笼统地从这种简单分类来考察一下环境因素对政策性金融需求所产生的不同影响。

世界银行（2001）的研究指出，发展中国家企业（即使是骨干型企业）的长期债务融资面临着种种障碍。而立法和司法的低效率则是其重要原因。因为法规的薄弱，既导致了合同签订难，也导致了合同在法律意义上的执行难。对上市公司的财务报表分析表明，在可获得数据的发展中国家，企业总资产中的债务融资比重通常低于工业化国家，而长期债务融资比重相对更低。因此，这一观点的实质就是，法律环境的不利，抑制了金融市场的发展，加重了金融市场的失效，从而使政府为了刺激投资和促进经济增长，不得不投入更多的精力来满足金融市场无法提供的长期融资需求。

与此同时，还有一些研究指出（Beck，Levine 和 Loayza，2000；Rajan 和 Zingales，2001），政治力量对金融体系的发展也产生了重要影响。金融机构尤其是银行为政府提供了一种便利的方式，使政府按照政治要求引导经济资源的流动，而政府机构的有效运行，如税收征收机构和金融监管机构，关键依赖于政治力量以及对政治力量的制衡。在那些缺少对政治力量实现有效制衡的国家，政府会产生更大的政策性金融需求，因为这也为实现政治力量的私利提供了更为有利的条件。

当然，社会结构也是制约政策性金融需求的重要因素。这里的社会结构包括收入分配差距及其对不同少数民族群体影响的不平衡等，然而这种影响通常是很复杂的。在理论上，收入分配差距或社会两极分化的程度越大，社会和政府对政策性金融的需求越大。但是，倘若某些特殊群体掌握了过大的政策影响力，如大公司集团左右了经济决策时，政策性金融的需求也会受到抑制，因为它可能意味着政府会征收更多的税或进行更多的经济管制，而这显然不利于大公司集团的“自由发展”。

还应考虑到最为重要的因素——生产力发展水平和经济实力对政策性金融需求的影响。这正如美国著名发展经济学家托达罗（1999）所指出的那样，通常欠发达国家有很多共同的特征，比如市场结构及运行的不完善就到处可见，这表现为商品市场和要素市场通常组织得很糟糕，而且市场不能正确地为生产要素定价，还会进一步导致社会和私人对投资项目在选择上的严重偏离。在发展中国家特别是最落后和最贫穷国家，迄今还存在着大量的非货币经济。面对这些结构性障碍，政府迫切需要在使市场一体化和校正价格方面发挥重要作用。而要实现这一点，就离不开政策性金融所可能起到的作用。众所周知的是，许多发展中国家并不愿意把有限的资金、技术和人力资源浪费在非生产性的风险项目上。考虑到整体落后的经济状况，这些国家认为投资项目的选择不能仅仅以受个别产业资本——产出比率支配的局部生产率分析为基础，还必须从外部经济、长远的间接影响和长期目标的全面发展方案的基础出发，政府可以通过选择和协调投资项目，然后把某些稀缺生产要素引导到成效最大的项目中，从而达到弥补有限资源对经济的限制的目的。与此相对应的，竞争性市场可能积累的资金更少，而且会把这些投资引向社会认为是不应优先考虑的领域中（比如供给富人的消费品），而忽视有计划的、协调发展的长期投资方案所能得到的额外好处。这样，许多发展中国家就由此产生了某种特殊的政策性金融需求。这种需求我们还可以运用托宾的货币增长理论来予以说明①。

托宾的货币增长理论是在哈罗德—多马等古典经济增长模型中（见图3.2），加入了货币因素，也即在货币经济的假定下分析经济增长问题。在哈罗德—多马的经济增长模型中，经济增长率等于储蓄率与资本系数之比，其中资本系数是指资本与产量之比。为了实现有保证的经济增长率，经济增长与资本集约度之间应用 SS 曲线所显示的向右下方倾斜关系。在没有货币的实物经济中，实现有保证的经济增长率的均衡状态下，资本集约度为 k_1。在经济体系中引入货币因素后，货币收益率为 r_m，居民在货币与资产之间进行选择直到两者收益率相等时，经济处于均衡状态，资本集约度为 k_2，此时的资本集约度小于实物经济体系中的实现均衡时的资本集约度。可见，均衡所决定的资本集约度可以通过改变货币的收益率而进行调整。加入政府的干预后，货币收益率下降到 r'_m，资本集约度则会增加到 k_3 的水平。

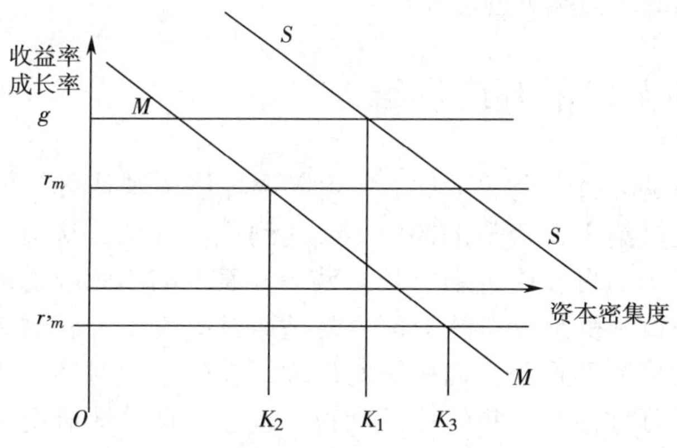

图3.2　托宾货币增长理论模型

虽然在托宾理论中降低货币收益率的主要手段是发行货币，但也可以理解通过实行低利率政策，将存款利率控制在较低的水平上，从而达到增加资本集约度的目的。这样，为了满足发展特定行业或地区的需要，就要求政府为其提供低利率资金，以促进资本积累。

最后，还要考虑到的是，经济水平的落后并不只影响到经济领域，它还会给社会文化观念等的形成打上它鲜明的烙印。一个常见的事实是，由于长期生活在自给自足或半自给自足的经济环境中，发展中国家的人民和企业也缺乏在

① 本处主要参考：郭新双，国外政策性金融机构研究，吉林大学2005年博士论文，第53－54页。另详见：戴维. 罗默，《高级宏观经济学》北京，1999年，商务印书馆，第36页。

市场中活动的经验，深入人心的传统文化往往与市场逻辑相悖，因此，为了刺激他们的创业和革新精神，同时也为了促进经济成长的全面推进，政府也需要加大政策性金融扶持力度，以此分散他们的风险，并逐渐使他们转变为具有现代经济观念的一代新人。

如上所述，正是独特的环境因素，如独特的政治法律环境、落后的经济起点、发育滞后的经济主体和市场体系以及力求快速实现现代化的狂热愿望等，使政策性金融需求的大量产生以及随之而来的大规模金融干预成为许多发展中国家一道普遍存在的景观。而在发达国家，由于环境特征大为不同，因此也使政府在金融市场中的角色有所变化，政策性金融的需求相对更小，大规模的市场干预显然有悖于较为高效的市场机能的发挥，政府更多的是起到宏观调控和对市场“查漏补缺”的作用。

总之，以上几个方面的原因，促成了政府对金融市场和金融机构的广泛干预，为广义上的政策性金融的确立创造了基本的制度需求条件，勾勒出了政策性金融发挥作用的最为基本的边界轮廓。

3.3 政策性金融的制度供给

金融的本质是融通资金的工具，负责汲取经济中丰裕部门的资金节余，并以一定的条件提供给需要资金的部门。要达到这一目的，从历史的角度看，一方面依靠金融市场的自发演进和成长，另一方面也离不开政府的干预，但这种着眼于促进金融市场机制成长的干预主要是通过政府发挥管制者的角色来实现的。这种干预的具体形式如我们所知的那样，在较早的时期，政府主要控制支付手段以保证其可靠性和收集铸币的利得。晚近时期，政府则主要利用其对铸币的控制权来影响经济活动水平，控制信贷的分配和利率，以影响投资的结构，同时还进行干预以保证金融中介机构谨慎地行动。在部分准备金的银行制度下，由于银行对负债只保留部分准备金，将存款的其余部分贷出，因而已遇到诸多的不稳定和危机。由于银行根据储蓄人的要求开出的存款负债是短期的、随时可提取的和被认为是低风险的。相反，贷款通常是较长期的、流动性较低、风险较大。因此，当公众怀疑一家银行失去清偿能力时，其结果往往是挤兑，这种情况还可能波及其他有清偿能力的银行。银行准备金的耗尽造成银行从多方面紧缩其信贷。当挤兑变得普遍时，正如19世纪和20世纪早期有时出现的那样，金融恐慌可触发信贷—支付过程的崩溃和严峻的经济衰退。于是，政府设计了处理银行挤兑的办法。当其发生时，中央银行作为最后贷款人，它通过对可靠的贷款进行再贴现，提供流动资金。政府的这些干预措施对于促进金融市场的正常运行，发挥了积极的作用。但如前所述，这些措施也只是部分满足了政府的目标和要求。除了依然广泛存在的难以完全克服的市场失效缺陷之外，还有在为社会提供公共品以及促进就业和公平分配等问题上政府也需要得到金融方面的支持。为此，政府面临着新的政策选择，即如何设计或选择何种形式的金融干预工具来完成特定时期的目标任务。因为这正如我们在第2章中已经提到过的那样，从广义上讲，用于满足为社会提供公共品或准公共品需求的政策性金融通常包含有多种形式，比如组建国有金融机构，调节控制非国有的商业性金融机构，扩充公共财政（公共金融）的功能，组建专门的政策性金融体系（即设立专业性的国有政策性金融机构或扶持非国有政策性专业金融机构）等。这些不同的政策工具尽管都能够服务于政策性任务融通资金的目标，但是它们却在各自的属性、主要功能与职责定位等方面有着巨大的差异，因而这就必然带来一个政府如何进行最优抉择的问题，即如何使政府选择出同等效果前提下代价最小的政策工具，或同等代价前提下效果最好的政策工具的问题。这样，我们就需要先对这些广义上的政策性金融手段的具体特点等做一个大致的了解，从而为进一步分析比较它们之间的优势高低以及政府的手段选择作好铺垫。

3.3.1　组建国有金融机构

政府组建国有金融机构主要有两种方式：一种是新建国有金融机构，另一种是将已有的非国有金融机构通过赎买甚至没收等手段收归国有。

一般地看，设立国有化金融机构与几个原因有关。

首先，是与建立国有企业的原因类似。托达罗（1999：613）认为建立国有企业主要有几个方面的考虑：第一个原因是，在许多国家里还存在着垄断势力，这就要求政府实行直接控制以保证产品的定价不在产品生产的边际成本之上。另外，某些产品具有很高的社会效益，但价格低于生产成本，有些甚至是免费供应的，因此私人企业去生产这种产品没有动力，政府就必须担负起提供这些产品的责任。建立国有企业的第二个基本原因与资本形成有关。在发展的早期阶段，资本形成的力量特别强大，而私人储蓄水平非常低。为了给进一步投资打下基础，这时基础设施投资很关键。同时，在那些需要大量资金的工业中，国有企业在后期阶段仍很重要。由于对国内市场规模大小吃不准，供给来源不可靠，缺乏技术和技术工人等原因，私人企业没有投资于有前途的经济事业的动力：这就是为什么要建立国有企业的第三个主要动机。第三世界国家的政府也想扩大就业，并通过从事公共产品的生产为培训他们自己的劳动力创造条件。他们也想建立出口工业以增加出口收入，特别是有些工业，如果不建立国有企业的话，就可能无法与其他国家竞争。出于对收入分配上的考虑，第三世界国家的政府可能寻求在某个部门、特别是在那些私人企业根本没有建立这种经济活动的动力的经济落后地区建立新企业。建立国有企业的其他原因还包括，第三世界国家的政府希望能控制国防这样的战略部门，或者控制外国企业（跨国公司），这些外国企业的利益可能与这些国家的利益不一致。同时，第三世界国家的政府为达到计划工作目标，还希望能够控制一些关键部门。政府的参与也可能是由于某个私人行业开始独立经营或遇到破产而产生的。

其次，意识形态方面的动机也是创立国有企业的一个因素。如在社会主义国家中，许多国家在过去的很长时期里是建立单一的银行体制。这是因为，这些国家实现了生产资料公有制以后，否定社会主义经济是商品经济，否定价值规律在生产领域的调节作用，逐步以实物方式管理经济为主代替价值管理，实行高度集中统一的指令性的计划管理体制（李守荣，1993）。同样的，资金的集中和分配的主要渠道是财政，是无偿地进行的。银行集中和分配的一部分信贷资金，也是各级银行筹集的资金层层集中到总行。总行再以指令性计划形式层层分配到各级银行，按照下达指标计划发行，银行单纯地成了会计、出纳部门，这样也就不需要多设机构，有个“大一统”的国家银行就可以了。设立几个专业银行也不过是专门行业的会计、出纳部门而已。

最后，由于金融市场的建立和金融机构的发展需要时间，因此，许多国家政府出于急功近利的原因，企图通过金融体系达到诸如为各种带来高社会效益的项目分配资源、收入再分配、降低国有企业的成本以及抵销过高的汇率和限制性贸易政策的后果等目的。为了达到这一目的，它们对最大的——在某些情况下全部的——商业银行实行国有化[①]。例如在哥斯达黎加、印度、印度尼西亚、墨西哥和巴基斯坦等国，银行体系中的资产大部分为政府所有。此外，它们创立并支持了“开发金融机构”（DFI），这是一种受命专门向某些特殊产业部门提供长期信贷的机构。各国政府对各种公共的和私人的机构在利率和信贷分配等方面实施控制，并且要求各银行在农村地区开设分支机构。双边性和多边性的援助机构通过提供财务支持和组织机构方面的帮助参与了有目标的信贷计划。

在国有化的金融机构中，政府对于其组织、人事、业务经营等方面有着高度的控制权。政府的意图无须受到其他因素的制约，能够得到彻底的贯彻和实现。同时，金融机构的国有化，客观上也为政府官僚谋求政治上的支持提供了财源保证。这样，政府便有能力通过其所控制下的国有金融机构，去弥补市场的不足或特定的发展战略要求。

---

① 世界银行. 1989年世界发展报告. 中国财政经济出版社，1989：55.

3.3.2 与商业性非国有金融机构开展合作

这里所指的商业性金融机构，是指产权通常由非国家法人控制、以追求盈利为主要目标的金融主体。虽然国有金融机构也可能有着很强的商业性，但由于产权的特殊性，其行为很容易受到政府的干预而产生偏离。在商业性非国有金融机构部门较为发达、独立经营历史较为悠久的金融体系中，政府要想将传统的民间商业性金融机构进行国有化是很困难的。这会遇到政治上的大量阻力，也与这种经济体系中人们所持有的信念背道而驰。因此，政府只好通过间接引导控制商业性金融机构并与之合作来达成自身的目标。

通常政府作为公共权力的垄断者和金融市场的监管者，手中握有影响金融机构兴衰浮沉的大权，如进入许可证的发放、基准利率的制定、分支机构的增减审批以及流动性危机时的及时资助等。为了取得这些权利，或在同行中取得竞争优势，商业性金融机构往往愿意俯首听命于政府的适当干预和引导，支付出让渡部分自主经营权的代价。

在日本，这一点表现为尤为突出。虽然存在大量实力雄厚的私营银行，但是，它们仍然能够超越通行的商业法则，听从政府的使唤。由于日本在“二战”后复兴期的供给力不足，从战败后第二年的1946年到1947年初的冬天，已到了极为严重的程度。这一时期的生产指数甚至一度下降。政府为了解决这种危机的局面，于1946年提出了所谓的“倾斜生产方式”，即将增强生产的对策集中到煤炭和钢铁上去。先将煤炭投入钢铁生产，再将生产出的钢材投入煤矿建设，增加煤矿的产出。1947年，又制定了经济紧急对策，将煤炭和钢铁超重点增产的成果集中投入到恢复化学肥料、电力、运输力等方面。结果，日本的供给能力终于在1947年中期开始提高。其中也得助于1947年8月的重开贸易和随之而来的原材料进口。这个时期的金融政策从限制贷款和资金分配两个方面强有力地支持了这种局面。1947年1月，日本银行为促进东京和地方的资金交流，成立了融资斡旋委员会①，同年8月为了重点地分配产业的资金，又将其改组为营业局内的融资斡旋部。1948年8月，随着融资斡旋事务的扩大，又把其升格为独立的融资斡旋部。当时，大企业的社长们每天都要光顾这个融资斡旋部，因为若得不到日本银行的承认，就不能从民间银行得到设备资金等大笔贷款。另外，根据临时资金调整法，为了把资金优先拨给军需产业，于1937年设立了资金调整局，战后于1948年随着该法的废除，将之改名为资金局，参与金融复兴、整顿和再建企业的工作。从1949年开始，它对美国向日本援助返回资金的企业开展融资业务。另一方面，在重开贸易的同时，日本银行还创设了“贸易印

① ［日］铃木淑夫. 日本的金融政策. 中国发展出版社，1995：12.

戳票据制度”。只有经过日本银行审查，打上印戳的票据，才能以低息从民间银行接受为筹措进行贸易的运转资金的贴现票据。民间银行再拿着这个票据到日本银行，以更低的利息接受再贴现。印戳票据制度最初是为了使出口产品的制造、集货的资金能够顺畅地流通而制定的。此后，多次修改及充实这个制度，又增加了进口产品的交易、流通资金和有关农业的生产、流通资金等的优惠措施。总之，日本银行的票据再贴现作用得到充分的发挥，在分配运转资金时，优先分配给重要且紧急的部门，对供给能力的恢复和发展起了很大的推动作用。

3.3.3 运用公共财政手段

财政是以国家为主体而进行的分配活动。公共财政以市场对资源配置起基础性调节作用为基础，是为市场经济提供公共服务的政府分配行为。① 公共财政的基本职能是弥补市场的缺陷，其收入的基本来源是依法取得的税收收入，其分配的目的是满足公共需要。

财政作为国家的集中性分配，表现为国家集中性收支的形式。国家的公共需要，不仅包括维持公共权力的需要，还包括国家执行社会职能的需要，例如用于科学教育、文化、卫生和公共工程的支出等。在我国，国家还执行经济职能，例如重点建设项目的投资、基础设施的投资以及国有企业的投资等。从财政活动的具体内容来看，主要包括国防、外交、施政、立法等，这些都是公共产品的行为。同时政府服务本身也是一种公共产品。这样，政府不仅要提供和分配公共产品，还要为公共产品的产出解决费用。公共产品并不是必须由公共活动来提供，也可以由私人部门生产，但其费用及分配则是由政府提供的。与私人产品相比，公共产品有两个特征：（1）非排他性。人们在消费公共产品时，不能排除他人同时也消费该产品，如街道上的路灯谁都可享用，不会被独占。（2）非竞争性。对公共产品来说，新增他人参与消费的边际成本为零。由于公共产品的这两个特点. 因而存在着“免费搭车”问题，即某些人付费提供公共产品而他人可以免费享受该产品，这就使现实中的公共产品基本上由政府提供，再通过征税为其提供费用来源。但这里要特别强调的是，公共产品不等于公有产品。公有产品尽管不能排除社会或集团的所有成员全来消费（即非排他性），但公有产品的消费不一定是非竞争性的。当新增他人参与消费的边际成本大于零时，公有产品就不是公共产品。需要指出，公共产品还存在着纯度的差别，因为不同的公共产品的非排他性、非竞争性有强弱程度之分。公共产品的纯度越高，“免费搭车”问题越严重，这样的公共产品就越需要由政府来提供。

如上所述，虽然财政手段是政府用以解决公共品不足问题的天然手段，但

---

① 洪银兴，刘小川. 尚长风编著. 公共财政学. 南京大学出版，2003：3.

是对那些准公共品而言，财政手段无论从公平的角度或是从效率标准来看都不是理想的方案，因为某些政策性金融需求属于带有消费的竞争性和排他性性质的准公共品，如高等教育以及中小企业贷款等，而且它还要受到一国财力的限制。因此，财政手段往往只是被部分用以满足政策性金融需求，除此之外，政府还得另找出路。

3.3.4 设立国有专业政策性金融机构

专业化国有政策性金融机构通常是指政府为达到特定目标而出资设立或支持的金融机构。在各国政策性金融体系中的架构中，它是一种被普遍采纳的金融组织形式，其原因主要在于它具备四个独特优势：第一，它能满足政府设立国有金融机构所力图达到的便于控制的灵活性要求；第二，它又能有效减少大面积对金融机构实行国有化所带来的负面效应；第三，它能较好地发挥专业化经营所带来的效率优势和规模经济优势；第四，它有助于扩大金融市场竞争机制的影响。

首先，如前所述，在国有独资或国有控股的情况下，政策性金融机构在资金来源、人事、组织等方面都为政府所控制，甚至其高层管理人员本身就是政府的组成人员，这样既有利于政府的意图得到不折不扣的贯彻和落实，同时也有利于政府意图的传导和相互信息的沟通。

其次，专业性的政策性金融机构尽管同样会具备国有机构所存在的一些体制性弊端，但是与大面积地将金融机构国有化相比，其规模和影响都十分有限，即便其运作效率不尽如人意，也不会影响金融体系的整体大局，更何况，较小的规模也有利于政府加强监督和管理。

再次，专业性政策性金融机构目标相对集中单一，职责边界清晰，从而既有助于吸纳和培训一批专业人才，提高运作效率，另外，在政府对其赋予明确的业务职责后，间接地在该业务领域形成了经营的垄断局面，这样，尽管有的政策性金融业务就单笔而言利小本大，但在业务量较为充足的情况下，也能实现固定成本的大量分摊，继而维持自身的持续发展。

最后，专业性政策性金融机构不同于财政投资性支出模式，它在付出的同时施加了相应的条件限制，而且投资选择的过程也融合了竞争的要素。虽然此竞争的程度远非一般性金融市场竞争那般激烈，但是，它毕竟给特定范围内的潜在借款者注入了一种竞争意识，引入了一股冒险精神，因此，与财政金融的“输血”式融资扶持不同，它可以被视为是一种“造血”式的资金扶持模式。这种模式客观上能够激发经济主体更强的责任意识和风险意识，促使其提高决策的理性化程度，从而为这些原本存在“市场失灵”领域的经济主体日后更加顺利地加入高度市场化的队伍中打下了良好的基础。

在强调专业性政策金融机构作为政策性金融实施工具的诸多优势的同时，也不能对其不足之处视而不见。正如尼夫所指出的那样，在设立专业性政府信贷机构之前，必须衡量其是否符合一系列的条件。只有基本满足了这些条件，设立专业性政策金融机构才可归为明智之举。这些问题是：第一，金融市场是确实存在缺陷，还是只是一个特定的利益集团在寻求政府补贴？第二，如果缺陷存在，为什么私人部门的活动无法将其消除？也就是说，是什么妨碍了套利或者中介来供给资金？第三，设立政府金融中介机构需要花费多少成本？假定私人部门能够在激励之下去解决缺陷，那么政府金融中介机构是否像私人公司一样有能力解决缺陷？第四，缓解缺陷所获得的预期利益会大于所花费的成本吗？第五，设立金融中介机构是最符合成本—效能原则的可行的补救方法吗？第六，如果要设立金融中介机构，应该采用什么样的绩效标准？①

尼夫认为，在某些特殊情况下，所谓存在金融市场缺陷，可能只是特殊利益集团为了获得某种形式的政府援助而做出的努力。如果确实存在不完全性（如缺乏对利润机会的了解），政府正在考虑设立金融中介机构，其任务就是评估设立金融中介机构的利益和成本。社会利益通常表现为提供融资所增加的经济活动，但是这种利益可能难以量化。尽管如此，这一工作应该进行，因为需要以某种方式在干预的社会利益和社会成本之间进行衡量。社会成本可能比较易于确定，主要是设立金融中介机构的资源成本，包括为从事贷款或投资活动筹集资金的成本。由于假定私人部门不能从这一活动中获利，在确定干预具有社会价值之前，需要将政府从事这一活动的预期损失从预期利益中扣除。假如正确考虑了社会利益和成本，那么就会提出对拟设金融中介机构的绩效进行评估问题。他特别强调指出，在这一过程中金融中介机构的盈利性不能作为一个有用的标准。原因有以下几点：首先，如果盈利性可以作为判断标准的话，那么套利原理表明私营公司本应具有进入该业务领域的动机。进而，政府机构报告的任何利润都可能是虚假的，因为政府采用的会计方法并不总是将所使用的资源全部计入在内。例如，提供给政府金融中介机构的房产有时是低成本或无成本的；再比如，政府金融中介机构有时从政府借入资金，其利率低于包含无风险的市场利率。其次，公共部门金融中介机构也许能够在金融市场上以优惠条件筹集资金，因为政府似乎会在道义上对这些债务负责。评估政府金融中介机构盈利性的另一个问题是确定衡量贷款损失的一个适当标准。贷款损失的规模取决于目标客户群：提供高风险融资必然会带来贷款损失。而且更为常见的情况是，政府金融中介机构（例如为高风险的小企业提供融资的金融中介机构）可能并不愿意或没有能力发放其委托人所需的高风险贷款。特别是，信贷经理

① 埃德温·H. 尼夫. 金融体系：原理和组织. 中国人民大学出版社，2005：285～287.

的技能和这些经理面对的激励可能对从事相对高风险的投资心存偏见。这些人经常认为，他们实际上正在努力工作，通过向风险低于既定目标客户群的客户提供贷款，以使贷款损失保持在不现实的低水平上，此时，他们正出色地履行自己的职责。

事实上，尼夫指出，政府贷款性金融中介机构也会遇到其他形式的目标混乱。通常认为，政府金融中介机构能够通过发放低利率贷款来帮助其客户，但是这种观点隐含了两个极为不同的干预理由。例如，不应当以农业的不经济为理由，设立政府金融中介机构来为农户提供低利率贷款。如果存在资本市场缺陷，应该以市场利率发放贷款，才能使资源配置尽可能地不被扭曲。如果农户已经能够以市场利率获得融资，但是他们声称需要低利率融资来维持生存，那么他们获得的任何救济都应当被看作是政治领域内的正当现象，而不应被伪装为一个资本市场缺陷问题。即使上面的问题可以得到满意的答案，政府金融中介机构也不能被证明是缓解市场缺陷所产生影响的最佳途径。设立金融中介机构的成本要比激励私人部门从事这一工作所需的成本更为高昂。比如，一些贷款申请的评估非常昂贵，以至于私人部门根本不会予以考虑。但是如果融资是可行的，实施这一项目所创造就业的价值可能要比调查成本高得多。在这种情况下，设立一家亏损的政府金融中介机构发放贷款将是可行的，但是承担私人部门的一些费用，以此来诱使它们发放贷款也是可行的。后一种方法可能成本更低廉且更具效率，因为这种方法利用了私人部门已经拥有的技能。再比如，如果私人部门提供出口贸易保险是不经济的，那么以私人部门保险来防范出口贸易中的风险是不易做到的，因为对私营公司而言，该种风险不足以使公司从开办这种业务中盈利。但是，如果政府认为鼓励出口的社会利益是值得获得的，那么政府向私营保险业提供补助以鼓励其承担这种风险将符合成本—效能原则。有时，公共贷款性金融中介机构运营一段时间后，可能会向私人部门出售部分贷款资产组合，这一交易可使外部观察家得以评估金融中介机构的融资活动。与证券化一样，投资质量和补贴程度都将按市场标准来评估。如果这些工具易于出售，那么开办政府金融中介机构的最初合理性可能已经改变了，或者也许就从未存在过。

从世界各国的实践来看，以政策性金融为工具的政府干预大多都针对四个部门：小企业、农业、进出口和住房。其中小企业严重依赖于贷款、贸易信贷、有条件的销售合约和债务融资。小企业融资中存在的主要问题是筹集股权资金，没有绩效记录的新创企业确实难以找到创业融资，主要原因在于：首先，公开发行的固定成本较高，使其无法成为股权融资的可能来源；其次，存在较高的固定调查成本，风险资本家拒绝考虑较小企业的资金申请；最后，风险资本家也主要倾向于对具有优良绩效记录的企业投资。农业融资问题主要是为年现金流相对不确定的一类企业寻找长期资金时所面临的问题（埃德温·H. 尼夫，2005：290）。进出口领域存在商业银行不愿意对一些期限较长、额度较大资本的货物出口项目提供资金支持，不愿意为一些小出口商或者一些小金额出口项目提供融资。然而，这些领域对一国的整体经济利益和经济发展具有深远的意义，比如扩大就业、使产业结构合理化等。政府干预住房金融市场的重要原因也在于为中低收入者提供支持和保障，以确保所有家庭的基本居住权利。

3.3.5 设立非国有专业化政策性金融机构

非国有专业化政策性金融机构是指其产权为非政府性质的法人所持有和控制、并且承担特定范围内金融业务的中小型金融机构。尽管这些专业化的金融机构非由政府直接出面来负责组建，但是由于其建立和运行能够产生较好的正外部性，因此，政府仍然会给予支持，赋予其实际上的政策性金融机构地位。以法国农业信贷银行为例，法国政府主要通过法律条文来帮助其建立，并提供必要的资金。比如法国 1894 年 11 月 5 日法，准许在一个或几个农业工会的全体会员或部分会员成立农业信贷银行（马居歇等，1988：9）。而另一方面，就这些非政府性专业化金融机构而言，尽管已经建立起来，并且有一笔社会资金，或得到其成员的存款，但是它仍然存在财源不足的问题，其资金不能满足需要，因而来自国家的资助也为它打开了一种极为可靠而稳定的融资新渠道。当然，作为交换条件它们应当通过合同或其他方式接受政府的任务委托。又比如法国 1899 年 3 月 31 日法，在第 1 条中规定："根据 1897 年 11 月 17 日法批准的 1896 年 10 月 31 日协议书的规定交给国库的 4 000 万法郎和每年的享受优先权费用，交给政府支配，政府将以无息预付款的名义分发给根据 1894 年 11 月 5 日法规定成立的农业互助信贷银行的各地区银行。"① 由于这些资金的国家性质，国家责成农业部长注意这些资金的分配，并监督其管理。

再以美国为例，联邦中期信贷银行（Federal Intermediate Credit Banks）联邦中期信贷银行是依据 1923 年农业信贷法建立的。每个农业信贷区设立一个联邦中期信贷银行，全国共 12 家。其下属 400 多个生产信贷协会（Production Credit Associations）。作为其地方机构，协会还设有农村办事处 1 600 多个，以及一些分支机构，构成美国农业生产信贷体系，提供动产抵押的中短期农业贷款。其资金来源有：（1）资本金。联邦中期信贷银行和生产信贷协会的股权资本最初由政府提供，1968 年，这些机构已将政府资本全部退还，从而使该机构股本完全归借款人所有。目前该行还通过发行股票和分红参与证来获得资本，股票只

---

① ［法］N. 马居歇等. 法国农业信贷银行. 北京：农业出版社，1988：12.

卖给生产信贷协会，而对不属于农业信贷体系的其他金融机构（如信托公司、节俭机构等）只卖给参与证，借款人持股方式与联邦土地银行的方式大体相同。此外还以经营盈余积累扩充资本金。（2）发行债券，即发行联邦农业信贷银行联合体位——债券。（3）借款。中期信贷银行之间相互拆借，以及向商业银行等借款。中期信贷银行贷款对象为农业生产者会员，贷款用途主要是农牧业生产与经营，期限大多数为5年。提供中期信贷，利率可实行固定利率，也可选择浮动利率，并以浮动利率为多，一般为8%～10%。对于某个借款人法律规定的贷款限额为协会资本的60%；中期信贷银行参与协会贷款时，限额在银行资本的20%以内，与土地银行相同。巨额贷款可由协会或银行的相互参与、合作贷放。1981年底，联邦中期信贷银行发放的农业动产贷款额为9.13亿美元，生产信贷协会发放农业动产贷款额为214.84亿美元，分别占农业动产贷款总额的1%和23.1%，成为仅次于商业银行的第二大中短期农业贷款机构。应该指出，由于中期信贷银行业务方式的特点，它所推动的农业贷款额远远不是其自身额度所能衡量的，所以，它发挥的作用是不可低估的。

另一种形式是小额信贷金融机构。国际上小额信贷的成功操作模式是基于吸收小额信贷客户（即特定贫困群体）的自愿性储蓄以及推行面向客户自愿性储蓄的小额信贷金融中介活动。今后小额信贷项目很可能朝着这个方向发展（Brian Branch of WCOCU，2002）。这种发展实际上与外部资金支持并不矛盾。外部资金可以在启动期投入，而在一段时间之后，小额信贷客户的自愿储蓄将使小额信贷项目甚或机构在外部资金撤出之后独立运转。不过，根据国际经验，大多数小额信贷项目是不能做到自给自足地独立运行的。根据一项统计，全世界所有非政府小额信贷项目中，可以实现资金上的自给者低于1%，有5%的部分在今后可能实现资金上的自给，近95%的部分则要么关闭，要么需要补贴（Morduch，1999：1569～1614）。有鉴于此，穆尔多克（Morduch）认为，应重新考虑有关所有小额信贷项目或机构必须实现资金自给的看法，重要的是社会收益要远远大于社会成本，而且促使小额信贷项目或机构努力提高资金自给率。在这种情况下，小额信贷机构仍然可以发挥作用，接触到较为广泛的贫困客户群体，继续吸引到外部资金投入。

非国有专业化金融机构的出现，主要有两个原因：一是基于响应现实的经济需求而由民间自发成立的金融机构。通常地，在一个国家的正规金融体系之外，往往还有大量尚未得到满足的金融需求，如零星的小额借贷等，在传统习惯上这种需求是由包括民间高利贷等形式的地下金融方式予以满足。但地下金融由于风险高又缺乏正规的法律保护，因此要求的利率极高，而且由于缺乏正规的组织保障，融资渠道也极不稳定。为此，非国有专业化金融机构就作为一种能够降低地下金融交易成本的有效的金融中介替代形式予以出现。二是基于提高机构运作效率而进行的非国有化行为。其优点在于独立性强，较少的官僚气息，也比较贴近市场的需要，如果再辅以恰当的管理和成本控制，那么其运行效率会大大高于其他金融机构，而法国农业信贷银行就是一个成功的典范。但是，非国有金融专业化金融机构也有其弱点，比如规模容易受到限制，需要较好的社会信用环境来支撑，否则其经营风险会相当大。

3.4 政策性金融的制度选择

如上所述，在既定的供需态势下，尽管一国有多种广义上的政策性金融工具可供选择，但在许多国家，却仍旧最终建立起了专门的（狭义上的）政策性金融体系或政策性金融制度。具体表现为一系列专业性政策金融机构的设立，以及各种相关的法律条文和规章的出台。而且，不同国家的政策性金融体系也存在着程度不等的各种差异。那么，造成这些结果的原因究竟何在？政府为何选择了建立专门的政策性金融体系？笔者认为，这正如新制度经济学所表明的那样，制度的最终确立绝非偶然，它是行动主体、初始条件、效率、可行性等一系列因素综合影响的最终结果（科斯等，1994）。

3.4.1 制度选择主体

制度选择主体类似于制度经济学中的行动集团概念①。

在事关政策性金融体系的制度设计过程中，政府和居民代表了两类主要的参与者。这两类主体也具备了不同的权力影响和目标函数。

就政府而言，通常居于权力中心者地位，它拥有作出最后决定的权力。政府追求的目标是多元化的，不仅仅有经济的目标，更重要的还有政治和社会方面的目标。就政治目标而言，它要确保制度能够具备充足的合法性，即其决策受到大多数成员的认同。就社会目标而言，它要努力使制度符合社会一般价值观，这种价值观通常受到一国历史文化传统的深厚影响。众所周知，一般认为东方国家如中国、日本和韩国等比较重视集体价值，并认为整体利益应优先于

---

① 戴维斯和诺尔斯于1971年出版的《制度变革与美国经济增长》一书中提出制度创新理论。制度创新理论是从资产阶级垄断竞争理论出发，将制度变革引入经济增长过程。在他们看来，所谓“制度创新”是指经济的组织形式或经营管理方式的革新，例如股份公司、工会制度、社会保险制度、国有企业建立等，都属于“制度创新”。这种组织和管理上的革新是历史上制度变革的原因，也是现代经济增长的原因。制度创新的过程可分为五个步骤：第一步形成“第一行动集团”即有预见力的决策者；第二步由第一行动集团提出制度创新方案；第三步比较和选定制度创新方案；第四步形成“第二行动集团”，即辅助第一行动集团的利益单位；第五步，由第一、第二行动集团联合行动，共同实现创新。转引自：张凤，何传启. 国家创新系统——第二次现代化的发动机. 高等教育出版社，1999.

个体利益，然而在许多西方国家如美国、英国以及许多西欧国家，个体的行动自由和利益考量却居于无可争议的优先地位。这种社会价值观的差异在经济方面也常反映在社会对平等与效率、宏观调控与市场机制等目标与手段选择的不同看法上。如许多东方国家，包括中国、印度、韩国等在内，其政策性金融制度的形成，就体现了政府在制度选择中的支配性地位。政府力图实现既定目标的过程，还要受到许多内外条件的制约。从内部条件来看，政府的决策行为要受到政府收集、识别以及处理信息的能力的影响以及政府组成人员自身素质能力高低的限制。从外部条件来看，政府的决策行为还要受到本国经济实力、社会力量的分布结构甚至国外因素（如国际组织或国际法规）等的影响。由于面临这些约束，政府的行为结果往往与预期发生较大的偏差。在政策性金融制度的形成过程中，正是由于这些原因，使得许多国家的政府表现出不同的制度偏好。如在亚洲的日本、韩国等，由于长期盛行中央集权制，加上受“行政精英治国”理念的影响，因而政府主导发展的模式得以建立，其政策性金融机构的介入范围和力度也较大，不但包括了一般性的金融市场失灵领域，如中小企业、农业以及进出口等，而且还涵盖了一些政府选定的主导产业或新兴产业等，从而与英、美等发达国家及所谓的分权式国家将政策性金融服务范围仅限于市场失灵的狭窄领域形成鲜明的对照。

居民也是政策性金融制度的有影响力的参与者。虽然它没有最终的决定权，但其仍然能够通过发出需求信号、结成不同的利益集团以及通过自发创新等方式向政府传递其自身的利益诉求和偏好。但是，基于居民中客观存在的价值取向多元性和自身实际的千差万别，居民的政策需求容易众口难调，再加上居民为数巨大，总体而言组织化程度相对较低，因此，真正起作用的是那些具有较高的组织化程度的各个特殊的利益集团，它们作为利益相对一致的群体代理人或代言人，在制度方案的设计和最终决策中产生着较大的影响。如各个专业性政策性金融机构的建立，也正与这些相对较小的社会利益集团的呼吁是分不开的。

总之，从实践中来看，许多发展中国家的政府实行权威式统治，多元化的利益集团受到压制，因此，政策性金融的制度框架的确突出反映了集权政府的偏好，其具体实现形式是将在充分依靠国有的金融机构的同时设立一系列大量国有专业化金融机构，印度即是这方面的典型例子。而另外一些经济自由化程度较高的国家，以美国为典型，却因受到社会利益集团的压力，选择了不那么激进的方式，只是通过设立为数甚少的国有专业化政策金融机构或支持非国有专业化政策金融机构的形式来小心地介入到对金融市场的选择性干预活动中去。

3.4.2 环境与初始条件

政策性金融制度选择的过程也并非是完全随机的，而要受到环境与初始条件的约束，体现出强烈的路径依赖性。因为制度确立的过程也意味着是对旧的制度的调整，而制度的变迁同技术演进一样，同样存在报酬递增和自我强化机制。这种机制使原来所选定的道路在其后发展的过程中得到自我强化。这也正如诺斯（1991）所说的那样，人们过去做出的选择决定了其现在可能的选择。环境与初始条件的差异，决定了制度选择空间的差异，也决定了制度选择结果的差异。从影响政策性金融制度建立的环境与初始因素来看，如同前面所已提到的那样，内容十分宽泛，这里我们仅简要指出其中一些要素如金融市场的发育程度、法律制度的完备性以及特定经济发展阶段的主要任务等对政策性金融制度安排所产生的影响。评估金融市场发育程度的主要变量包括金融体系的结构特征，金融化程度的高低等。在以间接金融为主导的国家中，既有的银行将受到相对较强的干预，因为它还将承担起提供经济和社会发展所必需的基础设施任务中去。而在以直接金融为主导的国家中，现有的政策性金融所承担的任务相对较轻，因为其发达的多层次资本市场的存在将缓解经济发展中常遇到的长期性资本和风险性资本来源匮乏的问题，于是这些国家将选取建立专业化政策性金融机构的途径。法律制度的完备性对于政策性金融体制的选择也有很大的影响。这一观点也得到了近年来法与金融学领域相关研究成果的支持，在法律制度较为完备的国家，政府的自由行政行为受到较强的约束，而且这些国家由于建立了很好的产权保护体系，就会限定政策性金融所能影响的范围与边界。相反，在那些人治色彩较为浓厚、对政府的监督和制衡力量极为薄弱的国家，政策性金融体系往往容易过度扩张，从而在打着“社会公益”幌子的伪装掩护下，沦为政治博弈的工具。

3.4.3 不同制度安排预期的成本收益比较

尽管任何想要准确量化比较各种制度安排的预期收益的做法都是极为虚妄自负的，但这并不妨碍人们以一种建立在有限理性基础上的主观判断来进行大致的计算和推定。就前面所提及的不同的制度而言，其预期收益都取决于其所能达到的经济效用以及所需产生的制度成本之差而定。正如经典的古典经济学也只是把价值理论建立在具有较强主观色彩的基数论或序数论之上而言，我们同样可以断言经济主体在进行决策时，也能最终确定既定资源配置的无差异组合。

事实上，对金融机构实施国有化、间接调控商业性非国有金融机构以及扩大公共财政功能、组建国有专业化政策性金融机构以及支持非国有专业化政策性金融等多种途径，作为政府实施政策性金融的不同手段，既有相当的共性功能，也有着不同的适用领域和需要付出不同的代价。

就共性而言，这多种途径都能够有效地帮助政府弥补金融领域内市场机制的不足，发挥政府作为国民经济管理主体所拥有的信息优势，按照规模经济和有计划发展的原则集中配置稀缺的金融资源，用于提供社会公共品或准公共品，推进经济的加速发展。

但同时也要看到，这五种广义上的不同的政策性金融工具，作为五种事实上的配置货币资源的经济制度安排，在适用领域和所需支付的制度成本上有着很大的差异。

如果对金融机构实施国有化，那么其适用的领域就非常广泛，不但可以用于社会公共品或准公共品的提供，而且也可以用于私人物品的提供。其具体的适用领域完全取决于特定时空条件下政府决策者的价值偏好和相机抉择，具有很大的灵活性。比如在我国计划经济体制时期，国有银行几乎转变为政府的“出纳”，被动地充当经济中的“钱袋子”角色。但是，国有银行的这种依附地位也会带来相当高昂的制度成本。首先，当国有银行的动机完全为政府的动机所控制时，它就失去了自身发展的方向感和独立意识，也丧失了追求自利的激励，从而抑制了自身的活力和能动性的发挥。其次，在缺乏有效的政府治理的情况下，作为政府工具之一的国有银行也为政府的非理性行为打开了方便之门，也就容易沦为政治干预的牺牲品。最后，由于背后政府这棵“大树”荫庇，国有银行很容易通过政治的和经济的双重优势主导整个金融体系，压制非国有金融机构的发展和成长。这样，它又丧失了来自竞争的刺激，更容易产生 X 非效率现象。

当国有化金融机构的条件不具备、而经济发展的压力又紧紧地地困扰着政府时，通过对非国有商业性金融机构进行调控不失为另一条可行之计。但与国有银行不同的是，这种途径的适用领域相对更为狭窄。因为私营性金融机构已经占据了一大块地盘，这些领域通常属于那些能够带来正常商业回报的产业，在这里市场机制如价格机制、竞争机制能够充分地发挥作用而无须政府的干预，而剩下来的那些领域正是政府大显身手的用武之地，如风险较大、投资较多的资金技术密集型基础设施领域、新兴产业领域，以及收益与成本支出不匹配的农业、中小企业领域等。但这种途径也会带来相应的制度成本。首先，政府为了吸引私营金融机构的参与，必然予以适当的利益诱惑，比如限制金融市场参与者，以提高金融机构的特许权价值，或人为压低利率等，这些方式固然有助于补偿参与机构的成本，但是也会付出扭曲金融市场信号或者因为牺牲未参与政府调控计划的金融机构的利益从而变成一种变相的收入分配方式的代价。其次，在这种操作方式下，由于政府和参与方相对其他非参与方享有信息优势，还容易引起不当的官商勾结现象，滋生寻租性的“分利集团”，其中的效率损失又将转嫁到整个社会。最后，作为公共财政而言，受其属性的限制，其适用领域通常是最为局限的，大多适用于具有较强的正外部性的社会公共品或准公共品的提供。但是，受多种因素的限制，财政资金往往也不能够充分满足政府的需要。这主要是因为财政资金的来源在特定的时段内有较大的刚性，无论是税率或是赤字，都无法也不敢随意调整或增加，同时其支出项目在政治因素的作用下也有着较强的刚性，因此，财政资金通常只能作为政府实现既定干预经济目标的有限的补充性融资渠道。而且，财政融资途径所需付出的制度成本也不容小视。由于财政资金就其属性而言，主要属拨付性质，因此，不但其利用效率缺乏激励，而且还会引来大量的需求者争夺，最终的项目确定权容易受到各种复杂因素的影响。所以，财政尽管也是有效的选择工具之一，但它付出的成本使其不宜作为政策性金融的主要实施手段。

如上所述，由于其他几种制度安排都无法圆满有效地解决社会所需的政策性金融服务问题，因而建立起一套以专业性政策性金融机构为组织依托的政策性金融制度就显得十分必要而有益了。它既能够发挥分工所带来的专业化优势，避免干扰其他几种制度的正常运行，同时也有利于将政府干预金融市场内在缺陷所可能带来的负面影响限制在一个相对有限的幅度内（即以专业性政策性金融机构所发放的全部坏账损失再加上机构自身的开办营运费为上限）。此外，由于政策性金融机构的运行范围相对集中狭窄，总体规模也相对较小，一旦因内外条件的变化而需进行重组或改革时，所遇阻力自然也就更小了。而拥有这种调整变革上的灵活性，正是理想的政府干预工具所应具备的基本特征，如同货币工具在微调中相对财政工具而言往往受到政府更大的重视一样。

当然同样如同前面分析已经指出的那样，建立专门的政策性金融体系也仍然会引发许多新的问题以及负面影响，但是毫无疑问，这并不足以成为否定它存在的充足理由，除非当这种制度的收益成本之对比远远小于其他几类制度安排。从这种意义上讲，我们应该从中领会到专业性政策性金融机构的运行边界同样需要进行动态调整的必要性。由于一定范围内的经济生活始终保持着运动的势头，因此，设立了专业性的政策性金融机构并不仅仅意味着对过去政策性金融体系努力进行调整后的一个结束，相反，这往往又会带来新的问题。

3.4.4 影响政策性金融体系运行边界动态调整的主要因素

如上所述，政策性金融体系的运行边界并非一成不变，而要受到它与其他制度供给形式相比，因各自预期的收益成本之比所发生的变化而对政府决策所产生的影响。下面，我们就简要分析一下因影响到这些制度的预期收益成本结果继而使得政策性金融体系运行边界出现调整的主要因素。

首先，政策性金融体系运行边界要受到国有金融机构的产权形式、规模大小、数量多少以及素质高低等因素的影响。如前所述，由于政府对于国有金融机构拥有绝对的所有权和控制权，因而国有金融机构便是事实上的政策性金融机构。尤其是对那些所有权与经营权合一、都为政府所牢牢掌握的金融机构而言，其所有行为都体现了政府的意图，因而完全可视其为政策性金融机构的同一化身。如果政府只是持有所有权，同时并不干涉该机构的日常经营，使之依然按照商业性法则办事，那么，这类国有金融机构则当被划入商业性金融机构类，不在此处探讨的范围之内。就前一类所有权与经营权未实现有效分离的国有金融机构而言，很显然它的发展现状如何对于政策性金融体系的形成有着直接而巨大的影响。虽然就政府而言，拥有（未实现或充分实现商业化的）国有金融机构的初衷并不限于满足一般的政策性金融需求，即克服金融市场失灵的缺陷以及提供准金融公共品等，但它的确涵盖并可以实现这一局部性的功能。因此，如果此类国有金融机构的资金规模比较庞大、机构数量相对较多（含分支机构）以及内部管理和政策执行能力较强的话，它就完全有能力提供或附带提供一般的政策性金融业务，这样，再另设专门的政策性金融体系也就没有多少必要性了。如果情况不是如此，比如其资金规模极为有限甚至根本没有或者说其机构数量有限（即覆盖的业务和地区也有限），或者说其治理结构不健全、内部运行效率低下等，它也就没有能力或条件来满足社会所提出的各种政策性金融需求，这时，政策性金融体系的组建便显得顺理成章了，而且其范围的大小正好与国有金融机构的强弱情况成正比。

其次，政策性金融体系的运行边界要受到政府对商业性金融机构的调控力大小强弱因素的影响。从理论上讲，即便在比较成熟的市场经济条件下，政府也可以通过宏观调控手段来引导商业性机构根据兼顾个别收益与社会收益的原则行事，因而政府调控商业性金融机构的能力大小也可以影响到政策性金融体系的形成与范围决定。众所周知，在不同的国家或在同一国家的不同时期，政府的宏观调控能力也是有所不同的，它要取决于政府的经济实力、内部管理能力、信息收集处理能力、政策制定和执行能力以及政治、法律和经济制度等因素的综合影响。政府的宏观调控能力越强，其对商业性金融机构的行为影响力度就越大，政策性金融需求也越有可能通过调控商业性金融机构得到满足。当然，这也还要取决于商业性金融机构自身的发育情况和实力强弱情况。如果商业性金融机构的发育比较成熟，内部治理结构很完善，资金实力也很强，那么，它独立运行和对抗经济干扰的能力也越强，对政府的依赖也越小，政府的宏观调控行为可能并不能收到预期的效果，这时，政府也必须另行组建政策性金融体系来满足社会公共目标。相反，倘若商业性金融机构对政府的依赖较大，那么，政府对它的调控力便越强，政府也更可能借助它来提供全部或部分的政策性金融业务，这样，政策性金融体系的范围便也相应缩小了。

再次，政策性金融体系的运行边界还要受到一国财政实力强弱、功能定位等因素的影响。很明显，当一国财政比较宽裕时，政府便有能力来提供更多更好的各类公共品和准公共品。政策性金融业务便也具有更加坚实的财政基础，从而为政策性金融体系的扩张提供了有利的机会。而另一方面，一国财政功能如何定位也会影响政策性金融服务的提供。在目前的许多国家中，财政功能定位可以有投资型财政和公共型财政两大类①。前者广见于包括中国在内的许多发展中国家，而后者则为许多发达国家所坚持。在经济建设型财政中，由于大量财政资金将被用于满足刺激经济快速发展的需要，因而社会公平目标可能会受到不得已的忽视，从而政策性金融体系的发展也会受到相应的打压，而在公共财政中，则会出现相反的情况，政策性金融需求将受到重视，用于政策性金融服务的投入也将得到重视或保障，从而推动政策性金融体系的形成或进一步壮大。

最后，政策性金融体系的运行边界还要受到政策性金融机构自身素质强弱的影响。虽然前面已经指出了政策性金融机构相对其他制度安排而言所具有的独特优势，如专业化分工的优势、外部影响较小等，但这种优势能否真正实现，还要看该机构自身的素质高低情况而定。影响该机构素质高低的因素很多，但从现代企业理论的角度来看，该机构的治理水平是一个极为重要而关键的因素，因为它是该机构内部最为重要的基础性制度设施，直接影响到该机构的目标动机和行为选择。如果该机构治理水平高、素质较强，那么，政策性金融体系便可能得以发展；反之，它的存在价值则可能受到质疑，从而使政策性金融体系趋向萎缩。

3.5 结论：制度均衡的形成

上述分析表明，满足政策性金融需求的制度安排可以是多样化的，建立以专业性的政策性金融机构为组织依托的政策性金融体系并不是政府的唯一选择，相反，政府的制度供给形式可以是多元的，可以包括组建国有金融机构、与商业性金融机构开展合作、运用公共财政手段以及组建专业性政策性金融机构等

① 这种表述是否完全确切有待推敲，但其基本含义似已为理论界认可。所谓投资型财政是指财政支出的相当部分投入一般的经济建设领域，以满足政府推动经济增长的目标要求，而公共型财政则指财政支出的投入方向在于提供社会所需的公共服务，不以刺激经济增长而以服务于社会公共需要为目的。

多个选项。因此，从这种意义上讲，并不能简单地将政策性金融需求的满足与政策性金融体系的组建画上等号。

同时，前面的分析也表明，就满足政策性金融需求这一功能而言，各种不同的制度安排所具备的优势与不足，所需付出的成本与得到的收益相比也是不同的。比如财政手段虽然同样可用于对“纯公共品”与“准公共品”的提供，但它对资金运用效率的激励效应十分微弱，而且还要受到“刚性”化的税制的约束。这就意味着从经济有效的角度来看，每一种制度安排都应有其作用边界与范围。换言之，设立国有金融机构、调控商业性金融机构、运用财政支出以及建立政策性金融机构等方式都并不是满足政策性金融需求的唯一不变的有效的制度形式。它们的作用边界与范围的大小，关键取决于对特定时空条件下某一制度与其他制度的净收益大小之比较。这样，一国政策性金融体系的形成及其运行范围的扩张收缩等变动，既非天然更非偶然，而是还要受到影响其他制度的作用边界及发生变化的一系列因素，以及影响其自身运行效率的因素的综合影响。这些因素主要包括：一国国有金融机构的规模大小、数量多少以及素质高低，一国政府对该国商业性金融机构的调控力大小强弱，一国财政实力强弱及其功能定位，以及该国政策性金融机构自身素质强弱等。随着这些因素的变化，一国政策性金融的运行边界也将相应呈现或扩张或收缩的动态调整。

综上所述，从理论上讲，并不存在某种十全十美的满足政策性金融需求的制度安排。事实上，政府可以有多个备选的政策工具，但是，通过对这些备选工具的正负两方面效应的综合考察表明，组建专门的政策性金融体系也许确有其存在的必要性，这种必要性建立在同等条件下它的成本收益比其他具有相似功能的制度更为可取的基础之上。而且更重要的是，政策性金融制度的最终形成和发展变化，还要受到上述的一系列因素在特定国家或特定时期的不同特点的影响。

从现实来看，综观世界各国政策性金融的实践，我们可以发现这样的现象，即对于经济较为发达的市场经济国家而言，由于金融市场成熟度较高，政治约束力较强，私有金融体系较发达，因此，政策性金融大多被定位于补充市场失灵和促进社会公平等方面，经济发展的效率目标则主要交给商业性金融完成。这类国家的代表有美国、英国、德国和法国等，其政策性金融的作用边界相对较小，主要是为了弥补商业金融的“空隙”。然而，对于处于另一极的发展中国家，由于金融体系较为薄弱，政治约束力相对较弱，私有金融体系也较不发达，则其政策性金融除了被定位于弥补市场的不完善和促进社会公平之外，还要负责努力促进经济发展的快速实现。这类国家的代表主要包括大多数二战后重获新生的发展中国家，如中国、阿根廷、阿尔及利亚等，对金融机构实施国有化往往成为他们实施政策性金融的主要途径，其政策性金融的作用边界也相对很大。而介于这两端之间的一些国家，要么经济发展相对落后，要么私人金融相对发达，因此，在采取政府组建专业性的国有金融机构的同时，注重引导私人金融体系以服从于政府的意图则成为这些国家的政策性金融实现形式。这类国家的代表有日本、韩国等。从未来的发展趋势看，虽然政策性金融的具体制度安排仍将随着经济环境的变化而具有很大的不确定性，但“万变不离其宗”，它也仍将是制度选择主体在初始条件的约束下，基于对不同制度变迁的预期收益与成本进行评估比较之后所得出的最终结果。

4 政策性金融的运行失序与治理

“二战”至今，政策性金融体系仍是世界上许多国家金融体系中不可或缺的重要组成部分。这对一些新兴工业化国家和许多发展中国家而言尤为如此。因为从理论上讲，政策性金融体系的存在，不仅可以有效克服商业性金融体系的内在不足，而且还可以起到传导政府意图、促进非经济目标的实现等更为深远的作用。但是近年来一些国家的失败教训和许多的研究成果却表明，管理好政策性金融体系并使之有序运转却绝非易事。这正如 Vittas 和 Cho（1994，1995）所指出的那样，虽然以直接信贷计划为特点的政策性金融是许多国家在 20 世纪 60 年代至 70 年代的一个主要的发展工具，然而到 80 年代，其作用却被重新考虑。因为大多数国家的经验表明，这些计划刺激了资本密集型项目的发展，预先安排的资金常被（误）用于非紧要的目的。而由此而来的金融纪律的下降导致了较低的偿还率，同时又引起了财政赤字的急剧膨胀。此外，这些信贷计划一旦被实施后，就难以再取消。Cho，Yoon－Je 和 Thomas Hellmann（1994）在另一份研究中也指出，政策性金融能否取得成功，关键在于能否对其施加一套行之有效的管理制度安排。尽管这些研究的成果是极具启发性的，但遗憾的是，它们对政策性金融失败的分析却大多限于描述性的说明，并没有提出一个比较深入的因果阐释。这在笔者看来，就构成了一种“未解之谜”或“理论空白”，有待继续探讨。为此，笔者遵循经济学的一般方法，从行为主体的目标函数和外部约束条件等入手来对政策性金融体系的运行状态展开分析，力图揭示出政策性金融运行失序的机理所在以及应当引入的治理策略。

4.1 政策性金融体系运行中的主体行为的互动

4.1.1 政策性金融体系中的行为主体

对于任何一个金融体系，主要的使用者包括居民户、工商企业、政府和其他国家的居民（世界银行，1989：39）。每一类用户都有着自己的目标，并相应地利用金融体系去实现特定的目标。

作为居民户（也包括小型的、未加管理的私营或家庭企业）而言，他们对金融的需求主要是支付服务、可作储蓄用的流动资产和金额较小的信贷。他们追求的是方便（例如有邻近的银行分支机构）、手续简单、可随时支取和安全可靠。居民户作为一个集团，他们通常也是剩余资金的提供者，因而需要包括货币在内的各种便于保存的资产。居民户也需要信贷。例如，路边摊贩需要短期资金购买每天的存货；小农户需要季节性或中期的信贷以购置资本货物；未来的房主需要长期的抵押资金。居民户往往不能使金融机构确信他们的债信可靠，因此，他们转向不索取正规业务记录或附属担保物的贷款人——亲属和朋友，或本地的当铺老板和放债人。工商企业包括公营企业和私营企业。前者通常投资于资本密集型的行业，是大量借入的借款人。而一些大的私营企业则可以自我满足多数金融服务方面的需求、甚至可以向别人提供金融服务，例如，向别的客户提供贸易信贷。他们也可在金融市场上直接发行自己的金融票证，但直接筹资在大多数发展中国家是无足轻重的；在一些资本市场不是十分发达的高收入国家，也是不重要的。政府则既是金融体系的管制者，也是它们的主顾之一，需要利用金融体系的支付功能。财政政策决定了政府收入和支出间的差额，进而决定了政府是储蓄者或是动用储蓄者。但大多数发展中国家政府同商业部门一样，通常都是净借款人，利用金融体系作为筹集经常性支出和资本支出资金的一个来源。政府还利用金融体系为社会发展或其他目标提供服务。他们常常按有补贴的利率将信贷导向优先的部门。这里要指出的是，这些使用者或部门的界限，往往并不能截然分明地划分清楚。

政策性金融体系是一国金融体系这个大系统的一个重要组成部分，它既要受到一国金融体系的整体影响和制约，又有着其相对的独立性。因此，金融体系内的各方参与者也必然是政策性金融体系内的利益相关者。一国政策性金融体系的设立和运行情况也将影响到这些利益相关者的行为。但是，如果我们把政策性金融体系视为一个相对独立的子系统，则可以认为，一国政策性金融体系的参与方要简单得多。具体地看，这些参与方主要有以下几类：从金融服务提供方来看，主要是政府主管部门和政策性金融机构；而从金融服务使用方来看，则涉及居民、企业以及政府部门。在这些参与方中，需要特别澄清除居民和企业以外的其他参与方的现实含义。依笔者之见，这里的政府主管部门主要是指属于一国政府序列的政策性金融机构的行政管理部门，它通常担负两种职责，一是作为政策性金融机构的产权所有者代表，二是按照政府的要求对政策性金融机构的行为进行监督的机构代表。在实践中，这些机构主要有财政部、中央银行、国家审计机构以及政府金融监管机构等。而政策性金融机构则既包括政府出资并控制的金融实体，也包括由私人控制但接受政府控制的金融实体。在金融服务使用方中的政府部门，通常是政府序列中担负有经济发展任务的中央政府职能部门和地方政府。笔者还假定，在所有属于这些参与方中的集体性组织或机构，都是由若干自然人组成，这些自然人具有追求自身利益最大化的“经济人”理性特征。

为了简化分析，本文则主要探讨政策性金融体系内联系较为紧密的各方参与者的目标取向和行为特征。相对而言，它们的目标选择和行为模式及其互动情况在较大程度上决定着政策性金融体系的运行状况和绩效。

4.1.2 政策性金融体系中主体间的互动关系

从理论上分析，政策性金融是指一国政府创立、参股或提供担保，不以盈利为主要目的，为贯彻执行或配合政府社会经济政策或政策意图，在法律规定的特定业务领域内，直接或间接从事政策性融资活动的特殊金融机构。从这一定义来看，一国通过设立政策性金融机构要想达到预期效果，那么必须依赖以下几个条件的同时满足：

首先，一国政府机构能够清晰地识别其社会经济政策或其意图目标，并确信完成这一目标的有效工具是发挥政策性金融机构的作用，而且它能够将这一目标顺利传达给金融机构。

其次，政策性金融机构能够收到并且准确领会政府机构的目标或任务信息，在以保本微利①为主要目的的动机驱使下，利用自身的资源在特定的业务领域内来指导并开展有效的金融行为，努力确保目标的实现。

最后，作为政策性金融机构的各类服务使用者，在享受到国家政策性融资支持的同时，也同样能够按照金融市场或金融交易的通常原则，进行交易并兑现承诺。

至此，通过以上三类不同主体的共同努力，就能够实现一国设立政策性金融的两个根本目标：既要能有效地贯彻政府的目标和意图，同时又能使政策性金融机构自身具备独立的生存发展能力，不会成为政府的负担或拖累。在这样稳定的架构下，无论经济形势和政府所面临的目标如何变化，政府都能够充分利用政策性金融这一工具予以应对，而且通过不断的良性循环运作，政策性金融机构甚至能够逐渐成长壮大，不断拓展业务边界到其他领域，成为一国金融体系中的支柱性机构，为一国金融和经济发展起到更大的推动作用。这种例子在实践中也并不鲜见。如法国农业信贷银行就是由一个毫不起眼的政策性金融

---

① 何为“微利”，何为“不以利润最大化为目标”，这类官方说法均有着语焉不详，经不得推敲的致命疏忽。

机构成长为具备较强国际竞争力的综合性金融机构的。①

但是，正如我们在实践中常常看到的那样，各类行为主体在不同的目标函数、行为动机和有限的行为能力等因素的影响下，相互之间的互动关系并不总是呈现出上述的和谐一致的画面，而是包含了大量相互对立或冲突的情况。尤其是当我们引入“经济人”假定，并且不再将政府部门和政策性金融机构视为抽象的实体，而是视为由若干“经济人”有机组成的集体组织时，我们就再难以用理想中的大公无私标准去描述政策性金融运行中政府部门、政策性金融机构或融资需求者的行为表现特征。他们的行为既受到自身所处位置的社会角色的限定或指导，但同时，也难以完全摆脱单独的自利动机的诱惑。在这种情况下，要想完全满足政策性金融良性运行所需的三个严格条件，显然就是一件很不容易的事了。然而，这也必然使得政策性金融运行的效果大打折扣，甚至带来更加难以预料的不利后果，如扰乱正常的金融市场秩序、产生大量的不良资产、背上沉重的财政负担等。类似的例子在实践中也是不少的。如菲律宾开发银行就是因为政府行为不当、过多干预而造成银行恶性债权膨胀，1986 年菲律宾政府对政策性银行补贴高达其 GNP 的 3.4%。

综上所述，政策性金融体系中的行为主体之间实际上存在着一种相当复杂和矛盾的互动关系，其结果就使政策性金融体系的运行并非如政策设计者想象中的那般完美或顺畅，而是更易偏离预设的轨道，朝向混乱无序的方向发展。

4.2 政策性金融运行中的主体行为及由此产生的干扰

4.2.1 政府部门行为及其产生的干扰

首先，政府具有多重复杂的角色。随着市场经济发展到当代，政府的作用已远远超越传统的“守夜人”角色，而是处于社会经济的中枢位置，起着管理和调控经济的主要指挥者和核心协调人作用，并承担着多重复杂的经济社会目标。标准的宏观经济理论认为，经济增长、物价稳定、充分就业和国际收支平衡是现代政府的四大主要经济目标。除此之外，现代政府往往还承担着提供福利、维护社会公平价值观等使命。而这些目标也正是政府设立政策性金融机构

① 法国农业信贷集团是欧洲最大的银行集团，旗下的 42 家地区性银行在各自所在地区都具有雄厚实力。以资本计算，法国农业信贷集团是全球最大的银行之一。2001 年，法国农业信贷集团改组并成立股份有限公司（Crédit Agricole S. A.），于当年 12 月 14 日在巴黎证交所上市。法国农业信贷集团在超过 60 个国家开展业务，并制定了有目标性的国际发展战略。法国农业信贷股份有限公司拥有 6.2 万名员工。2003 年收购里昂信贷银行后更是加强了集团在各个业务领域的实力。2005 年 3 月 8 日的市值为 339 亿欧元。详见：法国农业信贷集团网站：www. credit - agricole - sa. fr.

的根本原因。从这一角度来讲，政策性金融机构起着手段的功能。但是，如前所述，这些目标其实涉及社会经济发展中的不同维度的内容，换言之，它们是不同质的，很难用相同的标尺或客观的指标来对这些目标进行优先次序的排列，而且在特定的时段内这些目标之间也有着内在的冲突。比如，促进增长可能很难同时兼顾公平与分配，稳定物价又会抑制就业。由于政府常常在各种目标的轻重权衡中举棋不定，因而，作为实现手段的政策性金融体系也必然受到相应的影响。比如，政策性金融机构究竟应当以刺激经济增长为重或是应当以维护公平分配为重？如果以前者为重，那么政策性金融机构显然不应仅仅局限于金融体系中的“拾遗补缺者”角色，而应是作为主力军，为社会再生产源源不断地注入资金和活力。如果以后者为重，那么，政策性金融机构显然应当精简高效，以免扶持弱者不成，自身反倒成为财政的拖累。事实上，多重混杂的目标很容易导致政策性金融机构终极目标的迷茫，由此影响对政策性金融体系发展模式的政策设计和实施。

其次，政府机构的自利性也导致了对政策性金融机构管理的松懈。固然政府利益的取向与公共利益具有内在的一致性，因为政府寻求自身利益的出发点是以实现公共利益为前提的，超越或侵害公共利益的政府行为必然受到法规、政策的约束或制裁。但也要看到，正如公共选择理论所指出的那样，管理政策性金融机构的政府部门并不是“铁板一块”的抽象实体，而是由诸多实实在在的具有自身利益取向的单个机构和单个个体所组成。因此，出于自身利益的考虑，政府可能会放弃最佳的政策选择，从而使政府机构运行和管理中非 X 效率现象的出现成为必然。首先，政府部门对政策性金融机构的管理权力在本质上是建立在社会公众对政府首脑及其下设机构的委托—代理关系之上的。在缺乏有效的信息显示及激励惩处机制时，这种委托—代理关系的治理效率很难得到良好的保证，这就为作为代理人的政府机关寻求自身利益最大化打开了机会之窗。换言之，政府机关的组成人员实际上就有可能利用政策性金融体系来达到与社会公共利益相背离的一些目的，比如，作为酬金回报政治伙伴、用于发放关系贷款等。其次，对于拥有不同的政策性金融体系监管权力的多个政府机构而言，也会出现“搭便车”动机问题，并且在缺乏有效问责制的情况下而产生对政策性金融机构监管作用供给不足的公共品失效问题。此外，作为单独的政府机关组成人员而言，也会因激励约束机制的不当，而忽视对政策性金融机构的监管，并且还有可能与后者“合谋”，为自己留下一条“下凡”[①] 的通道。

---

① “下凡”意指官员在离开政府部门后到曾经主管的企业中去任职。参见：Stuart M. Chemtob. 日本规制缓和的挫折和前景. 宋华琳译. 原文出处 Stuart M. Chemtob：The Frustration and Promise of Japanese Deregulation. April 4，1997. JIAP（Japanese Information Access Project 网站）.

4.2.2 政策性金融机构行为及其干扰

那么，政策性金融机构的行为有何不同呢？在此，我们暂且先来分析政府投资所有的政策性金融机构。首先，作为一个集体的概念，政策性金融机构具有理论上的双重属性——政策性和金融性。就政策性这一定义而言，政策性金融机构的行为目标和行为模式具有很强的外生性，即受政府机构的指挥和控制。在此情况下，它的理性选择目标和行为标准就是政府满意最大化，因此，政府内在的低效也会传导给它。它也相应会具有政府机构的一些行为特征，如预算软约束、对风险不敏感、追求机构自身的扩张、内部管理较为“松弛”、运行成本高昂等。而就其金融性这一界定而言，政策性金融机构则具备了另一种冲动，即努力追求自身利润的最大化。这在其具体经营行为中则表现为，提供何种具体的金融服务、金融服务规模的大小、发放的对象选择等问题的回答，主要取决于收益和成本之间的分析和比较。由此，一些社会利益大自身经济利益小的服务可能会出现供给不足；相反，政策性金融机构还可能会越出“边界”，利用其自身的政策性优势介入与非政策性金融机构的市场争夺。其次，由产权国有的性质所决定，政策性金融机构也容易出现国有产权下的“内部人控制问题”和机构治理低效，并且为“内部人”滥用政策性金融资源提供了机会。

与政府投资控股的政策性金融机构相比，非政府所有的政策性金融机构其最大的区别在于其预算约束更硬，受到市场竞争规则和经济因素的约束和影响更大。一般而言，作为私人所有的金融机构，其目的与其他商业性金融机构无异，即实现利润的最大化，其经营行为的重心在于妥善地处理好安全性、流动性和收益性三者之间的矛盾。但是，这种所有制模式也存在着缺陷。第一，它需要政府能够准确清晰地下达政策性任务或目标，这对政府管理能力提出了相对较高的要求；第二，由于这种模式下，政府事实上也将为私有的金融机构所承担的政策性任务提供相应的补偿或激励，因而这就可能因为信息不对称现象的存在而带来新的问题，即补偿的“度”如何把握以及激励机制如何有效构建。这些问题处理不好，一方面私有金融机构开展政策性业务的积极性可能不足，另一方面私有金融机构也可能会故意将政策性与商业性业务损失混同一体，谋取政府的更大补偿，最终都会使政府的投入难以取得高效的回报。

4.2.3 政策性金融服务需求者行为及其干扰

最后，再来分析作为政策性金融服务需求者的投资对象的行为特征。一般而论，根据所有制性质，可以把这些需求者粗略地划分为两类，一类是地方政府和国有企业，这里所指的地方政府是指由相对稳定的地域、相对集中的人口和地方治理机构三个要素构成的，具有自身独立利益的政府组织；另一类是民营企业和居民个体。对于这两类对象而言，其目标当然都是力求取得同等资金资源的成本最小化。但是，其实现自身收益最大化的行为能力又有着显著的不同。对地方政府和国有企业而言，获取政策性金融资金资源的能力主要受到两类因素的影响，一是自身的政治影响和社会地位状态，二是项目本身的收益潜在预期状况。而对民营企业和居民个体而言，则主要取决于项目本身的收益潜在预期状况和自身的资产抵押实力。很显然，前一类对象的融资能力比后一类对象的融资能力大得多，而且在预算软约束的前提下，前一类对象具有近似无限的融资需求，因为政策性金融资源与非政策性金融资源相比，具有事实上的“补贴”或“扶持”性质，因此，融资数额越大，其资金成本就相对越低。这就导致地方政府和国有企业对政策性金融资金需求产生“饥渴症”，并使得政策性金融机构的不良贷款率有上升的可能。当然，这种情况并不仅仅发生在地方政府和国有企业身上，因为金融交易是一种典型的非即期的契约交易，因此，当社会缺乏一个有力的信用环境支撑时，民营企业和居民个体也存在“骗贷”的侥幸心理或机会主义行为，这也可能导致政策性金融的不良贷款率有不断攀升的趋势，从而最终导致政策性金融机构逐渐陷入困境，直至被重组或关闭。

4.3 政策性金融体系运行中的失序

由于政策性金融体系中各行为主体在目的、动机和利益取向上并非完全一致，它们相互间的矛盾关系，在社会生产力水平还没有达到相当高的阶段以致完全消除了社会内部各组成部分的利益分歧的条件下，仍然具有很大的必然性，因而政策性金融体系的实际运行也就往往会在一定程度上偏离政策设计者所安排的理想轨道，而呈现出一种相对混乱和无序的状态。这种失序现象的表现形式是多种多样的，下面，我们将作一些简要的描述和归纳。

第一，融资环节的失序。如前所述，政策性金融发挥应有的职能必须以相对稳定、低成本且充足的资金来源作为基本前提，只有建立起了合理的资金筹措机制，政策性金融机构才可能健康地运转下去。而能够满足这一条件的只可能是政府部门。这不仅是因为政府是金融市场的监管者，也因为政府是政策性金融机构的直接所有者或责任委托者。然而，在一些国家，政府却并没有圆满地解决好这一问题，从而导致政策性金融机构无法顺利地完成政府交办的任务。一方面，政府没有拨足足够的资本金，也没有授权给政策性金融机构自行开辟其他有效的资金来源渠道，从而使政策性金融机构处于资本金不足、负债比率过高以致经营风险高居不下的不利局面；另一方面，政府也没有帮助政策性金融机构取得应有数量的低成本资金，致使融资利率和贷放利率之间差额过小，所获利差收益不足以抵补机构自身正常的运营和管理开支，因而不得不依赖政府的不断接济。这种状况在我国现阶段就表现得颇为明显。包括国家开发银行、中国农业发展银行和中国进出口银行在内的三家政策性银行都面临着资本金不足的尴尬。而中国进出口银行则由于以远低于市场利率的水平提供贷款，而导致该银行的资本收益比一直微不足道。

第二，投资环节的失序。在理想状况下，在政府确定的预算范围和相关政策框架之内，政策性金融机构本应有独立的资金运用或投资决策权，能够在符合政策性评价的大原则下根据申请项目的风险收益排序状况来确定贷款的发放。但是，在一些国家的实际操作中，政府及其组成人员仍然能够通过行政命令的方式直接干预贷款的发放。与此同时，政策性金融机构自身也具有很大的自由度可以将政策性贷款用作谋取私利的工具，此外，融资者同样也能够通过“寻租”的方式取得包含有市场“溢价”的资金。这种状况在 M. A. Taslim（1995）对孟加拉国的案例分析中得到了印证。他指出，在 20 世纪 70 年代末和 80 年代，孟加拉国的政策性金融机构的贷款违约问题已经相当严重。大量的债务人，包括许多政治家、官僚、由士兵转变而来的商人等在内，取得了不是用于投资于企业而仅仅是为了违约而不拟偿还的数额巨大的贷款。正是由于该国有大量的这类具有可靠的政治“后台”的（不合格的）“企业家”，因此，竟在该国出现了这样一种司空见惯的现象：许多违约并不是由于企业经营上遇到不幸的结果，而是债务人精心策划，以便仅用很少的投资努力便可以从银行那里拿到大量贷款。由于这些原因，该国开发金融的运行就显得困难重重。

第三，财政提供担保，并承担最终损失，以致道德风险严重（张涛，卜永祥，2006）。一方面，需要政府补贴可以成为借口，掩盖银行管理的混乱；另一方面，在缺乏规范的会计制度的情况下，银行管理得好也无法体现在盈利水平不断提高上。另外，对政策性银行的补贴主要采取政府担保的形式，也无法具体量化政府补贴的数额。

第四，政府行政性配置信贷资金，干预成本巨大。政府直接提供贷款，可能导致稀缺资源的次优配置，政府直接支持项目的实施效果不理想，金融市场因对政府直接融资的过度依赖发育不健全。20 世纪 60—70 年代，韩国通过建立国家投资基金，对重化学工业提供贷款，造成重化学工业产能过剩，用中央银行发行基础货币作为政府资金的来源，造成了持续的通货膨胀。

4.4 政策性金融运行失序问题的治理

现代政治理论认为，政府与社会及其成员之间存在着一种隐含的契约关系。在这一默示的关系中，社会及其成员是委托人，是最终的利益主体，政府是代理人，其任务在于通过组织、管理国家和社会事务来执行并最大化实现社会及其成员的意志和利益（楚红丽，2004）。作为对社会及其成员支付税收和授予权利等付出的回报，政府有责任提供社会或公众所需要的公共产品和服务。从现代政治学的角度来看，政策性金融得以出现的根本原因其实也在于有某种得到社会认同的需要，这种需要被视为是增进社会公共利益的有效途径。政策性金融机构既为政府所办或所控制，同时又提供着社会所需要的金融服务，因而它所涉及的政策性金融机构与社会成员及政府之间的复杂契约关系，也可以通过委托代理理论得到清晰的呈现和解释。

具体地看，政策性金融体系中涉及的委托—代理关系主要包括三个层面的内容：第一层委托—代理关系存在于社会公众与政府之间。由于政府手中的资源、权力属于公有资产、归公众所有，因此，社会公众将这些资源委托给政府经营，从而构成第一层的委托—代理关系。在这里社会公众可被称为“初始委托人”，政府为提供社会所需的政策性金融服务的“代理人”。第二层委托—代理关系存在于政府部门与政策性金融机构之间。政策性金融机构是政府为社会提供政策性金融服务的直接承担者，因此，政府与政策性金融机构之间又构成了一种事实上的契约关系。在这里，政府扮演了“中间委托人”的角色，负责将集中起来的社会公众意图通过政策或任务的方式传递给政策性金融机构。第三层次的委托—代理关系则存在于政策性金融机构的内部，表现为政策性金融机构的管理层与执行层、总部与分支机构之间的关系等（见图4.1）。

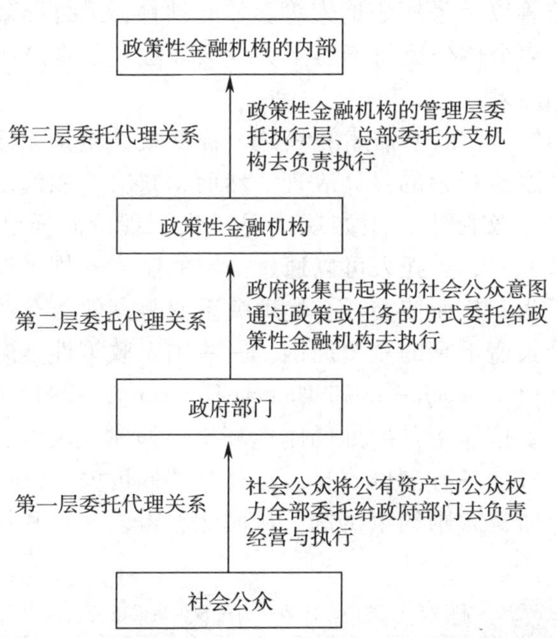

图4.1 政策性金融体系中的三层委托—代理关系示意图

在上述三个层面的委托—代理关系中，正如委托代理理论已经阐明的那样，由于委托人与代理人两者的目标函数并不尽一致，再加上由于委托人对代理人的行为（努力程度的大小、机会主义的有无等）和条件禀赋（能力强弱、风险大小、对风险的态度等）的观察和监督存在很大的困难而产生的两者间信息不对称，以及由于多种不确定性的环境因素也共同影响到代理结果而引起的代理结果的不确定性等，就使得代理人具备了以损害委托人利益为代价来谋求自身利益最大化的可能，这种可能性的一般表现是道德风险①和逆向选择现象，而在政策性金融的运行过程中，则表现为不同主体间的博弈行为及利益争斗，即政府（部门）并不会竭力谋求投资于政策性金融体系中的公共资源的产出最大化，而是以满足自身利益最大化为首要目标，如将公共性资金以政策性信贷的名义用于支持政治上的同盟，或投资于一些中看不中用的“形象工程”，或有意无意放松对政策性金融机构的管理以使自己从中能上下携手提供方便；而政策性金融机构作为代理人的行为也如出一辙，在与政府机构的谈判中同样隐匿对自己不利的信息而争取更为有利的报酬，并且还会因委托人的疏忽或监管不严而“钻空子”，如不计成本地扩张人员或机构，假政策性亏损之名为管理无效之实“埋单”等；此外，在政策性金融机构内部的委托—代理关系中，处于相对的代理人地位的中基层机构和工作人员也会如法炮制，寻求并利用一切可能实现自己私利最大化的机会，如发放“关系贷款”，内外勾结非法套取信贷资金，有意忽视贷款流向的监管以及呆坏账追索等。如此种种，最终导致政策性金融运行出现混乱和失序，而全体公民将不得不为少数非法获益者承担政策性金融失败所造成的一切不利后果。

当然，应指出的是，以上描述的只是一种低效甚至是无效的委托—代理关系及其在政策性金融运行中的具体表现。然而，它决不能代表委托—代理关系的精髓和实质所在。实际上，正如现代委托代理理论同样已经指出过的那样（熊华军，刘鹰，2004），委托人可以通过一定的制度安排来抑制代理人的机会主义动机和自利行为，从而使委托—代理关系变得高效而有益，这也正是委托代理现象发展至今长盛不衰的重要原因。一些国家政策性金融体系高效运行的经验也充分表明（Cho，Yoon - Je 和 Thomas Hellmann，1994），政策性信贷政策的成功在很大程度上依靠于其所处的制度环境，即建立政府、企业和金融机构关系的正式和非正式的各种制度安排。正是这些制度安排，形成了委托代理理论中所谓的一整套监督激励约束机制，从而能够得以诱导和规范每个代理人的

① 道德风险，常指代理人利用自己的信息优势，通过减少自己的要素投入或采取机会主义行为来达到自我效用最大化、从而影响组织效率的道德因素。而逆向选择通常是指委托人无法识别潜在的代理人的条件禀赋时，越是劣质的潜在代理人越容易成为现实的代理人，最终导致劣者驱逐优者。

行为，最大限度避免代理人的机会主义倾向，并将代理人行为限制在符合委托人利益的范围内，达到激励相容[①]。因此，从委托—代理关系的角度来看，我们可以将政策性金融运行失序归结为是一种低效的委托—代理关系的体现。而要提高政策性金融体系的运行效率，也就意味着应当改变低效的委托—代理关系，也即需要引入一整套较为完善的制度，使之在社会公众与政府机构、政府机构与政策性金融机构、政策性金融机构内部以及政策性金融机构与社会外部环境之间建立起一种有效的激励约束机制，从而使委托代理双方的利益趋向一致，进而也使政策性金融运行实现良性循环。结合当今各国的现实和政策性金融运行实践的成功经验来看，这些有益于促进政策性金融运行的制度安排虽然在具体形式上有所不同，但究其共性而言，则都包括了建设法治型政府，完善政府对政策性金融机构的治理机制，加强政策性金融机构的自身建设以及改进金融生态环境等几个核心内容，正是因为有了这些基础性的制度，才能够保证政策性金融中的各行为主体能够实现激励相容。

4.4.1 法治型政府

政府行为不当造成“政府失效”的现象比比皆是。在许多发展中国家，这一问题更加突出（王晓升，1997）。托达罗指出：“低能和不合格的公务员，烦琐的官僚手续，对革新和变化过分的谨慎以及抵制各部门之间和各单位之间的抗衡；部分政治领导人和政治官僚没能对反对地区、部门或私人目标的国家目标承担义务。在许多第三世界国家的政府中，政治和官僚的腐败到处可见。”[②]因此有效控制或消除腐败、优化政府行为是政府对市场进行有效控制的重要前提。

“什么制度可以较好地解决这一两难问题呢？既约束经济人，又发挥政府的作用，但同时又约束政府呢？”[③] 对于这一举世难题，钱颖一（2003）认为没有完美的制度，但目前人类发明的最好的制度叫做法治。所谓法治，就是经济人和政府都置身于法治的框架之下，都受到法律的约束。马克思曾说：“法律是肯定的、明确的、普遍的规范”。[④] 法律通过政府保护产权，实施合同，维持市场

---

① “激励相容”的概念由美国教授威廉·维克里（William Vickrey）和英国教授詹姆斯·米尔利斯（James Mirrlees）共同提出，该理论开创了信息不对称条件下的激励理论——委托代理理论，二者因此成就获得了1996年度的诺贝尔经济学奖。“激励相容”大致内容是，假设任何代理人都是“理性经济人”，在任何激励合同下，代理人总是选择使自己的期望效用最大化的行动。激励相容指的是存在这样一种体制，委托人利益最大化的实现能够通过代理人的效用最大化行为来实现，即委托人与代理人的利益实现有效“捆绑”。

② 托达罗．经济发展与第三世界．中国经济出版社，1992：511；482.

③ 钱颖一．比较．北京．中信出版社，第五辑（2003年3月）.

④ 马克思恩格斯全集（第1卷）．人民出版社，1995：176.

秩序，但同时法律也约束政府。法治通过预先制定的规则来划分政府和个人的权利范围，建立决策和解决纠纷的程序。通过这种方式，政府受到约束。这正如英国著名行政法学家威廉·韦德所指出的："法治有许多不同的含义和推论。"其第一层含义是，"政府行使权力的所有行为，即所有影响他人法律权利、义务和自由的行为都必须说明它的严格的法律依据"。更进一步，其第二层含义是，"政府必须根据公认的、限制自由裁量权的一整套规则和原则办事"。[①] 在法治政府框架下，通过有关的法律、法规对政府行为进行规范，一方面，使政府行为取得了合法性与权威性，保证了政府行为的有效实施和充分发挥作用；另一方面，也确定了政府行为的范围和空间，为在政府行为实施中防止滥用权力、主观武断以及以权谋私等提供了法定依据。政府不再拥有无所不施的权力，而是变成了在享有诸多权利的同时必须承担相应的行政责任和义务的"有限政府"，从而能够对抑制政府的"败德行为"起到积极的促进作用。

在引入并实施宪政后，政府机构还应积极加强相关的制度建设，尤其应引入行政问责制，以有效控制政府机构中出现的"不作为"或"推诿扯皮"的现象。这里所谓的行政问责制，是指这样的一种制度安排，它要求行政机构及其组成人员履行行政职责的行为和结果要接受外界的质询或监督，并且要为之承担相应的责任。现代意义上的"问责制"是西方民主政治的产物，其对象通常是公共官员（谭功荣，2004）。政府行政的功能本身就在于执行那些已表达出来的国家意志——法律，换言之，行政主体是依照有关法律行使对国家和社会事务进行组织与管理的职能。因而，其"责任"源自于授权过程，委托人（即公民）为代理人（即政府组织）提供资源或授权，目的在于要求代理人提供物有所值的服务或限制其作出某些行为。目前，问责制已成为世界通行的政府管理体制。问责制的本质在于对公共权力进行监督以及对过失权力进行责任追究，体现了所谓"责任政府"（responsible government）的原则，是责任政府的具体体现形式，其最终目的在于保证政府系统的正常运行、遏制权力腐败以及保障公众利益尽量不受损失或损失最小化。目前，世界不少国家都制定了专门的《政府责任法》、《公务员行为准则》等，许多国家在其宪法和主要法律中设有关于政府责任的明确条款，将政府责任和公共官员责任以及问责制以法律的形式加以确立。

这里要特别指出的是，应该通过法制的方式来清楚地界定管理和监督政策性金融机构的有关单位的权力和责任。这些有关单位一般包括外部审计或监管单位、所有者（可能是私人、非政府组织、地方或国家组织、资助者）和政策性金融机构的管理队伍。从国外政策性金融机构运行的成功经验来看，一般而

① ［英］威廉·韦德. 行政法. 徐炳等译. 中国大百科全书出版社，1997.

言，大都制定了比较完善的法规体系，以规范政策性金融体系中各方的行为。

当然，法治并不是处于委托人角色的社会公众监督和约束作为“代理人”角色的政府及其组成机构的唯一方式。公民社会和民主也是约束政府的另外两种方式。公民社会通过非政府组织、舆论、媒体等渠道约束政府。民主是以投票的方式，根据少数服从多数的原则确定政府人员，决定事情，从而约束政府。

4.4.2　治理机制

结合政策性金融机构的职能和特点，政府作为“中间委托人”也应从三个方面来建立一套有效的激励约束机制。

首先，应建立起多渠道的政策意图传导机制，使政府的目标能够清晰准确地传达给政策性金融机构。事实上，准确地领会政府的政策意图是政策性金融机构高效运行的前提和基础，也是日后政府评价和考核政策性金融机构运行绩效的关键。为此，首先，要在与政策性金融服务领域相关的政府主管机构之间建立起横向的协调机制，使政令得以统一，避免政出多门；其次，还要注意在政府主管机构与政策性金融机构以及社会部门之间建立起纵向的信息反馈和沟通协调机制，以使政府机构能够集中更加全面准确的信息，对政策目标和所需资源投入作出相应的修正，从而更好地提高效率。日本政府在这方面的经验尤其值得借鉴。早在二战期间，日本政府就在企业中设立以“自治”为名的“监管协会”，它实质上是政府的附属机构，协会成员甚至被授予政府官衔（蔡新华，1996）。二战后，监管协会则摇身变为企业代表机构，从而形成了政府、企业代表机构和私人企业三方共同参与经济的格局。企业代表机构将政府意图传达给私人公司，同时又将公司信息反馈给政府，这样，政府的目的和计划就能得以充分实现。日本开发银行等一些政策性金融机构能够在战后推动日本高速成长的过程中起到较为推动作用，正与这种建立在多个层面的经济行政主体之间的紧密联系和协调行动是分不开的。

其次，应建立起较为科学合理的绩效评价机制。现实中激励机制设计中常常面临的难题是如何建立代理人业绩的评价标准。显然，委托人总希望评价标准尽可能客观一些，因为只有这样，才能准确地判断代理人的努力水平，强化激励机制。由于政策性金融机构经营活动不以盈利为目标，而是配合政府并贯彻其社会经济政策或意图，因此，如果按照商业金融的财务比率分析法来评价，会因政策性金融的目标及享受的补贴而缺乏统一的衡量标准，如果按照政策性金融的贷款效益来衡量，又会遇到无法分清哪部分是政策性金融带来的收益或亏损，实践中通常以其发放的信贷量的多少而不是质量的高低来衡量，但这也难以客观地反映政策性金融机构的真实业绩，从而使政策性金融机构内部的机构建设、人员激励和约束等制度没有明确的标准可以遵循。但尽管难度很大，也不是完全无计可施，如世界银行的研究者曾经提出的一个对农村政策性金融机构的考核评价方案就得到了充分的肯定（雅荣·本杰明，皮普雷克，2002）。该考核评价方案包括两个基本指标：目标客户的覆盖面和农村金融机构的持续性。覆盖面是一个混合指标，它可以衡量农村金融机构在多大程度上成功地服务目标客户了，以及满足目标客户对金融服务需求的程度。覆盖面的指标既有定性的又有定量的，既能衡量深度（所服务客户的类型和贫困程度），又能衡量广度（利用不同方法所服务的客户数量）。农村金融机构的持续性，指维持一个农村金融机构的真实社会成本，这一成本可由补贴依赖指数来衡量。这一指标也是衡量农村金融机构财务业绩的复合指标。其具体算法是：先计算农村金融机构所接受的全部补贴，然后把总补贴额除以农村金融机构平均贷款利率乘以年平均贷款余额（即该机构损益表中所列的利息收入），这一比率表示该机构的利息收入增加百分之多少才可以彻底摆脱补贴。由于补贴依赖指数考虑了农村金融机构所接受的补贴额，并且改变了传统盈利性比率所关注的焦点，因而从逻辑上讲补贴依赖指数比标准财务指标更适合于度量农村金融机构的业绩。这些指标虽不能对农村金融机构运作的经济影响进行全面的评估，但是，它可以作为一个数量分析方法来度量一个农村金融机构实现其目标的程度，并使与扶持机构相关的社会成本透明化。这一方案由 Yaron 等于 1992 年提出，现已被学术界和实践者广泛接受。因此，无论如何，绝不能因为建立绩效评价标准存在相当多困难而草草了事，相反，必须组织力量精心研究，提出尽可能满意的高质量方案，使绩效评价能够顺利进行。

最后，建立较为严密的监管约束机制。凯威特和麦库宾斯曾经提出过委托人试图解决普遍代理问题所使用的四种常用措施：一是筛选代理人。二是合约设计，如针对出现代理问题的种种可能性及其原因，合约内容应该包括委托人和代理人的责任、权力和利益；委托人的控制环节、程序、手段及其实现有效控制的充分必要条件；代理人接受控制与监督的环节、程序及其实现有效监督的充分必要条件等。三是监督和汇报。四是委托社会专业机构进行检查。结合政策性金融体系的实际来看，关键还要明确监管依据、落实监管主体和监管责任。①

4.4.3 机构建设

世界银行（2002）认为，机构能力是指一个机构的目标和程序融入到它日常活动中的程度。它通常包含下列几个因素：一支能够明确机构的宗旨并能够把机构目标付诸行动的强大的管理队伍；一个支持机构目标的，适应客户需求

① 黄继忠．省级财政支出制度：委托代理关系下的分析［J］．经济社会体制比较，2003（6）．

的以及形成适合的参与的组织结构；客户友好的，便于信息畅通和有效流动的并能保证机构的操作和政策透明的体制和程序；有动力和技能的员工，能够有效的执行，并不断地精炼和改进操作方法以更好地适应机构的目标；保证适合的资源安全的能力；人力、财力和技术等。从委托代理理论的角度来看，要提高政策性金融机构的运作能力，必须从完善政策性金融机构的内部治理机制入手来进行。

从政策性金融性机构的一般实践来看，由于受产权结构的限制，政策性金融机构一般的宏观和主要决策权高度集中于政府和国会，呈现以下几个特征（王廷科，薛峰，1995）：（1）政府的社会经济发展战略和经济政策构成政策性金融机构总体决策及其变化的依据；（2）根据不同的特定需要制定和修改不同的政策性金融机构立法，政策性金融机构的一切决策及行为，必须符合各自所适应的法律规定，不能为所欲为；（3）政府一般都保持着对政策性金融机构的主要负责人的任命和人事安排权；（4）政策性金融机构的日常业务工作计划及动作方案，尤其是政策性金融机构资产负债规模、结构以及投融资项目的选择和方向等，均需通过政府或国会审批；（5）对政策性金融机构经营活动进行监督和检查等。但这种治理结构特点也限制了政策性金融机构内部各层次决策的自由度和自主权，而且可能会为政府不当干预创造极为方便的条件。为了确保政策性金融机构能够在政策规定的大范围内按照市场法则有效营运，必须做好两方面的努力：一是要保持政策性金融机构的相对独立性，适当政策性金融机构“自治”程度；二是要完善政策性金融机构内部的激励监督和约束机制建设。

首先，政策性金融机构应当按照规范的法人运作模式运作。现代法学理论认为，法人一般是指具有民事权利能力和民事行为能力，依法独立享有民事权利和承担民事义务的组织。法人，作为拟制的主体，是法律上的一种创设，也是一种制度。其主要内容和意义在于（孙冀，1995）：作为实体，法人享有许多权利，如能够以自身的名义从事经贸活动，能够以团体的名义起诉、应诉。法人的意义在这里浓缩为以自身具有的财产承担有限责任。另外，作为一个独立的实体，法人的人格超越组成它的一群人的各个人格之上独立存在。此外，法人机构的虚拟人格通过法人特有的名称和相应的印章表象化。最后，法人代表（在法律和法人章程规定的范围内）以法人的名义从事的行为即法人的行为。在法人模式下，即便政府是最大或唯一的股东，但是也必须以出资人的名义来参与对政策性金融机构日常运作中的指挥和控制。换言之，在日常运作中，政府机构与政策性金融机构的关系通常是“绝缘的”，政府机构必须按照相关的法规和特定的机构章程来干预政策性金融机构的具体事务，这样，也就有利于保证政策性金融机构管理层的经营自主权利。

其次，政策性金融机构要在推动公司治理改革，理顺出资人、股东、董事、经理和其他利益相关人关系的基础上，清晰划定各方权责范围，统筹协调各方的责、权、利关系，严格考核、充分激励、翔实披露、广泛监督、透明管理，努力构建机构内部的制衡与协调机制。具体地看，作为一种内在制衡机制，政策性金融运作的约束机制主要有业务经营体系的自我约束和系统内监督部门的约束两大块。业务经营体系本身就内含一整套健全的规章制度和管理办法，这正是规范各业务部门运作的行为准则，从而形成自觉执行政策和防范风险的自我约束机制（陈志祥，1997）；系统内监督部门是独立于业务经营部门、专门从事监督检查工作、发挥约束职能的部门，它们以国家法律法规、金融方针政策、内部规章制度等为依据，按照制度规定的职权和程序，对同级和下属的各政策性金融机构的业务经营管理活动进行稽核检查。

4.4.4 金融生态环境

金融生态，是各种金融组织，与其生存环境之间及金融内部组织之间在长期的密切联系和相互作用过程中，通过分工、合作所形成的具有一定结构特征并执行一定功能作用的动态平衡系统（皮天雷，2005）。金融生态是在一定政治、经济、文化、法制环境下形成的，具有鲜明的制度结构特征。一个良好的政治、经济、文化、法制环境有利于金融生态的结构优化、功能强化和生产力提高。由于政治、经济、文化的许多特征是通过法律制度来体现的。因此，法律制度是影响金融生态最直接的、最重要的因素。事实上，法制的好坏会明显改变微观经济主体的预期。比如从借款人的角度看，法律上如果存在漏洞，借款人可以通过中介机构或者通过和银行工作人员拉好关系，或者利用银行在信息上的不对称性，成功利用虚假资料获得银行贷款。如果“没有非法占有”，银行就难以提起刑事诉讼；即便银行想提出破产申请，借款人可以利用低标准的会计准则做账，说明目前还没有达到“破产条件”中的“资不抵债”的条款要求，因此避免银行的破产起诉；即便银行能用破产起诉，在法庭审理之前，借款人还可以尽量不给职工发工资，欠缴医疗费、养老保险金等，甚至人为制造一些劳动债务，优先占用清算资金，使债权人所剩无几。在政策性金融体系的实际运行中，金融生态环境不理想所带来的后果更坏，因为与商业性金融机构相比，政策性金融机构的特殊性决定了其防违约风险的能力是非常有限的，而且一些融资需求者在主观上也将政策性贷款视为“公共品”，这就愈加增大了政策性金融机构经营的难度。因此，要提高政策性金融运行的安全性，就必须深化法制建设、培育良好的社会诚信环境。如要通过制定和实施《企业破产法》，规范企业破产行为，保护政策性金融机构及其投资者和债权人的合法利益。还要推动社会信用体系，防止“赖账经济”和赖账文化蔓延，从而建立起以保护债权为中心、规范有序的社会信用环境。此外，还要不断提高司法效率，建立和完善社会征信机制。

总之，在现代市场经济条件下，尽管不同的经济行为主体相互之间有利益相同因而需要合作的一面，但同样也有利益冲突而相互算计或实施机会主义行为的一面。而从新制度经济学的观点来看，当作为单个个体的行为者因为“搭便车”动机或“囚徒困境”的原因而难以主动实施合作行为时，则冲突不但得不到有效制止，而且还会进一步加剧，从而带来集体行动的无序和失效。为了解决这一问题，加强制度建设势在必行。

4.5 菲律宾开发银行[①]的案例分析与启示

为了进一步阐明政策性金融规范运行所需的制度条件保障，我们选取了菲律宾开发银行案例，从中我们可以得到有益的启示。

菲律宾开发银行（以下简称 DBP）是 1958 年在原复兴金融公司的基础上增资改组建立的政府金融机构，其主要任务是为促进产业发展提供长期资金。其最高经营权力机构是董事长与八人董事会，均由总统任命。1978 年，DBP 共有分支行 50 个（1981 年减少到 42 个）。构成其资金来源的主要有：政府全额负责的资本金、政府保证债券、国内借入资金（如民间存款、邮政储蓄等）以及来自世界银行、亚洲开发银行以及其他海外银行的国外资金。其融资对象主要有：工业（包括大企业以及中小企业）、农业（主要是大中规模的农业）以及社会基础设施等。其投资方式除了持有各种债券外，还对商业银行、农村银行以及民间开发银行出资。

1978 年末，DBP 的资金来源总额约为 180 亿比索（1981 年为 347 亿比索），其中，资本金为 35 亿比索（1981 年为 45 亿比索）、存款 30 亿比索（1981 年为 66 亿比索），借款为 107 亿比索（1981 年为 196 亿比索），可见，在资金来源中各种借款占了主要部分。在资金运用方面，从 1947 年至 1978 年（以及至 1981 年）的累计额看，贷款为 47.3 万项，金额为 164 亿比索（至 1981 年，达 54.8 万项，金额为 332 亿比索），其中主要部分为工业贷款，计 86 亿比索（至 1981 年为 199 亿比索），其次为农业贷款，计 39 亿比索（至 1981 年为 61 亿比索），这两项合计约占贷款总额的 76%（至 1981 年占 72%）。对民间开发银行出资 77 项，金额为 8 000 万比索（至 1981 年为 109 项，金额为 1.51 亿比索），对农村银行出资 1 692 项，金额为 1.43 亿比索（至 1981 年为 1 836 项，金额为 1.78 亿比索）。1978 年，DBP 贷款余额占全国金融机构的 12%。由此可见，DBP 在推动菲律宾产业发展方面起到重要作用。

---

① 此处较多地参阅了瞿强（2000）176 ~ 181 的内容。

但与此同时，在运营过程中，DBP 也逐渐积累了严重的问题。第一，政府部门乃至一些政府官员个人对 DBP 业务干预过多，DBP 缺乏经营自主权，项目的立项、贷款随意性强，风险大；第二，很多贷款对象（包括国有企业和部门）还款意识薄弱，还有一些客户由于经营状况不佳，濒于倒闭，因而 DBP 的贷款本息回收情况恶化；第三，DBP 内部管理不善，贪污腐败严重。到 1986 年，DBP 不良资产高达 50%，资不抵债，濒于破产。

在此情况下，菲律宾政府对其实施了重组，其自身也进行了改革。其内容主要有：第一，政府加强了对 DBP 的管理。要求 DBP 每年与政府有关部门签订一个经营成果考核协议，并列明综合考核指标，如资本收益率、偿债率等，并将每个指标分解为若干等级标准；另加强对 DBP 的审计和财务检查，主要审计其贷款方向和重点，检查其财务收支和盈亏状况；同时，中央银行也对 DBP 实行金融监管与检查。第二，在要求其配合政府宏观经济发展目标的同时，要求其具体经营仍严格按照商业银行原则办事。DBP 不但发放贷款，而且吸收社会存款，根据市场资金供求要求，自行确定贷款利率、期限，确定发行各种债券，开展证券买卖、信托和担保业务，对私人银行也可进行股本投资（但不超过私人银行总股本的 30%）。第三，政府增加了对 DBP 的资金支持力度。第四，DBP 强化了项目管理。先是加强了项目选择的法律、法规建设，减少了项目决策过程中的人为干扰。另外，增加了贷款条件，要求项目必须有 30% 以上的自有资金，贷款必须有资信度的第三者担保和 100% 的资产抵押。项目单位还必须在 DBP 设立资金专户管理等。第五，DBP 完善了银行内部的反腐败机制。比如，要求董事会成员向董事会报告在任何经济机构的全部经济利益情况；银行人员不得以任何形式向本行索取贷款和作为本行的担保人。银行任何人员没有任何特权，也不得利用贷款之便，强行索取佣金、礼品或其他任何不合法的费用等，这些以及其他一系列措施的实施，促进了 DBP 的新生和发展，自 20 世纪 90 年代以来，其经营成果显著，比如 1995 年 DBP 的不良贷款率仅为 0.3%。

但值得指出的是，尽管 DBP 改组后取得一定的效果，但仍有研究表明其政策性金融体系仍存在不少问题。① 比如，政府的政策目标不够明确，政策金融介入和支持的项目数量过多，缺乏重点；如在 1994 年，共有 100 多个项目，这些分散的项目在功能、目的范围上经常重复；许多公共和准公共项目参与立项和实施项目；同时，在众多的政策金融机构与分散的项目之间缺乏集中统一的管理机构，政策制定部门和项目实施部门之间目标与职能含糊不清等。

DBP 的案例表明，设立政策性金融的意图总是好的，也确实能为实现政府

---

① Police - based Directed Credit Programs in Philippines. OECF Discussion Paper. 1995. 转引自：瞿强（2000）：191.

既定的目标起到一定的推动作用，但是，其所付出的成本也可能是比较高昂的，比如1986年菲律宾政府对其政策性银行补贴就高达GNP的3.4%。这正如有研究者所指出的那样（巴瑞林，1997），因为随着政策性银行的设立，事实上为政府机关干预其健康运行埋下了伏笔，从而有可能使政策性银行成为政府机关的附庸，成为事实上的“第二财政”。而且，这一问题的解决也决非一次重组或改革就能完成的轻松之事。

4.6 结论

综上所述，由于政策性金融体系内各行为主体在目的、动机和利益取向上并非完全一致，因而政策性金融体系的实际运行也就往往容易受到不同主体的自利行为的干扰，从而在一定程度上偏离政策设计者所安排的理想轨道，并呈现出一种相对混乱和无序的状态。因此，从这种意义上讲，不同参与者的目标和行为模式所存在的内在冲突正是导致政策性金融运行出现失序的根源所在。反观国外的一些政策性金融之所以能取得成功，则是因为它们引入了一整套较为完善的制度，使之在社会公众与政府机构、政府机构与政策性金融机构、政策性金融机构内部以及政策性金融机构与社会外部环境之间等建立起了一种有效的激励约束机制，从而有效地抑制了政策性金融体系内各行为主体的机会主义式自利行为，使政策性金融运行实现良性循环。由此可以看出，要使政策性金融运转顺利，就必须引入一套较为系统的制度安排和治理机制，使之能对各主要行为主体形成有效的激励和约束。

5 政策性金融的变迁

政策性金融制度的确立，对于政府实施经济发展战略和克服市场失灵的缺陷起到了积极的作用。在其运行的初期，尤其是对发展中国家而言，政策性金融的发展更是蔚为壮观。以日本为例，政策性金融在推动金融的成长中起到了十分突出的作用。同时，其在发挥其他功能尤其是实现社会目标等方面也起到了积极的作用。但近年来，随着世界经济的持续增长和经济全球化进程的加快，许多国家的政策性金融体系也碰到了一系列的困难，甚至遭到被并购或倒闭的厄运。另有一些国家则积极推动政策性金融体系进行调整改革，使其向市场化程度更高的商业性金融机构的方向转型。一些研究认为，开发性金融机构正成为政策性金融机构演进的新航标。[①] 但是，尽管有诸多的研究对政策性金融的未来进行了阐述，但是并没有深入分析其内在的原因和逻辑。因此，很自然地会引起人们的一系列疑问：究竟是什么因素推动了政策性金融的制度变迁？如何推动其向新的目标模式转型？对这些问题的深入研究，将有助于人们能够更好地认识当前政策性金融制度变迁的成因及未来的走向，并使人们能在动态调整中将政策性金融办得更好。

5.1 传统政策性金融的发展演变模式

近半个世纪以来，随着人类经济和社会生活的不断发展，许多国家的政策性金融体系也出现了一系列新的变化。如同第 3 章所述，由于世界各国政策性金融制度可以根据目标定位、作用边界和表现形式的不同等而被大致分为三种类型，因而，我们也可以由此来审视它们各自的发展和演变特征，从而对政策性金融体系的总体发展态势有一个宏观的认知。

5.1.1 欧美国家政策性金融的发展演变模式：自然淡出

众所周知，许多欧美老牌资本主义国家如美、英、德、法等历来崇尚市场

① 张涛，卜永祥. 关于中国政策性银行改革的若干问题［J］. 经济学动态，2006（5）：3～11.

主导型经济，政府的角色主要限于为社会提供公共物品。虽然在20世纪30年代“凯恩斯革命”之后，政府的职能有所拓展，得以在促进就业和熨平经济波动等方面发挥更大作用，但是，这并没有改变市场机制在资源配置中的基础性和主导性地位；另一方面，欧美发达国家市场经济发育的时间较长，包括金融市场在内的市场体系比较成熟配套，私有经济也十分发达，占据着国民经济的支配地位，因此，社会融资需求大多能够通过市场渠道得到满足，国民经济能够依靠市场机制的作用而得到稳定的自然增长。由于这些原因，欧美国家的政策性金融大多被定位于填补商业性金融的空隙和促进社会公平目标的实现（尹继红，2006）。

然而，近年来，随着经济的不断发展以及竞争的不断加剧，欧美等国家的金融体系发生了巨大的变化。在美国，银行、共同基金、金融公司、证券公司之间的竞争使传统存款金融机构的份额下降，更加多元化的金融体系不仅提高了效率，也分散了风险。而在欧洲，随着二战后一体化进程的深入，欧洲的金融与证券市场也日益整合。除英国外的大多数欧盟国家都放松了原有的分业经营管制，允许银行进入资本市场和保险市场，成为全能型银行，在金融市场上处于主导地位。同时，为了适应经济市场化程度日益加深的需要，一些国家还积极推动了利率自由化改革和国有银行私有化改革。另外，欧盟国家还实行了单一核准制度，即在一个国家获得银行执照后可在另一欧盟国家开设分行而无须另行申请。

由于欧美金融市场的不断发展和竞争的加剧，原先必须由政策性金融提供融资的领域，现在也有了商业性金融的介入，因而，一些国家要么对原有的一些政策性金融机构进行私有化，使政府从中抽身而出，要么允许一些政策性金融机构转变职能，使其向“政策性与商业性”兼有的混合型金融机构方向发展。如法国在20世纪90年代以后，将CLF（地方自治体、面向基础设施）、法国贸易银行（支持贸易）、Credit National（面向工商业的中长期信用支持、对发展中国家的援助）、法国贸易保险公司（贸易保险）四家政策性金融机构实行了民营化。由于这些原因，欧美国家的政策性金融呈现出自然淡出与效应弱化的趋势。

我们可以以美国住宅金融机构的变化为例，来说明政策性金融淡出的具体过程。早在1938年2月，美国政府就在“重建金融公司”的旗下，由政府全资出资1 000万美元成立了联邦国民抵押贷款协会（以下简称房利美），专事抵押贷款的买卖和抵押贷款证券化业务。用任何标准来衡量，房利美都是一个典型的政策性金融机构（李扬，2006）。在最初运行的几十年里，该公司扩充资本金的主要来源有二：一是向财政部发行无投票权的优先股；二是向私营机构发行普通股。20世纪中期以后，发行债券则成为第三个主要的资金来源。为了稳定住宅市场，房利美在抵押二级市场中最初的运作便集中于贷款的批发买卖，继而集中于抵押贷款的证券化。历史事实显示，房利美的有效活动使美国住宅抵押贷款市场的流动性大大提高，市场波动也大大降低。而且，由于资金规模大、期限长、成本低等优势，房利美很快就成为一个获利丰厚的政府设立的金融机构。特别地，通过房利美上述买卖抵押贷款及相应的证券化活动，美国政府创造出一种通过间接手段来调控房地产市场的有效机制。在房利美等政府机构的带动下，美国的住房抵押市场有了长期稳定的发展。于是从1970年开始也吸引了大量私营金融机构进入抵押贷款二级市场。为此，美国政府则对有政府背景的抵押贷款证券化公司推进了市场化改革，将联邦国民抵押贷款协会（FNMA）分拆为两大公司：一个是政府全资的公司——政府国民抵押贷款协会（GNMA，简称吉利美），另一个是以盈利为目的的私营股份制公司，但仍沿用房利美的名称；同时，还成立了联邦住宅抵押贷款公司（FHMLC），通过无投票权普通股筹集资本金，主要负责节俭型机构住宅抵押贷款的证券化。通过这些改革，美国的住宅抵押二级市场已经形成了政府机构（GNMA，专营政府担保的抵押贷款证券业务）、两家政府发起设立的私营机构（FNMA、FHMLC，专营常规抵押贷款证券）和私营机构（专营大额抵押贷款证券）三足鼎立的市场格局。截至2003年底，全美国住房抵押贷款证券余额为53 091亿美元，其中，政府国民抵押贷款协会（GNMA）占11.1%；联邦国民抵押贷款协会（FNMA）占42.3%；联邦住宅抵押贷款公司（FHMLC）占31.1%；各私营金融机构占15.3%。

除了对政策性金融机构进行私有化之外，一些欧美国家还将其原有的政策性金融机构转型为综合类开发性银行（张涛，卜永祥，2006）。在这类开发性银行中，以市场化运作为基础的开发性业务成为主流，政策性的政府融资业务逐步减少。它们在从事政策性业务、提供政府直接贷款的同时，大力开展市场化运作的开发性业务，实现自身可持续发展。这方面的实例有德国复兴与开发银行以及法国CDC（国民储蓄基金）等。其中，德国复兴与开发银行通过旗下拥有34.1%股份的德国产业投资银行（IKB）来专门从事商业性的长期项目融资。而法国CDC则通过旗下全资拥有的上市企业CNP Assurances来专门从事商业人寿保险业务。通过这些措施，传统政策性金融机构的色彩日益褪减，较好地顺应了外部经济发展环境不断变化的新形势。

5.1.2 发展中国家的政策性金融发展演变模式：压力下的改革

在“二战”后新成立起来的许多发展中国家中，其宏观经济与社会制度环境与欧美老牌发达国家相比则大相径庭。这些国家大多经济结构比较单一，农业所占比重较大，自给自足的传统经济色彩十分浓厚，商品化的程度不高，加上受一度流行的凯恩斯主义以及结构主义发展思潮的影响，这些国家纷纷走上了以国家干预为主导的计划式发展道路。另一方面，在微观经济基础上，这些国家私营经济发展十分缓慢，法律法规也不甚健全，包括金融市场等在内的要素市场更是极为残缺，这样，就出现了普遍存在的融资难问题。在以上各种现实条件的制约下，许多发展中国家对于政策性金融的作用青睐有加，政府主导了经济并通过自己控制下的国有银行来为社会经济活动提供有计划的融资，从而使其政策性金融从一开始就被赋予了启动经济增长和弥补广泛存在的市场失灵的重任。

以阿尔及利亚为例，从其银行系统的融资情况来看，其信贷总额度的90%投向了公共部门，如表5.1和表5.2所示。

表5.1　　1989—1992年阿尔及利亚银行部门的融资构成比　　单位：%

	1989年末	1990年末	1991年末	1992年末
对国有部门	89.6	84.7	88.0	89.7
对民营部门	10.4	15.0	11.4	10.1
其他	0	0.2	0.6	0.2

数据来源：Dimitri vitas and Je Cho, Credit Policy: Lesson From East Asia, World Bank Discussion Paper, 1994.

表5.2　　1989—1992年阿尔及利亚银行部门的融资增长率　　单位：%

	1989年末	1990年末	1991年末	1992年末
对国有部门	n. a.	11.1	37.5	36.9
对民营部门	n. a.	68.7	1.1	18.6
其他	n. a.	100.0	344.8	-45.4

数据来源：Dimitri vitas and Je Cho, Credit Policy: Lesson From East Asia, World Bank Discussion Paper, 1994.

阿根廷也是如此，其政策性金融的比重十分可观。截至1991年，其政策性金融机构的存款占全部存款的50%，贷款占70%，从业人数占近60%。

然而随着时间的推移和经济形势的变化，受政策性金融自身性质和外部环境的影响，这些国家中的许多政策性金融机构的负面效应日益显现和增长，最终走上了或改革重组或停止运营的道路。事实上，从性质上讲，政策性金融本身就被视为是不以营利为目的的特殊机构，因而它首先就缺乏去追求实现良性的自我循环式发展的动力。同时，其投资领域和范围也大多属于风险大、建设周期长、利润薄的基础设施和弱质产业，这就进一步决定了它要取得较好的经营收益是很困难的。此外，如同第4章中所已提及的那样，许多发展中国家也缺少一套有效的治理机制，使得政策性金融机构能够实现高效运转，由此更使得它的发展前景不容乐观。当这些问题日积月累并最终影响到整个金融系统乃至国民经济的安危时，对其或改革或关闭就如同箭在弦上不得不发了。

以如上提及的阿尔及利亚为例，对于长期资金而言，该国通常根据政府的年度投资计划，对五大国有商业银行的资金集中由阿尔及利亚开发银行（BAD）提供给国有企业，但在具体的实施过程中，由于对融资基本不做审查，再加上管理不善和整个80年代国营产业的经营状况都十分糟糕（见表5.3），导致该国金融状况随同国有企业一起恶化，累积了巨额的不良债权，威胁到整个金融系统的安危。

表5.3　　1989年阿尔及利亚各产业收益率　　单位：%

	矿业	电器	建材玻璃	化学塑料	农业	纺织	皮革	木材	其他
国营	-4	-3.4	-1.2	-6.8	1.7	-4.6	7.6	-8.7	0.4
民营	15.8	18.5	12.8	13.4	18	10.5	12.3	13.7	18.5

资料来源：世界银行，《1994年世界发展报告：为发展提供基础设施》，北京：中国财政经济出版社；转引自：国家开发银行、中国人民大学联合课题组，《开发性金融论纲》，中国人民大学出版社，2006：346。

综观世界上政策性金融的实践，有研究指出，“失败的案例主要集中在实行计划经济的国家和公共部门占较大比重的国家。这些国家的政策金融面临以下几个方面的问题：政策性金融机构自身缺乏管理经验，受到政府行政干预过多，没有改革动力和革新能力；政策性金融机构作为政府政策实施的手段，受到外部经济环境的巨大影响，宏观经济制度不当往往引发政策金融运行危机；高度政策性，不按经济合理性原则运行，投资规模畸形扩张，投资效率低下；自身财务状况趋于恶化，高度偏补贴，最终造成难以为继的财政负担，其结果是要么面临改革压力，要么停止运营”。①

5.1.3　后起新兴国家的政策性金融发展演变模式：职能转换

日本、韩国是后起新兴国家的典型代表。它们在政策性金融建立之初，面临着诸多特殊情况：首先是国民经济遭受到战争的重创，导致经济基础薄弱，民间经济活动难以短期内迅速恢复；其次是东亚国家的传统文化和观念影响较深，市场观念还没有占据主导地位；再次就是政治体制方面保留了“中央集权”的“强政府”特征，使政府能够在经济干预方面发挥积极的作用，此外它们还

① 尹继红．政策性金融与经济发展：国际比较与动态模式．金融时报，2006-6-21（4）．

普遍认同市场经济和私有制的合法性，允许竞争的广泛存在。这些特点，使得它们在政策性金融的功能和定位上，既不同于欧美老牌的自由市场主义国家，即单纯着眼于弥补商业性金融的不足，也不同于许多战后新成立的崇尚社会主义和公有制的发展中国家，即限制或排斥民间金融的同步发展，而是兼顾了这两类国家的考虑，把它们的不同目标或侧重以某种方式糅合到一起，使其整个政策性金融体系既担负着促进经济发展的效率目标，同时又要照顾到与社会公平目标的平衡，因而成为一种别具一格的政策性金融模式。

日本的政策性金融体系可谓极其周全系统。它主要由“二行九库”组成，即开发银行、进出口银行和国民金融公库、中小企业金融公库、中小企业信誉保险公库、环境卫生金融公库、农林渔业金融公库、住宅金融公库、公营企业金融公库、北海道东北开发金融公库、冲绳新兴开发金融公库。在日本经济起飞的过程中，政策性金融起到了十分重要的作用。统计数据表明，从日本政策金融规模的历史变化来看，其贷款余额的绝对变化数量一直呈上升之势（见表5.4）。1995 年仅为 7 000 亿日元，但到 1990 年已经上升到 92 500 亿日元，比 1955 年增加了 12 倍以上。即便进入 20 世纪 90 年代的后半期，日本这 11 家政策性金融机构在日本贷款市场的份额仍达到 15% 左右（见表 5.5）。

表 5.4　　日本政策金融绝对规模的变化　　单位：亿日元

年度	1955	1960	1965	1970	1975	1980	1985	1990
金额	7 000	16 000	35 000	81 000	201 000	435 000	662 000	925 000

资料来源：瞿强，《经济发展中的政策金融》，中国人民大学出版社，2000：62。

表 5.5　　日本贷款市场结构表（1996 年）

金融机构名称	贷款余额（十亿日元）	贷款市场比重（%）
商业银行	513 755.6	57.3
城市银行	217 956.2	24.3
地方银行	137 614.0	15.4
第二地方银行	53 762.2	6.0
信托银行	31 556.5	3.5
长期信用银行	47 401.6	5.3
外国银行	6 394.7	0.7
其他储蓄机构	165 850.3	18.5
保险公司	72 540.1	8.1
生命保险公司	66 070.0	7.4

续表

金融机构名称	贷款余额（十亿日元）	贷款市场比重（%）
财产保险公司	6 470. 1	0. 7
政策性金融机构	137 890. 2	15. 4
日本开发银行	15 350. 3	1. 7
日本进出口银行	8 934. 0	1. 0
国民金融公库	9 110. 8	1. 0
住宅金融公库	69 219. 1	7. 7
农林渔业金融公库	4 580. 4	0. 5
中小企业金融公库	7 362. 5	0. 8
北海道东北开发公库	1 458. 0	0. 2
公营企业金融公库	18 525. 8	2. 1
中小企业信用保险公库	629. 8	0. 1
环境卫生金融公库	1 112. 8	0. 1
冲绳新兴开发公库	1 606. 7	0. 2

原注：此表根据日本开发银行提供的资料做成。

资料来源：张承惠，《国外政策性金融的现状、特点与发展前景》（中国政策性金融研究课题主报告之一，编号986），1999年1月20日。

韩国的政策性金融体系也十分发达。它主要由韩国开发银行、韩国进出口银行、韩国中小工业银行、韩国住房银行、全国农业协同组合中央会以及渔业合作社中央联合会等机构组成。在韩国经济发展过程中，如同日本一样，政策金融也发挥了十分明显而重要的作用（赵洪，2001）。该国政策性贷款的数量在70年代不断增长，其数量占银行贷款总额的比重从1970年的47.5%上升到1975年的53.1%，并继续上升到1978年的59.1%。同时政策性金融在扶持国家重点产业建设方面发挥的作用较大。1970年该国用于支持出口产业和重化工业的政策性资金分别占银行信贷总额的约13%和22%。到80年代末90年代初，该国由政府控股或控制的金融机构吸收的存款占国民总储蓄的比重仍达到了33.2%。

然而，从20世纪70年代开始，随着经济的成长和金融自由化时代的到来，日、韩等国的政策性金融也遭遇到新的冲击和挑战，这些因素包括利率自由化、银行证券分业管制、长短期业务分业管制以及信托分业管制等，再加上一些内部因素的制约，使得政策性金融的负面影响不断显现，其经营压力也越来越大，调整和改革政策性金融的呼声愈来愈高。

以日本为例，可以很好地说明政策性金融机构最终身陷困境的内外原因。一般地，在日本的长期利率体系中，由承购国债的辛迪加团体和大藏省协商决定的长期国债收益率具有基础利率的地位，而付息金融债券（5 年）的票面利率则和长期国债的票面利率大致处于同一水平，贷款信托利率则与此按照一定的利差处于联动状态。在付息金融债券的票面利率基础上，加上一定的差额，即为长期优惠贷款利率，政策性金融机构的基准利率则与此联动。具体地看，日本政策性金融的利率体系又可大致分为入口利率、中间利率和出口利率三部分。[①] 其中，入口利率是对邮政储蓄、年金等资金来源所支付的利率；出口利率是政策金融机构的贷出利率（基准利率、政策优惠）；中间利率则是两者的平均水平。而资金来源中占主要部分的邮政储蓄利率是与官方利率相联系，基本上被作为短期利率决定的；在邮政储蓄利率参照民间存款利率修订时，大藏大臣在听取资金运用审议会意见的基础上，决定特别利率的追加与否以及追加的幅度，从而改变预托利率的水平；资金运用的利率则是以长期优惠利率为基准，并参照公司债券的流通利率，基本上是作为长期利率决定的。简言之，日本政策性金融利率决定存在着“官方利率→存款（邮储）利率→预托利率→政策金融机构基准利率”这样一个链条式的联动关系，但是到出口部门确定政策金融机构的对外贷出利率时，现实中的具体做法却并非是完全与基准利率挂钩，而是主要考虑到社会公共目标的需要，按照非市场原理人为地设定一种制度性利率。这种由政策所规定的贷款优惠利率往往很低（如 20 世纪 80 年代以前作为政策金融机构的日本开发银行与作为民间金融机构的长期信用银行一直保持着 2% ~3% 的贷款利差），与政策金融机构基准利率之间的利差较小，甚至出现利率倒挂现象，因此，当以这种利率发放的贷款额度积累到一定量以及逐渐进入利率自由化时代时，财政预算面临的矛盾就愈益突出（20 世纪 90 年代日本财政为政策性金融活动所产生的补助金所作的税金支付累计已达 64 000 亿日元之巨），改革政策性金融也就迫不得已了。

实际上，由日本首相主持的经济财政咨询会议已于 2005 年 11 月 29 日正式提出了改革基本方针，要求将现有八家政策性金融机构合并为一家，并到 2008 年实现政策性金融机构贷款余额占 GDP 的比率要比现在减少一半，即由目前的 18% 降低到大约 10%（伍旭川，2006）。

而在韩国，经济起飞的实现和市场机制作用范围的不断扩大，也使得政策性金融的负面效应难以忽视。如由于政策金融主要是由政府掌握，一些与政治力量或政府部门关系密切的部门和企业更容易得到政策金融的支持，从而迅速膨胀起来，生产规模扩展过度。而一些真正需要资金支持的部门和企业却得不到贷款支持，生产规模不断缩小。而在韩国就因此而出现过重化工业比重过大、轻工业比重过小、经济结构失衡、资源严重浪费的现象。为此，韩国也一直在

---

① 本处内容参考了瞿强（2000）中第 35 ~41 页的研究成果。

积极地推动政策性金融机构进行动态调整，并在90年代以后为应对更加迅猛的经济全球化发展要求而加大了改革的力度。

如韩国产业银行成立之初主要是作为管理、发放财政资金的窗口，为电力、煤炭等基础产业开发提供资金（张承惠，2005）。但从20世纪60~70年代，该行的支持重点转为出口产业和重工业；80年代则重点支持汽车、电子等工业；90年代以后重点支持半导体等高新技术产业，培养中小型企业和风险企业。目前韩国产业银行的经营范围，已经由贷款扩展到发行企业债券、对外担保、项目融资、企业重组、为企业提供经营咨询和金融咨询等方面。此外，该国还着力控制政策性金融的发展，使其市场份额呈现稳步下降的趋势。该国政策性金融机构的贷款占比由1982年的18%降到1993年的6%（龚明华，2004）。而在进入90年代后，为了提高金融机构资金运用的自主性和货币信用政策的效率，韩国制定了“整顿政策金融方案”（1993年），减少或整顿了政策金融（金英姬，2001）。该方案要求，对现有政策金融中，政策金融需求程度低的合并为普通金融，并将其利率提高到普通贷款利率，以缩小对政策金融的利息补偿。对临时性政策金融，或不增加资金，或取消，或分阶段撤回，并将支持薄弱部门的政策金融转变为财政。

总的来看，随着日本、韩国经济的崛起，政策性金融肩负的发展经济的效率目标自然就会淡化，与此同时，随着其金融体系的对外开放和不断演进，商业性金融市场力量的增长也使其有能力在更广泛的范围内发挥作用，因此，一些传统的政策性金融机构将不得不面对职能调整的事实，成为公私兼顾的混合型金融机构也就在所难免了。

5.2 传统政策性金融的演变路径

如上所述，各国政策性金融体系的发展演变，其实是通过许多政策性金融机构的定位、股权结构和职能范围等方面的改革调整而实现的。这就意味着各国政策性金融的演变路径存在着各种差异。但是，这并不意味着人们无法从中发现某些有共性的东西。实际上，由于“政策性”与“金融性”正是政策性金融的两个本质特征，因而我们可以从这两个维度来对各类政策性金融机构进行一个简单的分类。衡量“政策性”高低的指标主要应包括：政府所占的资本金比例大小，政府对政策性金融机构的业务限制的强弱程度，政策性金融机构对政策的引导和执行力度大小等。而衡量“金融性”高低的指标则应看政策性金融机构是否与其他商业性金融机构一样，能够独立自主和灵活地开展市场化业务，换言之，它能够根据市场需求的变化，适应金融创新的形势，去谋取最大化的经济利益。按照这两大指标，我们就可以将“纯”政策性金融机构和“纯”

商业性金融机构视为两极，而政策性金融制度的演化和变迁实际上就是由传统的“纯”政策性金融机构这一极端状态向“纯”商业性金融机构另一极端状态不断逼近的一个运动过程，也即是“政策性”和“金融性”这两种成分的比重不断发生新的改变的过程。

与此同时，以“政策性”和“金融性”这两类指标的不同组合为参照，我们可以将当今现有的各类政策性金融机构大致分为三种类型（联合课题组，2006；尹继红，2006）（如图 5.1 所示）：第一类是高政策性、低金融性的政策性金融机构，这是所有政策性金融机构的最初雏形和传统形式，比如日本政策投资银行（DBJ）、巴西发展银行（BNDES）、亚洲开发银行（ADB）以及世界复兴开发银行（IDRB）等；第二类是高政策性、较高金融性的政策性金融机构，如德国复兴信贷银行（KFW）、韩国产业银行（KDB）以及中国国家开发银行（CDB）等；第三类是低政策性、高金融性的政策性金融机构，该类机构的突出代表是新加坡的星展银行（DBS），此外还有斯里兰卡国家开发银行和印度产业开发银行等。

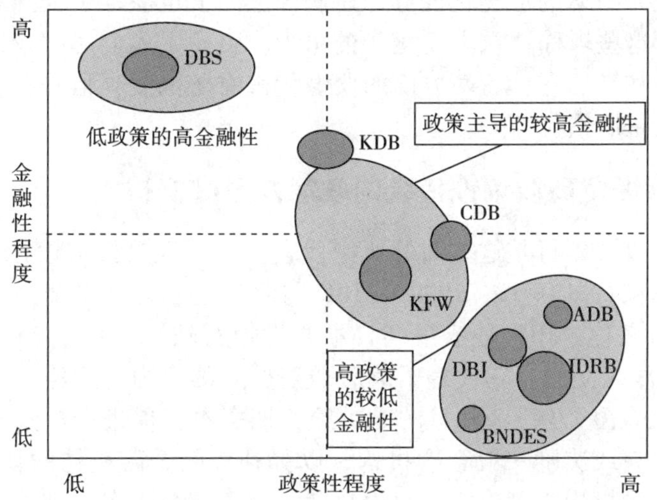

注：新加坡星展银行（DBS）；韩国开发银行（KDB）、中国国家开发银行（CDB）、德国复兴开发银行（KFW）；亚洲开发银行（ADB）、日本政策投资银行（DBJ）、世界复兴开发银行（IDRB）、巴西发展银行（BNDES）。

资料来源：参见国家开发银行，中国人民大学联合课题组：《开发性金融论纲》，中国人民大学出版社，2006：354。

图 5.1　政策性金融机构的三种类型

从历史的角度来看，世界各国政策性金融机构的发展呈现出三种基本路径：一是保持高政策性、低金融性的金融政策性机构的特点不变，如巴西发展银行（BNEDS）以及亚洲许多国家的农业政策性金融机构和包括发达国家在内的许多国家的进出口政策性金融机构等；二是由第一类“高政策性、低金融性”政策性金融机构向第二类“高政策性以及较高金融性”政策性金融机构转型；如同德国复兴信贷银行（KFW）和韩国产业银行（KDB）所做的那样；三是由第一类“高政策性、低金融性”政策性金融机构向第三类是低政策性、高金融性的政策性金融机构转型，如同星展银行（DBS）的发展历程所显示的那样。

在以上三种演化路径中，第一种路径基本上仍保持了政策性金融机构的本色，没有发生任何根本性的或对政策性金融机构的组织架构、运行机制等影响较大的变化，如果说有所改变，至多也不过是体现在具体从事的业务领域等方面。这方面的典型代表是日本政策投资银行。后两种路径却大有不同，改变的程度则大得多，而且在这些新的改变中，有些已经触及传统政策性金融机构的核心特征，比如在股权结构上就出现了由单一政府股东向多元化股东的转变，在其与政府的关系上也由原来的政府主导转为自身独立性有所增强，在运行机制上也引入更为明显的市场化成分，在业务范围上也获准扩大到一些竞争性领域。正是由于这些堪称“重大变化”的出现，引发了人们对政策性金融命运及前景的新关注和新思考。后两方面的典型代表有德国复兴信贷银行、韩国产业银行和新加坡星展银行等。

5.2.1 继续保留高政策性传统的政策性金融机构

日本政策投资银行是这方面的典型代表。日本政策投资银行（DBJ）的前身是日本开发银行（JBD），1999 年 JBD 与北海道东北开发金融公库合并，遂变更为现在的名称。JBD 是依据《日本开发银行法》，由政府提供全部资本，于 1951 年 4 月成立的。它代替了战后初期成立的、为战后经济复兴提供长期资本的“复兴金融公库”，其目的是供给长期资本，促进产业的开发和经济社会的发展，补充或奖励一般金融机构，以弥补民间金融机构的长期资金不足。该行的领导决策机构为理事会，它由总裁、副总裁各 1 名，理事 8 名以内，监事 2 名以内和参事 6 名以内组成。总裁、副总裁和监事均由内阁首相任命，理事和参事由总裁任命。除参事的任期为 2 年外，其他均为 4 年，并且可以连任。该行总行设在东京，总行内设有城市开发部、地方开发企划部、地方开发营业部和地方开发审查部等 20 个部室机构，并分别在国内外设有若干分行机构和海外代表处。在运行机制上，DBJ 主要依靠财政投融资计划获得资金来源，资金大部分来源于邮政储蓄，仅有很小一部分来源于海外资本市场发行债券。其资本运用项目主要有：贷款、投资、担保及其他业务。DBJ 在政府支持的产业方向和范围内，自主选择项目，政府不直接安排项目（曹文炼，2001）。

DBJ受财务省（原大藏省）监管。该机构在每个财年要制定收入和支出的预算递交给财务省，然后提交议会批准。财务省根据《DBJ法》及DBJ预算方案对其进行整体监管。

长期以来，DBJ被定位于严格配合国家政策导向的政策性金融，其经营范围也一直是纯政策性业务。通常，DBJ的投资行动被视为反映了政府的经济意图和国家经济发展的长远目标，也体现出政府对这些产业部门的扶持和信心，从而增强了商业性金融机构的信心和协同投资热情。一般情况下，政策性投资项目仅占项目总投资的20%～30%，其他为商业性投资，并且随着产业的成熟和民间投资的增长，DBJ会逐渐减少其投资，并转而扶持其他行业，从而对商业性金融机构起到一种扩张诱导作用。

但DBJ也并非一成不变。实际上，随着其所处的外部总体环境的变化，它也在政府的指导下，不断地调整经营范围，以发挥其自身功能（郑新华，黄剑辉，2005）。如在20世纪50～60年代，日本经济正处于复苏期，面临战后经济重建的重任时，DBJ的任务是重点发展电力、煤炭、运输和钢铁等基础设施领域；进入20世纪60～80年代后，宏观经济的特点变为，日本经济得到高速发展，金融自由化展开，国内地区经济失衡加重、经历了能源危机，这时DBJ的任务则变为重点发展包括汽车、纺织、石化等制造业，关注能源开发和供给，发展区域经济、城市规划和居民住宅建设，支持中小企业贷款业务等；20世纪80年代至90年代初，日本出现了"泡沫经济"，并在90年代初崩溃，日本经济进入了持续衰退期，面临结构改革的挑战，这时，DBJ的任务又被调整为促进本国产业结构调整，如鼓励外国对日本的直接投资，加速城市化进程，改进城市建设和分销网络，关注社会福利制度和设施建设等；20世纪90年代后期，面对金融自由化、全球化进程不断深化的新形势，DBJ的任务又有所调整，要促进产业结构多元化发展，如扶持生物、高科技等的发展；同时还要关注国际化进程和环境问题，此后还要加大对新技术开发领域的投资等。当然，尽管DBJ的业务重点在不断改革，但总的来看，它作为高政策性金融机构的本质和运行机理并没有发生大的变化。

5.2.2 面向"高政策性、较高金融性"金融机构转型

德国复兴信贷银行和韩国开发银行是这方面的典型代表。

德国复兴信贷银行（KFW）是依据1948年11月5日的具有公法性质的《德国复兴信贷银行法》而成立的政策性金融机构，其作用是对"联邦政府有特殊政治或经济利益的项目"进行投资（白钦先，王伟，2005b）。该行为国家所有，其资本由联邦政府和各州政府参股构成。德国统一后，KFW接收了原民主德国的柏林国家银行，将其作为自己的分支机构，除此之外，它没有任何其他

分支机构，而是利用商业银行网络开展业务。KFW 的最高机构是董事会，执行机构是管理委员会。董事会的主席和副主席由联邦政府任命，董事会成员通常还包括内阁部长、联邦央行的代表、商业金融机构代表、行业社团代表以及工会代表等组成。KFW 不受德国中央银行的监管，而是依法由联邦政府指定财政部门进行监管。政府监察和审计机构有权采取一切手段监督该机构的运行。KFW 初建时的资金来源主要依靠“马歇尔计划”和欧洲资助计划，现在该行90%以上的信贷资金来源于国内和国际资本市场，政府资金仅占9%左右。依照规定，KFW 的贷款应是中长期贷款，只有特殊情况下并经董事会批准才可发放短期贷款。另外，该行除出口贷款、社区贷款和重大建设项目采用直接对客户贷款的方式外，其他所有的国内企业贷款都是委托贷款，即由商业银行代理“一揽子”转贷，并由商业银行承担贷款风险。由于转贷利率比一般商业贷款利率低2~3个百分点，所以商业银行参与转贷的积极性较高，这也使 KFW 有效规避了大量不良资产风险。

作为德国主要的政策性金融机构之一，KFW 依据政府指令和政策要求，在不同时期支持不同的发展重点，从而在战后重建、促进经济均衡发展以及维护社会公平等方面都发挥了不可替代的作用。比如，在战后初期直至60年代末，其主要任务是向钢铁、煤炭等部门提供长期资金；进入70年代后，随着德国经济的恢复和相对成熟，政府的政策重点转为保持经济活力、优化经济结构、促进就业，KFW 也转向支持中小企业；进入80年代以后，德国经济实力继续增强，这时 KFW 作为政府的多功能金融机构，其关注重点又新增了创业投资、环境保护、基础设施和住宅建设等，并且代表政府同发展中国家开展金融合作。

按惯例，KFW 被要求遵循补充性原则和中立原则运作，即业务范围必须是商业性金融机构因无利可图不愿做，或自身能力不及而做不了的业务，同时也不能与商业性金融机构开展竞争。但近年来，随着金融全球化的加速和国内经济金融形势的变化，KFW 同样也走上了市场化的路子（郑新华，黄剑辉，2005）。按照德国政府的要求，它要将其中与商业银行产生竞争的出口信贷和项目融资业务独立出来成立子公司 IPEX－Bank 经营，在2004年1月至2007年12月31日，作为行中行进行经营，进行独立地试运作。至2008年1月1日，成立法律上独立的由 KFW 全资拥有的子公司，不再享受国家优惠待遇，而是作为标准的商业银行运作。这一变革的目的有两方面，一是使 KFW 不会因为利用国家优惠政策与商业银行进行竞争而受到破坏市场竞争公平性的指责；二是使 KFW 通过较长时间建立起来并已具备了一定竞争优势的市场业务得以保留。德国政府希望通过这样的举措，能够使 KFW 通过市场化业务取得的利润来进一步增强 KFW 的实力，从而更好地开拓政策性业务。

与德国的崛起离不开 KFW 的助力一样，作为广受瞩目的新兴工业国的韩国，其经济的快速成长也与该国的主要政策性金融机构之一的韩国开发银行（KDB）是分不开的。该行依据 1953 年 12 月 30 日公布的“韩国产业银行法”，于 1954 年 4 月 1 日由政府全资组建，法律规定 KDB 的宗旨是“遵照国策，为产业的恢复和促进国民经济的发展，提供和管理产业资金”。KDB 的决策层是董事会，由董事长、行长（总裁）、董事和监事组成，董事长和董事是非常务的，行长不能兼任董事长，其执行机构是副行长和行长助理等。其监管机构以财政经济部为主，同时还要接受金融监管委员会在资本充足率等方面的监督，以及审计监察委员会和国会的监督等。在其成立的最初十年左右，该行基本依靠财政融资，但此后，逐渐转向在国内外资本市场发行债券或借款筹资。在资金运用上主要是为韩国经济开发项目提供长期资金，办理贷款业务，参与资本投资，承担担保等。在实际经济运行中，KDB 要参与政府战略产业的选择，但是政府并不干预其具体的项目自主选择权。KDB 的项目审查能力很强，受到韩国金融界的充分肯定，因而它也通过其审查项目的权威性和国家信用对其他金融机构起着导向作用。

总的来看，如同世界上许多其他经济发展较快的国家一样，随着经济增长和市场环境的变化，KDB 也同样经历过数次调整，从而不但满足了政府的需要，同时也提高了自身的适应能力和经营能力。如在其成立之初，主要是作为管理、发放财政资金的窗口，为电力、煤炭等基础产业开发提供资金。在 20 世纪 60 ~ 70 年代，支持重点转为出口产业和重工业；80 年代则重点支持汽车、电子等工业；90 年代以后重点支持半导体等高新技术产业，培养中小型企业和风险企业。目前 KDB 的经营范围已经扩展到发行企业债券、对外担保、项目融资、企业重组、为企业提供经营咨询和金融咨询等方面。

但是，在 KDB 近年来调整中最为引人注目的变化是，类似德国政府对 KFW 的考虑，韩国政府为了避免 KDB 挟其政策优势与商业性金融机构开展不公平竞争，同时又要使 KDB 在市场业务上已经积累起来的能力不致流失，也允许了 KDB 混合经营政策性业务和市场业务。但与德国 KFW 模式有所不同的是，韩国政府要求 KDB 在其内部设立不同的业务部门进行经营并分开核算。这样，政策性项目和非政策性项目可归入不同的账户。而政府的补贴和其他形式的支持则可单独计入国家账户，市场化账户则实行风险自担。在这样的制度框架下，KDB 既立足和服务于政策性金融业务，同时又利用自身资源和优势不断拓展新的市场化业务，如项目融资、企业并购、债务重组、承销债券和风险投资等业务，实际上 KDB 已经立志要在未来成为世界领先的投资银行。

5.2.3 面向“低政策性、高金融性”金融机构转型

新加坡开发银行是这方面的典型代表。新加坡开发银行（DBS）成立于1968年①，由政府和民间共同投资创建。政府占有49%的股份，其他金融机构持股36%，公众持股15%，目前总资产达到650亿新元。

在20世纪60年代至70年代初，新加坡的进口替代政策面临发展瓶颈，政府制定了发展劳动密集型产业并向国际市场进军的策略。为了配合这一目标的实现，DBS被授予的主要任务是：为制造业和加工业提供融资，尤其是向纺织、木材、电力设备和电子产品等劳动密集型产业提供资金。进入70年代后，新加坡进一步明确了发展出口导向制造业的目标，并打算利用其港口国优势大力发展石化工业，这时DBS则被要求为上述重点产业提供资金。但到70年代中后期，随着经济的不断发展和大量外资银行的进入，新加坡逐渐发展成为东南亚区域金融中心，其政策性业务需求很快便受到制约。这时，DBS便开始向商业性银行转变。到80年代中期，新加坡开发银行已经逐渐演变为商业银行和投资银行，完全按照商业银行的方式进行运作，被亚洲开发银行认为是运行得比较成功的开发银行。1989年，该行成为新加坡全国资产额最高的商业性银行，现已更名为“星展银行”。

目前，DBS已实现了全部的商业化。它完全不享有国家信用，也不享受政府的其他财政补贴或任何形式的特别支持，也无政策及开发性业务。它与其他商业性金融机构一样依照新加坡《银行法》行事，其资金来源也主要依靠吸收存款，其经营目标是实现股东权益最大化，其决策机构是由股东选出的董事会。由于治理结构完善、经营灵活高效（毛永强，2004），该行在零售银行、债券与资本市场、资产管理、证券、股票及债券融资市场方面均占领先地位。除了新加坡及香港两大主要市场外，DBS近年来还大力拓展海外市场，如在泰国、菲律宾、印度尼西亚和中国等均已设有机构，为企业、机构及个人客户提供银行服务，从而展现出蓬勃生机。

5.2.4 小结

从上面分析可以看出，尽管世界上政策性金融机构种类繁多，数量庞大，但其演变轨迹依然清晰可寻，如图5.2所示。这对于我们展望政策性金融机构的发展前景提供了有益的启示。

---

① 国务院发展研究中心《开发性金融研究》课题组．课题负责夏斌．执笔张承惠．依托国家信用行使职能——国外政策性金融的发展趋势［J］．国际贸易，2005（5）．

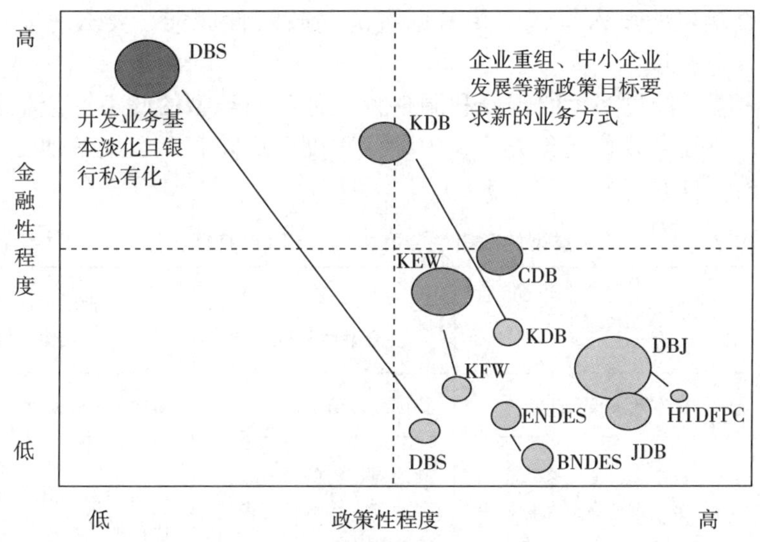

资料来源：参见国家开发银行，中国人民大学联合课题组：《开发性金融论纲》，中国人民大学出版社，2006：357。

图 5.2　基本模式演变路径示意图

实际上，在上述三种演变路径中，较为普遍的是第二种演变路径。除了以上介绍的 KFW 和 KDB 以外，还有许多知名的政策性金融机构也在沿着这一方向发展。如法国国家储蓄基金（CDC）旗下就拥有全资的上市企业 CNP 保险公司，专门从事商业人寿保险业务。此外，CDC 还与法国第三大商业银行 Caissed' Epargne 共同组建 CDC - IXIS，从事商业投资业务。巴西 BNDES 则通过全资子公司 BNDES - PAR 和 FINAME 从事商业性股权投资和工业企业的固定资本投资业务。国际多边机构世界银行和欧洲投资银行（EIB）分别通过全资拥有的国际金融公司（IFC）和欧洲投资基金（EIF），从事商业金融服务。还有一些开发性银行通过特别账户或信托基金，实行专项管理，隔离政策性和开发性业务。如日本国际协力银行设立海外经济合作账户和国际金融账户，海外经济合作账户完成政府交办业务，国际金融账户从事银行自营业务。另外，泰国农业与农村合作银行（BAAC）也采取的是分账户管理模式。而第二种演变路径之所以能够占据主流地位，笔者认为，是因为尽管从总体上讲世界经济发展已经进入到了一个新阶段，金融市场也更为成熟和完善，但是，这并不能从完全取代政策性金融在弥补市场失灵和促进社会公平目标的实现等方面所发挥的重要作用，即便在最为发达的欧美国家，政策性金融的需求也依然广泛存在，因而除了像新加坡这样独特的城市型国家之外，许多国家的政策性金融机构要么继续承担着原有的高政策性职能，要么只是逐渐地收缩政策性业务范围。

总的来看，经过多年的转变和调整，三种不同类型的政策性金融机构已经在政策性、业务多元化运作方式、国际化程度、风险管理以及其他主要能力等方面体现出各自的特征（见表5.6）。

表5.6 三种类型的政策性金融机构（PFI）特征比较

	传统PFI	“高政策性、较高金融性”PFI	“低政策性、高金融性”PFI
代表机构	日本政策投资银行	德国复兴信贷银行	新加坡星展银行
政策性	资本金、资金来源、高级人事任命以及贷款发放政策均由政府掌控	政府对银行的产业政策导向仍有影响，要求配合产业政策	政府参股，作为股东和合作者
业务多元化	政策性长期贷款、担保、出口贷款	从长期贷款适度扩张到承销等投行领域	包含零售、公司和投行业务的全能银行
国际化	较低	积极的国际化	完全商业化国际化运作
风险管理	长期信贷风险控制	全面风险管理	国际化的全面风险管理
其他能力	政策研究和执行能力	金融创新能力	盈利能力、金融创新能力

资料来源：转引自国家开发银行，中国人民大学联合课题组：《开发性金融论纲》，中国人民大学出版社，2006：356。

5.3 政策性金融制度变迁的理论分析

当我们对国际上政策性金融体系的发展演变有了一定的感性认识后，会很自然地提出一个人们能否或如何从理性上更好地把握这些现象的问题。比如：如何来看待和理解国际上政策性金融所出现的上述变化？能否找到这些现象背后的原因？政策性金融的前景又将如何？很显然，要回答好这些问题并非易事，因为或许有许多新的变化和现象仅仅是初露端倪，把握其全貌的时机尚未来临，譬如说某些政策性金融机构的私有化和转型问题，究竟是其政府一时的财政困境所致，抑或是受所谓新自由主义经济思潮的影响，就很难妄下断语。因为从历史上看，类似的从国有化到民营化两者间的复归与轮回现象并不鲜见①。但纵使考虑到这些困难，我们也决不要畏缩不前。因为认识如同事物一样，毕竟也总是要经历一个从简单粗糙到成熟精细的渐进成长过程的。为此，笔者将借鉴一些现有的金融变迁理论和前已提及的制度经济学方法，来对此展开一个尝试性的分析。

在现有的经济学文献中，有关金融制度创新和变迁的理论很多。其中较有影响的有（陈柳钦，2005）：（1）威廉·L. 西尔柏的约束诱导型金融创新理论，该理论将金融创新视为追求利润最大化的微观金融组织为消除或减轻外部对其产生的金融压制而采取的“自卫”行为的结果；（2）凯恩的规避型金融创新理论，该理论将金融创新视为金融机构回避各种金融管制的行为的结果；（3）希克斯和尼汉斯的交易成本创新理论，该理论认为金融创新的诱因在于降低交易成本；（4）以戴维斯、诺斯等为代表的制度学派的金融创新理论，该理论认为金融创新是一种与经济制度互为影响、互为因果的制度变革，这里的经济制度也包括政府要求金融稳定和防止收入分配不均等而采取的金融改革活动中引入的新规章等。在这些理论中，结合政策性金融体系的实际来看，笔者比较倾向制度学派的观点。其原因在于，政策性金融虽然也是金融体系中的一员，但它毕竟与其他商业性金融机构有很大的不同，尤其是自其诞生之日起，它就被人为地限制住了手脚，不能像商业性金融机构那样灵活自如地游弋于市场中，并为了在竞争中求得生存发展而大施拳脚，必要时甚至也不妨冒险触碰或逾越监管部门划下的“红线”。因此从这种意义上讲，前三种金融创新理论所揭示的现象从逻辑上讲并不是很适合于政策性金融机构的变迁，而是与商业性金融的变迁机理更为吻合。当然，政策性金融机构也并不是没有自利的现实动机，更不是完全与市场隔绝，实际上，这两方面因素无时不在对它产生程度不一的影响。只是各种内外的变化和影响，尤其是来自外部市场变化等方面的影响，只有当

① 这正如尼古拉斯·施普尔伯（2004：45）所指出的那样：“商业主义自17世纪起成为黎塞留和克伦威尔专制国家的指导方针，当时专制成为政治统一的合适工具。正是这种统一被认为是使国家强大并有实力获得胜利和财富的保证。伴随着其影响变化纷呈的工业革命，英国、法国，而后是德国和美国日新月异的变革，还有随之扩大的政治自由，各国政府开始不同程度地放弃或者糅合商业主义的准则。从18世纪开始，随着私有银行、金融、生产以及商业在实力和影响方面的不断增强，国家在统管经济活动方面丧失了其专制作用。在工业的扩展、其成就的巩固以及为其发展创建有效的途径方面，国家越来越成为一种辅助力量。这种新的辅助作用使国家履行了许多新的职能，比如引进、采纳外国模式和将其‘本土化’，扶持（通过补贴）某些工业项目的发展，促进科学信息和劳动力培训的扩大，还是最后一项也是很重要的一项，在必要时直接或者与私有企业收购为发展所需的关键部门（如铁路系统）。……然而在大战和大萧条之后，国家的工业机体变得支离破碎，技术陈旧、过时，生产过剩，失业率猛增。……人们看到单一的私有领域在当时的确缺乏实力和必要的毅力去克服自身的困难。随着对直接或间接的指导方法以及对经济运行和关键指令的控制越来越多的依赖，不只是自由的（按20世纪的含义）政府，而且甚至保守的政府这时也寻求在其现有政府机构的法律或行政框架之外，创建各种国有企业和公司。”但到了20世纪70年代，始自英美等国的私有化风潮又开始在许多资本主义国家占了上风。

其传导到政府，并引发了政府或其组成机构对（某些）政策性金融机构的定位和作用的反思，并使得政府最终发布了有关政策性金融的新政策或新规定时，政策性金融机构才可能按照通常的法定支配者——政府的要求名正言顺地转入新的运行轨道。

从制度学派的观点来看①，金融制度的性质和结构受诸多因素的影响，其中主要包括特定的经济发展水平、经济结构状况、货币金融化程度和社会经济制度等，这些可统称为时代环境因素。随着时代环境因素的变迁，金融制度也将发生变迁，因而不同的国家在不同的历史时期也有着不同的金融制度。而金融制度变迁又可以理解为一种效率更高的制度对原有制度的替代过程，或一种更为有效的制度的产生过程（陈柳钦，2005）。因为稳定的制度可以使各个利益主体找到属于自己利益最大化的平衡点；而当利益主体意识到随着经济的发展可以获得更大的收益或其既得利益受到威胁时，利益主体就会做出行动反应，要求对其效用或利益函数最大化作出更有利的契约安排。这就引起了原有制度中各利益主体位置的转移以及力量的对比变化，从而有可能引起新的制度安排②。依照这种思路，我们已经可以认识到，许多国家政策性金融体系之所以出现新的重大变化和转折（如实施私有化、合并或取消原有机构等），其实正是由于原有的制度安排的成本太高，或者是由于外部环境的改变而使制度需求发生了变化，从而使得原有的制度均衡被打破，不得不开始新一轮制度变迁的必然结果。事实上，也正是由于追求效率的共同动机驱使，以及各国环境因素的千差万别，才使得各国政策性金融的演变呈现出如上所述的多样性与同一性有机统一和并存不悖的新局面。

5.3.1 生产力的发展与世界各国经济发展阶段的变化

在过去的几十年中，世界各国经济发展水平从总体上讲已经大大提升（见表5.7和图5.3），从1980年到2003年世界生产的年均增长速度达到了3%左右，从而大多数国家都正在由前工业化阶段分别转入工业化前期、工业化中期或工业化后期。尤其是在“二战”后先后出现了两次重大的科技革命，一是发端于美国的电子计算机、原子能和空间技术的发展与应用，二是20世纪70年代兴起的信息技术、生物工程、新能源、新材料的应用等，更是推动了社会生产力的巨大发展。

---

① 这不仅限于新制度经济学派的观点，也包括马克思主义的制度变迁主张，正如马克思在《政治经济学批判》1859年版序言中指出的：“随着经济基础的变更，全部庞大的上层建筑也或快或慢地发生变革”（引自：马克思恩格斯选集．人民出版社，1972：82）。

② 之所以说“有可能”引起新的制度安排，是因为按照制度学派的看法，制度变迁并非是呈线性向前演进的，其间还可能会出现“路径依赖”和“锁定”等滞后和无效现象。

表 5.7　世界 GDP 年均增长率　单位：%

时间	1971—1980 年	1981—1990 年	1991—2000 年	2001—2002 年
发达国家	3.4	3.1	2.4	1.1
东亚太平洋	6.6	7.3	7.7	6.2
南亚	3.1	5.7	5.2	4.4
南美和加勒比	5.9	1.1	3.3	-0.7
中东北非	6.5	2.5	3.2	2.8
撒哈拉以南非洲	3.3	1.7	2.2	2.6

资料来源：根据世界银行，《2004 年世界发展报告》，中国财政经济出版社，2004 年版；世界银行，《2003 年世界发展报告》，中国财政经济出版社，2003 年版等相关数据整理。

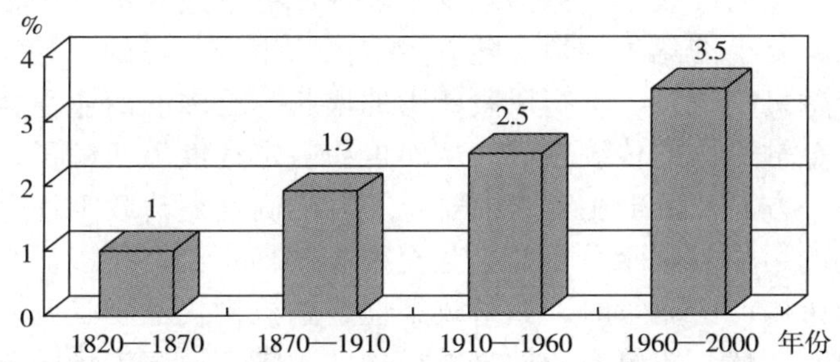

资料来源：金立群，尼古拉斯·斯特恩：《经济发展：理论与实践》，经济科学出版社，2002 年，第 74 页。

图 5.3　世界 GDP 年均增长率

随着经济发展水平的上升，世界各国金融业也得到了相应的带动。尤其是在经济发达国家，由于资金充足，使得金融机构之间的竞争在不断地加剧。竞争容易带来集中或垄断，而银行之间的合并、超级银行的产生，又增强了银行的经营扩张能力和抗风险能力，并使得银行的业务领域和活动范围不断扩大。为此，一些传统上曾是商业性金融机构所不愿涉足的高风险领域，现在却成了有利可图之处，因此，在一些经济发达国家就必然出现政策性金融机构与商业性金融机构在业务方面产生竞争与摩擦。比如说随着一些新兴产业随着技术的进步和市场需求的扩大，必然由原来的高风险领域转为低风险高盈利性产业，这样，为了适应政策性金融需求有所缩小这种新形势的变化，许多发达国家就必须调整其政策性金融的业务领域和范围，使之从已变得具有竞争性的业务领域中退出来。

5.3.2　经济全球化的影响

随着世界各国经济发展阶段的变化，出现了国际分工的不断深化和产业结构的跨国调整，世界贸易和跨国投资也得到快速发展。经济全球化日益成为一种客观的历史潮流，对各国的社会、政治和经济等各个方面产生新的影响。据世贸组织统计，1980 年至 2003 年，世界贸易年均增长超过 6%。而据联合国贸发会议统计，2000 年国际直接投资流入量达 12 710 亿美元，是 1980 年的 22 倍，同期国际直接投资占世界各国国内投资比重由 2.3% 提高到 22%。另外，全球新一轮产业转移和生产要素重组速度也在加快。据国际清算银行统计，1990 年至 2002 年，国际银行贷款总额、国际债券发行总额、国际股权发行总额分别增长了 1.2 倍、4.8 倍和 6 倍。

经济全球化使各国国内竞争变得更加国际化，国际制度和国际规则的影响力也不断增强。为了抓住经济全球化所带来的机遇，同时应对好各种新的挑战，许多国家都在深化内部改革，包括减少或取缔原有的过高的保护措施，同时努力营造一个内外公平的竞争环境。随着更多国家市场环境的日趋完善，以及国内外商业性金融机构识别、承担风险能力的增长，更多的商业性金融主体便开始进入政策性金融机构的传统领域，从而也在一定程度上压缩了政策性金融的作用边界。另一方面，由于在实践中要想及时准确地划清政策性金融机构与商业性金融机构的运作界限十分困难，甚至根本就做不到，所以，当由于政策滞后而导致两类机构产生竞争时，如果政策性金融机构仍然享受到政府的财政补贴和各种优惠时，就会招致商业性金融机构的不满，损害市场的公平性和政府的公正形象。而在一国加入世贸组织和外国资本更多地进入本国金融领域之后，这种现象就会更容易引起争议。在这些情况下，政策性金融机构就必须承受更大的变革压力。

5.3.3 金融自由化进程的影响

20 世纪 70 年代中期以来，金融自由化浪潮席卷全球，成为西方发达国家金融创新的主流，许多新兴市场经济国家也开始效仿。金融自由化通常是指“一个国家的金融部门运行从主要由政府管制转变为由市场力量决定的过程，其实质是解除束缚在金融业身上的种种陈规，促进金融业的长足发展①”。其内容主要包括：汇率和利率的自由化、资本流动的自由化以及银行业分业管理制度的逐步解除等。

主张金融自由化的观点认为，在发达国家，正是由于国家干预过度、政府开支过大以及人们的理性预期的存在等因素，导致了 20 世纪 70 年代整个资本主义世界的“滞胀”（高通胀、高失业、低经济增长）局面。为此，应当反思凯恩斯主义的做法，同时大力实施“三化”（“新自由主义研究”课题组，2003）：

---

① 黄金老．金融自由化与金融脆弱性．北京：中国城市出版社，2001：7.

一是"自由化"。认为自由是效率的前提,"若要让社会裹足不前,最有效的办法莫过于给所有的人都强加一个标准①"。二是私有化。在他们看来,私有制是人们"能够以个人的身份来决定我们要做的事情②",从而成为推动经济发展的基础。三是市场化。而在发展中国家,也正是因为金融抑制(麦金农,1988;肖,1988),即扭曲包括利率和汇率在内的金融资产的价格、缩小和压低相对于非金融部门的金融体系的实际规模或实际增长率等举措,导致出现对储蓄和外汇的过度需求和随之而来的硬性分配,促使"寻租"盛行,有限资源利用效率低下,从而严重阻碍或减缓了经济发展的进程,因此必须实施具有金融"深化"效应的新战略——金融自由化战略,即取消不恰当的利率限制,让银行等金融机构有权提高存贷款的名义利率,保证货币资产的实际收益为正数,以此来吸收储蓄,优化投资结构。同时还要放松汇率管制和对金融业务过多的限制以及加强与财政政策的协调、允许金融机构之间开展竞争等。

正是在金融自由化思潮的影响下,世界上许多国家,无论是发达国家还是发展中国家,都更加强了金融改革的紧迫感,也加快了放松管制和重组金融体系的步伐。在金融自由化进程推进的同时,许多政策性金融机构也受到了相应的影响,从而加快其被纳入改革和调整的步伐。有的被兼并或关闭,如美国仅仅在1981—1983年就关闭了其住房政策性金融机构中的8家储蓄信贷协会(卡吉尔和加西亚,1989:88~116),有的转化为商业性银行或全能银行,如同前面已经提到过的新加坡发展银行、德国复兴开发银行以及韩国产业银行等。还有一些政策性银行虽然保留下来,但进行了相应的业务调整或重组,如日本开发银行的任务是根据日本各个时期政府产业政策的不同有所侧重,在战后经济恢复时期,日本开发银行配合"战后重建",贷款重点投向电力、煤炭、钢铁和造船等基础工业。目前,面对成熟经营、老龄化和环境问题,日本开发银行支持地区开发、大众生活等。1999年10月1日,日本开发银行进行了重组,与北海道东北开发公库合并为日本政策投资银行。尽管目前的一些资料表明金融自由化并未取得预期的效果(陈观烈,1988;赫尔曼等,1998),但是它对包括政策性金融在内的整个金融体系发展和走向的影响却已扎下了根。

5.3.4 原有运作模式的弊端日益彰显

传统政策性金融经营模式的主要特点是,政府全额提供资金,主导信贷投向和贷款利率,为经营亏损提供补贴,政策性金融机构的管理人员只要是听命于政府就无须为经营管理失败承担责任(张承惠,2005)。这种模式不仅需要政

① 弗·奥·哈耶克. 自由宪章. 中国社会科学出版社,1998:75~76.

② 弗·奥·哈耶克. 通往奴役之路. 中国社会科学出版社,1997:101.

府为其提供大量长期稳定的低成本资金，而且由于难以建立有效的信贷风险控制机制而无法实现良性循环。在缺乏对经营管理人员约束和激励机制的情况下，政策性金融机构很容易产生内部人控制和道德风险。而市场风险和管理风险最终还是落到财政身上，结果是既降低了资源配置效率，又使财政不堪重负。事实上，在许多发展中国家，由于社会法治化程度低，对政府缺少有效的监管和控制，因而政策性机构很容易沦为政府官僚们寻求个人私利的工具，这正如孟加拉国的案例（M. A. Taslim，1995）所证实的那样。

此外，如同前面论述已经指出，引入政策性金融也是要付出相应代价的。当这种代价达到一定程度以致超出其所能产生的收益时，就必须对其进行改革了。以东亚国家为例，虽然政策性金融取得了很大成效，但也在一定程度上也给国民经济的发展带来负面影响（赵洪，2001）。这种影响主要表现在两个方面：一是导致经济结构不合理。由于政策性金融主要是由政府掌握，一些与政治力量或政府部门关系密切的部门和企业就更容易得到政策金融的支持，从而迅速膨胀起来，生产规模扩张过度。而一些真正需要资金支持的部门和企业却得不到贷款支持，生产规模不断缩小。如在韩国就出现过重化工业比重过大，轻工业比重过小，经济结构失衡，资源严重浪费的现象。而在东南亚一些国家则出现了出口加工业畸形发展的问题。二是降低了整个银行系统的经营效率。由于政策金融的运作主要不是按照市场原则进行的，而更多的是按政府意图运作，容易受各种政治因素的影响，导致自身经营效率不高，不良资产增多，进而影响到整个金融体系的正常运行。例如，在韩国，几家主要参与政策性贷款的国有商业银行从20世纪80年代开始出现较大比例的不良贷款，并且不断增加。在菲律宾，最大的政策金融机构菲律宾开发银行正是由于经营不善，积累了大量的不良贷款，在1986年几乎破产，给整个国家金融体系造成不小的冲击。

5.3.5 一国的基本经济制度模式及其变迁态势

政策性金融制度作为一国经济制度体系中的重要组成部分，其运行必然受制于基本经济制度，因而政策性金融制度创新也只能在特定的经济制度框架内进行。换言之，特定的经济制度框架下形成的不同的金融分配偏好直接决定政策性金融制度变迁的必要性、可能性与空间范围（陈柳钦，2005）。经济上实行高度集权的国家与强调经济运行市场化的国家，其政策性金融制度变迁的内在动力与空间范围是不同的。一般来看，后一类国家与前一类国家相比，其金融制度的选择相对更为自由，市场竞争更为激烈，由此产生的金融制度创新需求也就旺盛，由此使得政策性金融制度变迁的可能性和空间也更大。这从近年来一些发达国家的政策性金融机构的变动情况中可以得到证实。

当然，对于经济上一贯重视集权的国家而言，其基本经济制度或其经济体制也并不是一成不变的。随着这种变化的到来，政策性金融制度也会受到相应的冲击。尤其是随着市场经济体制取代了原有的非市场经济体制后，市场机制的地位和作用必然会受到肯定和重视，政府的角色和定位相应也会经历新的审视，而这就为作为政府宏观调控工具的政策性金融体系的调整带来了新的契机。以我国为例，在正式确立要建立和完善社会主义市场经济体制之后，国有银行的专业化和商业化便被迅速提上了议事日程，其原有的政策性金融职能便被剥离出来，交由新组建的政策性金融机构来执行。

5.4 结论与启示

综上所述，世界各国政策性金融发展变迁的实践表明，起因于市场失灵和社会目标的政策性金融，作为特定历史阶段的产物，对于20世纪50年代战后特殊时期经济的恢复与发展，以及后来一些国家的经济腾飞和社会目标的实现，曾起到了积极和重要的作用。但与此同时，随着世界各国经济发展水平的不断提高、各国金融格局的改变、市场经济的逐渐成熟以及自身内在的一些矛盾的逐渐发展激化，许多政策性金融机构赖以存在的一些基础和条件已经丧失。因此，从20世纪80年代开始，传统政策性金融机构的转型和改革似乎已经成为一种潮流所向。它们有的收缩业务，有的积极转型，或商业化，或私有化，有的干脆被关闭歇业。但正如我们在前面分析中已经指出的那样，尽管政策性金融的这种变迁现象看来颇为壮观，但并非全貌所在，不过只是多样化转型路径中的一种。展望政策性金融的未来，传统特色的政策性金融机构仍将存在，而现有的一些政策性金融机构也将继续走上转型之路。对此，我们既要有信心，坚持从全面的角度来把握国际上政策性金融发展演变的特点，同时也应从中深入地总结经验教训，以便能够在未来更好地指导和驾驭政策性金融体系的运转。

5.4.1 坚定对发展政策性金融体系的信心

在许多政策性金融机构纷纷走上转型之路、同时金融自由化进程仍方兴未艾的当今时代，似乎很容易给人造成一种政策性金融机构已穷途末路的印象。政策性金融体系是否还有存在的必要这一问题，也很容易被人提及。那么，政策性金融体系究竟是否还有必要存在？在笔者看来，答案是肯定的。其理由主要有以下几点。

首先，政策性金融体系仍然广泛存在于世界许多国家的金融体系中。这是一个不容辩驳的事实。无论是欧美发达国家（见表5.8），抑或是亚非国家（见表5.10），长期以来一直承担着特殊目标和使命的各类政策性金融机构仍大量分布在各国金融体系中，并在农业、中小企业、进出口以及住房等社会多个领域发挥着积极的作用。因此，从这个意义上讲，经济水平的提高以及金融自由化的推进与政策性金融体系之间并非是水火不容的关系。事实上，即便在经济水平已经达到相当高阶段，同时政策性金融改革也正在大力推进的国家，如日本、韩国等，政策性金融机构仍然没有从根本上退出历史舞台，而是仍发挥着积极的作用。例如，日本政策投资银行的贷款大多为长期、固定利率贷款，平均贷款期限 15 年左右。而商业银行发放的贷款主要是 1 年左右的短期贷款，7 年以上贷款所占比重仅为 8.8%（见表 5.9），由此可见商业性金融机构并不能替代政策性金融机构的地位。此外，日本政策投资银行贷款对象的 70% 为非上市中小企业，在全国 3 000 多个市、镇、村中，为 1 400 多个小城镇提供投融资服务，而这也仍是商业性金融机构所不愿轻易进入的市场。再如韩国进出口银行在 2001—2004 年的四年中，对出口的贡献率分别达到 10.4%、11.7%、13.8% 和 15.2%，对造船业和设备制造业的出口贡献率分别平均达到 82% 和 58%。截至 2004 年 9 月末，韩国企业银行的中小企业融资余额达到 40.1 万亿韩圆，占全部银行中小企业融资总额的 16.9%，成为韩国对中小企业融资最多的银行，这也表明了政策性金融机构在韩国的特殊作用。

表 5.8　　政策性金融机构贷款余额占 GDP 比重

	日本政策投资银行	欧洲投资银行	德国复兴开发银行	韩国产业银行	美国政策性金融体系
贷款总额	1.2 万亿日元	396 亿欧元	462 亿欧元	44.92 万亿韩圆	5 064 亿美元
GDP	497.6 万亿日元	92 701 亿欧元	21 104 亿欧元	721.35 万亿韩圆	102 881 亿美元
GDP 占比	0.2%	0.4%	2.2%	6.2%	4.9%

资料来源：张承惠，《依托国家信用行使职能——国外政策性金融的发展趋势》，《国际贸易》，2005（5）。

表 5.9　　日本政策投资银行（DBJ）贷款期限与主要商业银行比较

期限	1 年以内	1 年以上变动利率	1～7 年固定利率	7 年以上固定利率
DBJ（%）	1.1	0.7	22.7	75.5
主要商业银行平均（%）	25	55.8	10.4	8.8

资料来源：张承惠，《依托国家信用行使职能——国外政策性金融的发展趋势》，《国际贸易》，2005（5）。

其次，从逻辑上讲，也可以得出政策性金融体系仍然有效和难以替代的结论。事实上，即便是在市场经济十分成熟的欧美等发达国家，市场体系天然存在的漏洞也是无法自行弥补的，如导致两极分化、信息反馈滞后、市场出清的时间较长和调整成本较高等。而且，它还容易受到众多经济行为主体的机会主义行为的攻击和影响，从而在一定的时间或空间范围加大自身的无序性，从而制约了正确的市场信号的形成和资源的合理配置，正如时有发生的投机风潮和重复投资等现象所表明的那样，这就为政府干预市场打开了通道。而政策性金融机构正是政府调控工具箱的一个重要部分。如同我们前面的论证（参见3章的内容）所指出的，这种手段具有一般的财政货币政策等所无法替代的功能和优势，并且能够起到一定的调控作用。虽然过去的经历也充分暴露出这种手段的局限和弊端，但对存在多元化利益主体的全社会而言，毕竟任何政策工具都不是十全十美的，政府更不可能“因噎废食”，面对市场的无能而袖手旁观。这正如哈贝马斯和奥费在分析晚期资本主义的时候所指出的那样，他们认为，在商品经济和现代大规模经济条件下，国家和社会的界限已经不很分明（王沪宁，1994）。此时，国家的活动主要包括两个方面的形式：（1）行使全面制定计划的职能；（2）实施市场重置与补偿的战略，使国家机关在国内和国外造成和保证有利可图的资本主义积累条件，如稳定通货、管理贸易和关税、镇压反对者、使税法和法制（银行结算和公司法等）适应垄断寡头和竞争性的积累过程。这里的“补偿”是指如提供卫生设施和住房等，“市场重置”则主要是对旧的市场机制已经发现的弱点和危机倾向的反应，目的或者是鼓励资本主义投资，或者是改变剩余价值的生产方式，在私人资本不提供投资或投资减少的部门增加资本的供应。国家通过这种政策来克服资本主义无政府主义地追求利润所造成的社会分裂，使生产关系免除传统的劳资冲突。在他们看来，无论是一向强调政府宏观调控作用的社会主义国家，还是当代市场经济发达国家，其在实践上并没有一味地追随“新自由主义”的大旗（只有拉美等少数国家才曾经信以为真），而是正好相反，走上了政府与市场结合的“混合型”经济之路。事实上，一个值得注意的事实是，在1997年亚洲金融危机之后，由于泰国、印度尼西亚、韩国、日本和俄罗斯等国出现了经济严重衰退，经济秩序混乱，社会动荡的局面，这些国家的政府又一次要求政策性银行发挥重要作用，重整本国经济。1998年，日本政府再度要求开发银行提供资金扶持有生命力的企业，当年用于恢复经济的贷款占其贷款总额的42%。马来西亚发展银行也被要求调整重点，除支持民族经济外，重点加大对基础设施的投入，以适应经济复苏的特殊阶段。韩国政府通过对KDB大量注入资金，使之同时承担起支持商业银行、扩大企业贷款、实施企业重组等职责，在处理金融危机中发挥了关键作用。与此同时，一些处在经济转轨时期的国家纷纷要求组建政策性银行。他们相信，无论是在工业化时期还是在经济转轨时期，政策性银行都与经济发展直接相联。如俄罗斯1999年成立了开发银行，越南目前也准备组建开发银行。据不完全统计，目前世界各类政策性金融机构的总数已达到400多家。

最后，大量的政策性金融机构要实现彻底转型在现实政治中会遭遇强大的阻力。如前所述，在世界上数百家政策性金融机构中，真正实现了彻底转型、不再承担政策性职能的数量极少。这其实不仅仅有前面已经提到的经济方面的原因，也有政治方面的因素在作梗。事实上，激进的改革不但政治上的阻力很大，而且经济上所要付出的代价也可能会很高。已有一段运作历史的政策性金融机构，不但在客观上训练出了一支专业性较强的人才队伍，而且从组织学的角度看，也积累了大量的难以言述的“缄默”性的“组织知识”。当机构一旦被突然取缔，或者被合并于其他商业性金融机构时，要么这些宝贵的经验性知识信息就会白白流失，或为更为强势的新机构中的组织文化所淹没或吞噬。同时，政策性金融机构一旦组建运行，就会自然地形成一批或明或暗的利益相关者，如政府官僚、内部经营成员、贷款人等。尤其是在经济相对不发达、金融管制仍然较严格的发展中国家里，源于政策性金融机构的资金通常包含了一定数额的“租金”，因此，调整政策性金融机构所造成的外部反响必然更为强大。最终，出于效率目的的经济考虑极易被出于利益分配的政治考虑所压倒，整个改革出现“新瓶装旧酒”这种看似难以理喻、实则顺理成章的局面。因此，为了抵消政治上的阻力，同时吸取各种有用的组织知识，推动政策性金融机构的彻底转型不但要慎重，而且要循序进行。

5.4.2 政策性金融发展变迁的主要启示

首先，要正确地看待其作用和地位。政策性金融发展演变至今的历史表明，作为市场经济的补充和政府调控经济的工具，政策性金融机构今后在相当长的时期内还有存在的必要。但与此同时，也要避免只强调其收益而忽视其负面影响的思想和做法，从而盲目扩张政策性金融体系的规模，最终给国家和社会带来巨大的资源浪费。诚然，政策性金融机构在世界上许多国家的经济中都曾经或正在扮演着重要的角色，承担着重要的政府功能和社会功能，并在某些国家获得过一定的成功，但是对政策性金融机构的经济功能的任何夸大都是非常危险的。① 因为政策性金融机构从其功能定位而言就隐含着向金融抑制的可能过渡，隐含着对金融市场真实价格的扭曲和扰动，隐含着对民间融资部门的抑制

---

① 参见：曹晓东．贺学会．政策性金融的抑制效应分析——对中国金融改革进程的另一种解释［J］．财经理论与实践．1999（1）；王曙光．政策性金融：经济功能以及向金融抑制的可能过渡．http：//www. jjxj. com. cn/news_ detail. jsp？keyno＝1564（原文发表时间2003年9月1日）．

和进入障碍，也隐含着金融资源的配置无效率和更大的金融风险。近年来一些政策性金融机构失败和改革的例子也生动地表明了，在治理不善、政府扶持不够以及外部经济环境不断变化的前提下，政策性金融很难实现自我持续成长，而更可能面临重组或改革。因为随着政策性银行的设立，事实上为政府机关干预其健康运行埋下了伏笔，从而有可能使政策性银行成为政府机关的附庸，成为事实上的"第二财政"（巴瑞林，1997）。而在发展中国家，这种状况尤其严重，因为许多发展中国家政府经常会在财政上陷入困境，因而他们常常不由自主地向政策性银行转嫁财政赤字，形成对政策性银行的过度干预。因此更进一步地讲，我们必须严肃看待政策性金融失效背后的"政府失灵①"问题。韩国政府就曾过多干预政策性银行的活动，导致银行恶性债权增加，降低了金融效率，出现"颓化银行"。菲律宾开发银行的倒闭也与政府过多干预造成银行恶性债权膨胀有关。为了防范或减少"政府失灵"的危害，我们必须努力将政策性金融严格局限在非常狭窄的经济领域内，国家应该最大限度地鼓励市场机制的作用，通过一定的制度安排激励民间金融机构的投资，而不是运用政策性金融替代民间金融的作用。如同第 3 章所述，政策性金融体系并不是政府应对市场失灵和社会公平目标的唯一选择，备选的方案还可包括与商业性金融机构开展公私合作以及（对于那些具有纯公共品性质的设施或服务提供）直接运用财政手段等。换言之，具有准公共品属性的政策性金融服务的提供决不应仅限于设立国有专业性金融机构这种单一的选择，并且还可以通过支付费用给私人金融机构来购买其相应金融功能等形式来实现。最后的选择决定则要取决于两者效率的比较。

其次，政策性金融体系可以探索建立可持续的发展模式，不宜过于强调"保本微利"。政策性金融机构发展演变的实践历程表明，虽然政策性金融机构不以盈利为主要目标，但这并不妨碍其在履行政策性职能的同时兼顾自身效益的提高。事实上，政策性银行也可以成为"好银行"，也具备实现可持续发展的潜力，关键是采用何种制度安排来有效控制政策性银行的风险和调整其行为。②

---

① "政府失灵"主要是指政府不能达到它所声称自己能够达到的目标。其原因在于（沃尔夫，1994）：决策标准的非明确性和不可衡量性，因为政府追求的目标是非常广泛的（如推动科学的进步、促进国民健康、推动科技知识增长等）；评估其行为的标准常根据过程而不是产品，因为缺少衡量其行为的"基准线"（如利润）；"内在规则"或与政府机构中建立起来的和被认可的运作程序相关的标准，被发展起来用于评价全体职员，如提升的根据通常是"政治技能"、"一个联系网络"、"协同工作的能力"和"处理重大而不清晰情况的能力"等；缺乏来自类似市场组织中消费者行为和销售的信息反馈，因而总是寻求获得市场之外的重点项目和优先权以及社会上普遍关注的东西。

② 本处主要参考了"中国开发性金融的理论与制度安排"课题组．张承惠执笔．国外政策性金融的发展趋势．http://report.drc.gov.cn/drcgov/wen.nsf/web/613DDB62C2B293DE48256FFC00084DEC?OpenDocument（国研报告编号 2005－053）；另见：张承惠．依托国家信用行使职能——国外政策性金融的发展趋势［J］．国际贸易，2005（5）．

如同德国、韩国等国的案例所证明的那样，只要合理设计制度，有效区隔政策性金融机构的政策性业务和市场化业务，那么它也能够更好地适应环境的变化，并增强自身的生存能力，而这又可以为扩大政策性业务奠定好的基础。为此，政府也要鼓励政策性金融机构在其发展过程中不断积累和强化自己的经营优势，进而在自己的经营领域内不断开发专业化的项目选择技术，积累风险管理经验。韩国企业银行就是一个新的值得借鉴的案例，该银行是一个专门服务于中小企业的银行，法律规定其对中小企业贷款必须达到贷款总额的80%以上。针对中小企业信誉度低、管理能力不足、风险大的特点，该银行根据多年积累的大数据库和经验，建立了中小企业分类信用评价系统，有效地控制了贷款风险。在中小企业贷款占比已高达95%的情况下，资本收益率仍然为近14%。

再次，不同历史时期对政策性金融的需求也是不同的，需要根据形势的变化适时调整其经营重点和范围。如前所述，随着经济增长和市场环境的变化，日本、韩国、德国等国的政策性金融机构都普遍经历过数次调整。通过调整业务结构和经营体制，从而提高了政策性银行的适应性和经营能力，改进了政策性银行的金融服务。

最后，在一国内部，不同的政策性金融机构在产权结构、经营方式方面可以采用多种形式，不必强求一致。[①] 事实上，近年来走在政策性金融机构转型前列的，大多是肩负重点产业发展的开发性金融机构。这是与它们所处领域的特性是分不开的。这些领域大多是启动较难，而一旦达到一定规模后，成长性和盈利性都较好，所以很容易受到商业性金融机构的追捧。然而在其他一些领域，如社会福利、环境以及农业、进出口等方面，通常市场失灵的程度更大，因此，政策性金融的需求就不易变化或消失，而负责这些领域业务的政策性金融机构也就相对更为稳定。正是由于这些原因，许多国家都对政策性金融机构采取“一行一法（律）”或“一行一策”的做法，不搞“一刀切”，从而使不同的政策性金融机构都能更好地运行和发展。以韩国为例，其三家政策性银行的股权结构就是不同的，其中韩国产业银行为100%政府出资；韩国进出口银行为财政出资52.5%，中央银行和产业银行分别出资42%和5.5%；韩国中小企业银行政府出资51%，产业银行、进出口银行、职工、其他外部人分别持股12.5%、10.2%、2%和24.3%。另外，在经营方式上这三家银行也各有不同，其中，中小企业银行已经导入商业银行业务和市场竞争模式，产业银行在一定程度上介入商业银行业务，进出口银行则仍然从事纯粹的政策性业务，在业务范围、筹资方式和规模等方面受到严格限制。这实际上意味着，即便在一国内部，政策性金融机构也可以有多种经营模式而不必强求一致。至于究竟采用哪种模式，

① 张承惠．韩国政策性金融体系运作的特点及对我国的启示［J］．产业经济研究，2004（6）．

则应根据一定时期内经济发展的客观需要和政策性金融机构自然的发展水平而定。

表 5.10　　东亚国家和地区主要政策性金融机构概览

金融机构名称	资产总额	市场份额（所有权）	资金来源范围	资金使用范围
印度尼西亚				
国家开发银行（BAPINDO）	49 030 亿卢比（26.73 亿美元）（1989）	7.5%（政府）	从中央银行借款，发行公司债券	用于与开发规划有关重点领域；期限：最长 15 年；贷款量：2.5 亿卢比以上
地区开发银行	77 670 亿卢比（43.22 亿美元）（1989）	27 个省所有	以储蓄为主	为地区发展提供资金
私营开发银行			储蓄和中长期证券	
开发金融公司	4 790 亿卢比（2.9 亿美元）	数据不详	政府和中央银行提供部分资金	
韩国				
韩国开发银行	176 870 亿元（260 亿美元）	5.9%（政府）	工业金融债券，从政府借款	为设备制造和周转金提供贷款
韩国进出口银行	22 140 亿元（30 亿美元）（1989）	0.7%（政府）	借款	为进出口提供中长期资金
韩国长期信贷银行	39 610 亿元（60 亿美元）（1989）	1.3%	公司债券，长期借款	为私人企业提供贷款和贴现
韩国产业银行	88 410 亿元（130 亿美元）（1989）	2.9%	储蓄，借款	对中小企业提供贷款和贴现
马来西亚				
马来西亚开发金融公司（MIDF）	5.53 亿林吉特（2.04 亿美元）（1988）	（一半属于政府，一半属于私人）	从政府和中央银行借款	为工业，特别是粮食、金属、木材和橡胶中小企业提供资金
马来西亚开发银行	8.21 亿林吉特（3.29 亿美元）（1987）	2.6%（政府拥有 98%）	从政府借款	为 Bumiputera 企业提供中长期资金和担保；期限：1～5 年周转金

续表

金融机构名称	资产总额	市场份额（所有权）	资金来源范围	资金使用范围
马来西亚产业银行	2.41 亿林吉特（0.97 亿美元）（1987）	（政府）	从政府和中央银行借款	为造船业和运输业提供资金
沙巴开发银行	10.69 亿林吉特（0.49 亿美元）（1987）	（政府）	政府认购，国外发债	为农业、工业、电力和房地产提供中长期资金
马来西亚农业银行	17.25 亿林吉特（6.63 亿美元）（1987）	（政府）	政府认购，从政府所属机构借款	为促进沙巴和沙捞越工商业发展提供资金
菲律宾				
菲律宾开发银行（DBP）	137 亿比索（6.11 亿美元）（1989）	2.1%（政府）	储蓄、长期借款	为中小企业提供资金；用于设备资金最长期限：12 年；农业资金期限：周转金最长 4 年；中长期资金最长 13 年；住房融资期限：房屋建设最长 25 年
菲律宾土地银行（LBP）		（政府）		促进农业改革资金，支持穆斯林社会和经济发展资金
菲律宾 AMANA 银行（PAB）				
中国台湾				
台湾进出口银行		（政府）	从中央银行借款	中长期进出口资金。期限：10 年或 10 年以下
交通银行		（政府）	政府借款，邮政储蓄	中长期进出口融资。期限：10 年或 10 年以下
泰国				
泰国工业金融公司	295.98 亿铢（11.52 亿美元）（1989）	（一半属于政府，一半属于私人）	海外发债，从政府和中央银行借款	为钢铁、有色金融和化工提供中长期资金。期限一般 5~8 年，最长 15 年

续表

金融机构名称	资产总额	市场份额（所有权）	资金来源范围	资金使用范围
农业银行（BAAC）	450.04 亿铢（17.52 亿美元）（1989）	5.2%（政府）	储蓄	为农场主和农业合作社提供资金
政府住房银行（GHB）	278.11 亿铢（10.88 亿美元）（1989）	（政府）	储蓄，海外借款	为住房开发项目提供贷款和融资

注：份额指 1989 年底银行资产占全部金融机构的比例。印度尼西亚的数据指 1989 年 3 月底的数据。

资料来源：韩国中央银行报告，日本输出入银行业务年报，Dai－chi Kangvo 银行报告，马来西亚中央银行报告，泰国银行 1989 年报，菲律宾中央银行报告，印度尼西亚中央银行年报，日本国际金融中心报告等。转引自：世界银行，《东亚奇迹》（中译本），中国财政金融出版社，1994：174～175。

6　我国政策性金融发展状况及面临的主要问题

6.1　早期发展

新中国成立以来，我国迅速走上了社会主义发展道路。而新中国的社会主义金融体系，就正是在统一各解放区银行，没收官僚资本银行，取消帝国主义银行在华的特权，对私营资本主义银行和钱庄进行社会主义改造，建立了独立自主的、统一的货币市场的基础上建立起来的。[①] 在这一体系中，国家控制着金融机构所有权，建立起全国“大一统”的管理体制。在这个体制下，一些专业银行和其他金融机构都被集中合并到人民银行。同样，金融业务也都集中到人民银行，取消商业信用，取消证券等金融市场，人民银行逐步成了全国的信贷中心、非现金结算中心和现金出纳中心等“三大中心”，并几乎垄断了全国所有的金融业务，从而兼具现代中央银行和商业银行的功能。这一体制的形成是有着特殊的历史原因的。首先，在理论上，排斥有计划商品经济和价值规律；其次，在体制上，借鉴原苏联经验，确立了高度集中统一的、以指令性计划为主的计划管理体制。除了部分消费品可以作为商品进入市场外，其他基本上是按产品实物形式进行分配和管理的。物资由国家统一分配供应，资金主要是由财政统收统支，无偿的集中和分配使用。因而也就相应地形成了高度集中统一经济体制下的社会主义金融体系。当然，除此之外，也与当时的生产力水平太低下、金融基础薄弱的情况是分不开的。在这一时期，应该说中国人民银行就是最大的同时也是唯一的政策性银行，因为在当时人为设定的产品经济时代，根本不存在所谓商业性业务和按照商业法则来经营的任何可能。所有的金融业务都由计划部门控制和监督，它完全听命于且绝对服从于政府意图的要求。

1978 年 12 月中国共产党十一届三中全会召开后，我国金融体系进入了新的改革阶段。这主要体现在四个方面：一是恢复和建立了多种银行体制。1979 年

---

① 李守荣．中国金融体系概论．经济管理出版社，1993：109．

恢复了中国农业银行，支持农业的发展；将中国银行从中国人民银行中分设独立，适应对外开放的要求并专门从事外汇业务；强化中国建设银行的银行职能，成为专门办理基本建设贷款等固定资产投资的国家专业银行；1984 年初成立了中国工商银行，专门办理工商信贷的城镇储蓄业务；此外，还恢复和批准建立了一些综合性银行，如交通银行、中信实业银行、招商银行以及合资银行等。二是改革金融机构管理体制，建立起中央银行体制。1983 年 9 月 17 日，国务院正式发布《关于中国人民银行专门行使中央银行职能的决定》。1986 年 1 月 3 日，国务院颁布了《中华人民共和国银行管理暂行条例》，对建立独立的中央银行体制以及人民银行专门行使中央银行职能的任务、性质和职责作了明确的规定，这标志着我国的中央银行体制正式形成。三是与逐渐向多元化方向发展的所有制结构相适应，允许建立多种非银行金融组织。1985 年 9 月，中国共产党全国代表大会通过的关于“七五”计划建议中，明确指出了允许银行业务交叉和适当的竞争。各地建立了大量的非银行金融机构，即在银行以外，经中国人民银行批准成立的从事金融业务的企业单位。主要有保险公司、信托投资公司、金融公司、财务公司、金融租赁公司、证券公司、农村信用合作社、城市信用合作社等。四是推动国有专业银行内部机制的转变，使其向企业化方向迈进。[①] 1983 年 9 月 17 日国务院颁发的《关于中国人民银行专门行使中央银行职能的决定》明确指出，各专业银行要“作为国务院直属局级的经济实体，在国家规定的业务范围内，依照国家法律、法令、政策、计划，独立行使职能，充分发挥各自的作用”。在 1985 年 9 月中共中央关于制定“七五”计划的建议中强调指出“专业银行应坚持企业化的改革方向”以后，我国专业银行企业化的步伐加快，采取了一些相应的措施。如在财务管理上，实行利润留成制度，一定程度上使专业银行的责、权、利结合起来，使经营好坏与银行的利益联系起来，激发了专业银行开拓业务、加强核算，增强其内部的经营活力。

在这一时期，尽管随着非公有制经济的逐渐兴起，投资主体和金融需求日益多样化，国家和政府已不再是唯一的投资主体，与此相适应，处于金融服务供给方的金融机构也同样呈现多元化发展态势。但应指出的是，一方面，国有专业银行在金融体系中的主导地位并没有受到丝毫的威胁和挑战，其作为承担和实施政策性金融业务的角色和职能定位也并没有发生根本的转变，来自中央银行、各级政府部门和各专业银行的总行都能对国有银行的实际运营施加强有力的和直接的影响；另一方面，新的国有专业银行组建和成立以后，虽然人民银行逐步向专门的中央银行角色过渡，原有的支持经济发展的金融功能被转移给专业性金融机构，但国有金融机构的功能分化并没有从根本上改变政府对它

① 李守荣．中国金融体系概论．经济管理出版社，1993：288．

们的控制。政府仍然保持着对所有国有专业性金融机构的人事权、经营权，并通过贷款限额、利率水平等途径直接影响着专业银行的经营行为。事实上，现在回头去看，国有金融机构分化的主要目的似乎并非为了引入竞争，以加快其市场化速度，而不过是为了使之能更好地适应不同产业领域的金融服务需求的差异性。因为通过这种分工，有利于积累专门知识和培养专业人才，从而通过提高业务的熟练度来带动效率的提高。这与现代商业银行主要依靠良好的内部运行机制来提高自成长能力的做法是相距甚远的。因此，这就表明，由于国有银行的偏好仍然由政府意图所决定或受到高度影响，并且国有银行内部机制依然残留着计划体制根深蒂固的遗痕，可以说，这时期的国有专业银行仍然主要或首先是政策性银行，虽然与此同时它也在朝着更为彻底的市场化转型之路前进。

总的来看，从新中国成立以来直至改革开放后的相当长一段时期内，国有金融机构承担着主要的政策性职能。其经营的宗旨和目标都是服从于政府目标的需要。以市场竞争为导向、利率的适度自主式调整、以最大化利润为目标等这些现代商业性金融机构所一般具备的特点，都与我国国有银行相差很远。因此，难怪邓小平同志在1978年10月指出①，银行应该抓经济，现在仅仅是当会计出纳，没有真正起到银行的作用；要把银行作为发展经济、革新技术的杠杆，必须把银行办成真正的银行。他所谓的“真正的银行”，其实就是按照“三性”原则（流动性、收益性、安全性）运营，充满生机和活力的现代商业银行。从这一事实来看，我国政策性金融发展的早期特征就表现为适应计划经济体制的特点，完全从属于国民经济发展的目标和要求，偏重政策性的特点。在这一时期，国有金融机构就是政策性金融机构的代名词。

但这里需要特别指出的是，尽管从实质上讲上述国有金融机构理应被纳入对我国政策性金融的一般分析之中，但是考虑到近年来我国政府不断在推进其商业化改革，并加大了我国对外开放金融服务的力度，使得它们面临的内外竞争日趋激烈，尤其是在我国自2001年加入世界贸易组织（WTO）之后，按照相关协议规定，我国政府必须取消对它们的财政补贴和其他形式的支持，以恪守公平竞争的承诺义务，换言之，它们的政策性色彩也就必将更为淡化，并将沿着最终成为彻头彻尾的纯商业性金融机构的方向迈进，如此一来，再将它们纳入当前的政策性金融的分析框架中，其现实性就不大了。更何况，即便它们在现阶段可能仍负有一定的隐性的政策性金融业务，但毕竟这也只是其经营范围中的一小部分内容，它们现阶段的主要功能和主营业务仍是在竞争性的市场中按照目标利润最大化的原则来提供商业性金融服务，从这种意义上讲，处在现

① 胡海鸥主编. 中国金融体制的改革与发展. 复旦大学出版社，2004：205.

阶段的它们也不应被视为是标准意义上的政策性金融机构。正是从这种发展的、现实的眼光出发，笔者认为已没有必要再将它们纳入当前的政策性金融体系之中并展开研究，而只是将其作为我国政策性金融机构的早期代表。

6.2 政策性银行的组建

1993 年，中共中央十四届三中全会为中国建设社会主义市场经济提出了 50 条建议，其中在金融的建议中明确提出了要建立政策性银行。建立政策性银行，一方面是为我国经济发展服务，为我国经济改革转轨服务；同时，更重要的一方面是使当时的四大专业银行能够摆脱政策性贷款业务，更为轻松地转向商业性银行。

详细了解这一转变的背景是极为有益的，因为它为我们理解政策性银行的发展可以提供有益的启示。实际上，这一转变是实践和理论两个方面不断变化和取得解放的结果，也是国内和国际两个方面因素互动性加强的必然结果。

首先，国有专业银行承担大量的政策性业务，除了有力地支持了国家目标的实现、保证了基础建设和重点项目建设外，也带来了让人始料不及的其他问题和矛盾。第一，难以准确评价国有专业银行的经营业绩。由于政企没有真正分开，专业银行在经办信贷业务过程中，受到四面八方的行政干预，许多贷款银行没有自主权。银行既不能自主经营，又不能自负盈亏，致使经办业务仍然沿袭过去那些行政办法，结果造成大量的资金呆滞，不能循环使用。分析其原因，人们很难指出究竟是行政干预所造成的，抑或是国有专业银行经营能力低下所造成的。第二，国有专业银行缺乏应有的活力。与其他国有企业一样，处于垄断保护和软预算约束的环境下，国有银行也同样容易沾染上行政组织所有的"通病"，即内部人浮于事，平均主义盛行，"大锅饭、铁工资、铁交椅、铁饭碗"等迟迟难以打破，银行内部缺乏应有的生机和活力。第三，国民经济整体风险不断积聚和上升。在缺乏对政府行为适当约束的条件下，政府极有可能任意支配信贷资金用于基本建设投资或直接用于非生产性开支，这样就势必形成大量信贷收支缺口。如果最终用发钞票来弥补，又会造成通货膨胀，经济不稳定。而这种现象并非纯粹的理论推导，而是在我国经济现实中时有发生。事实上，正是在过去那种"政银不分"、"政企不分"的体制下，我国出现了"倒闭央行供给货币"的机制和"投资需求膨胀"的机制，从而带来了经济的不当波动和不利的宏观经济后果。

其次，在理论上，我国已正式确立了建立社会主义市场经济的总目标，传统计划体制已到了寿终正寝的时刻。政府经济理念也发生了变化。市场化原理的积极性得到了重新认同甚至是追捧。虽然这一时期仍然有大量的争论在继续，如关于股份制，关于姓“社”姓“资”问题的争论等，但是，无论如何，不单是非金融性国有企业需要走向市场，连金融机构同样需要走向市场这样的观念也逐步占了上风。显然，大家都认识到，计划管理模式在解决信息问题、激励问题等方面，存在着因“致命的自负”而带来的致命缺陷，虽然市场机制也并非完美无缺，但至少值得一试。

最后，从国际上看，从20世纪80年代开始，经过了二十余年的和平发展，西方和亚洲一些国家已经从“二战”的废墟中得到新生，经济发展进入了新的阶段，世界经济总量大大增长，伴随着新技术革命的步伐，产业结构也在不断发生转换。为与新的生产力水平相适应，西方发达国家加强对经济政策的调整，不断放松战后的各种管制，力求为本国过剩的商品、生产能力和丰裕的资本寻找新的市场。于是，经济全球化进程在发达国家的主导下得到积极推进，日、韩等国外向型模式的成功更为其他国家破除原有的“内向型发展”迷信提供了借鉴。如何顺应国际潮流，保持与别国的同步发展，避免相对差距的加大，已经给处于落后中的国家产生了新的压力。发展中国家不得不面临融入世界体系所必然带来的收益取得与代价支付的权衡问题。而这些代价是与本国经济实力尤其是产业和企业层面的实力密切相关的。因为在这一时期，按照国际经济秩序的原则要求，政府被要求处于“中立”位置，以为各经济主体提供一个公平竞争的机会。并且按照自由主义学说的观点，政府的保护实际上是“保护落后”。在这种背景下，加快推进包括金融领域在内的国家传统垄断产业的改革，使其能够更好地适应未来的产业和服务竞争国际化，已经成为我国的基本国策。

为了能够有效地克服和解决旧体制下存在的诸多弊端和矛盾，同时，参照国外的做法，单独设立或组建政策性银行作为一种新的改革方案被提出来。这种方案被认为具有以下优势：首先，建立政策性银行，实现政策金融和商业金融的分离，有助于解决国家专业银行身兼二任的问题。其次，有助于割断政策性贷款与基础货币的直接联系，确保人民银行调控基础货币的主动性。再次，政策性银行的信贷资金来源主要是一些专项资金，有的来自财政拨款，有的来自社会集资、发行专门债券，有的是国家信贷计划中专门安排的。这些资金来源比较可靠，只是随着国家有关经济政策的变化而调整。因此，单独成立政策性银行专门办理此项业务，有利于执行国家的产业政策，实现产业结构的合理调整和重大经济政策的实施。最后，有助于与国际惯例接轨。随着我国对外开放的深入和融入世界经济的程度加深，为了改善我国对外贸易环境，我国需要按照国际惯例来构造进出口管理体制，以期得到公平、透明、稳定的国际贸易环境。

1993年12月，国务院作出了《关于金融体制改革的决定》，明确金融体制改革的目标是：建立在国务院领导下独立执行货币政策的中央银行宏观调控体系；建立政策性与商业性金融分离、以国有商业银行为主体、多种金融机构并存的金融组织体系；建立一个统一开放、有序竞争、严格管理的金融市场体系。把人民银行办成真正的中央银行，把各专业银行办成真正的商业银行。1994 年，包括国家开发银行、国家农业发展银行和中国进出口银行在内的三家政策性银行正式组建，从此，原有国有专业银行承担的政策性业务被剥离到这三家政策性银行之中来。这三家政策性银行均直属国务院领导，由国家财政全额拨付资本金①。国家开发银行的任务是：建立长期稳定的资金来源，筹集和引导社会资金用于国家重点建设，投资项目不留资金缺口，从资金来源上对固定资产投资总量及结构进行控制和调节，按照社会主义市场经济的原则，逐步建立投资约束和风险责任机制；提高投资效益，促进国民经济持续、快速、健康发展。开发银行的注册资本金为 500 亿元人民币。中国农业发展银行承担国家粮棉油储备和农副产品合同收购、农业开发等业务中的政策性贷款，代理财政支农资金的拨付及监督使用，注册资本金为 200 亿元人民币。中国进出口信贷银行，主要为大型机电成套设备进出口提供买方信贷和卖方信贷，为中国银行的成套机电产品出口信贷办理贴息及出口信用担保，注册资本金为 33.8 亿元人民币。至此，我国政策性金融体系的主体框架正式形成。

6.3 我国政策性银行概况

6.3.1 国家开发银行

国家开发银行（简称开发银行）成立于 1994 年，是国务院直属的具有国家信用的开发性金融机构。在其 2008 年底正式转型为商业银行以前，在全国共设有 32 家分行和 4 家代表处。

国家开发银行以增强国家竞争力和改善人民生活为使命。该行长期致力于支持国家基础设施、基础产业、支柱产业、高新技术产业的发展和国家重大项目的建设。针对政府力争解决的各种社会问题，如城镇化、中小企业、“三农”、县域经济、教育、卫生服务设施和环境保护等，该行主动提供资金支持，以融资推动市场建设，促进经济社会全面协调可持续发展。为了完成这一使命，该行在执行政府政策目标的同时，严格遵循市场原则和方式稳健运作。

国家开发银行的业务范围十分广泛，涵盖了贷款业务、管理资产业务、财

① 陈元. 中国政策性金融的理论与实践——兼论国家开发银行的改革和发展（之一）[J]. 金融科学，2000（3）.

务顾问服务、股权投资、债券承销、证券化、高科技风险投资、基金管理等多个领域。其行业除了“两基一支”（基础设施、基础产业和支柱产业）外，还包括对农村和县域经济发展、中小企业以及教育、住房、医疗卫生和环境保护等事业的投入和支持。

国家开发银行总部设在北京，注册资本500亿元人民币，建立初期未设下属分支机构。后于1996年设立第一家分行，即武汉分行，并在深圳、西安等地设有代表处。因为该行承办的都是大项目，其重要的工作是事前对项目的选择和评估。一旦项目开始实施，就只是执行问题，而不会有很多修改，所以只设总行，而暂不设分支机构，具体业务由商业银行代理。在国家开发银行成立之初，其政策性贷款业务分别委托其他银行机构具体办理。国家开发银行成立后，中国建设银行不再承担原来的政策性职能，转变为从事长期信贷业务为主的国有商业银行，并接受国家开发银行委托的政策性贷款的资金拨付等业务；而国家开发银行的技术改造政策性贷款资金拨付等业务则委托中国工商银行办理。

国家开发银行的资金来源有以下渠道：（1）财政核拨的资本金和重点建设基金。（2）“技改贷”和基本建设基金回收的本息。这一部分资金是原建设银行代理财政的政策性业务，即属于财政预算资金的有偿使用部分。（3）国家开发银行向社会发行的由财政担保的债券和向金融机构（商业性金融机构）发行的金融债券所筹集的资金。（4）从国外筹集的资金，包括外国政府和国际金融机构的转贷款项目，还包括开发银行在国外发行的债券筹集的外汇资金。（5）中央各部门集中安排的专项基金。（6）其他方面的资金来源。国家开发银行的资金投向和业务范围是：根据国家产业政策和生产力布局的需要，该行的资金投向是国家支持的基础设施、基础产业的政策性基本建设和技术改造项目，也包括达不到社会平均利润的其他政策性项目和国务院决策的重大建设项目。国家开发银行的资金运作程序是：首先该行根据各项资金来源和全国资金状况，预计一定时期（一般是按年度）可能筹集的资金，编制年度的资金总收入（来源）计划；然后按照这个计划并结合固定资产投资计划分配资金。具体分配方法是，将资金分为政策性贷款计划和参股入股资金计划，属于政策性贷款的资金由国家开发银行掌握安排，属于参股入股部分的资金由国家投资公司掌握安排。国家外汇银行、国家投资公司其资金的拨付均委托建设银行办理。国家开发银行和国家投资公司要在建设银行开设存款账户。国家开发银行根据财政部安排的年度基本建设预算，分次向财政部请领资金，存入其在建设银行开设的账户上。国家开发银行和国家投资公司采取其他方式筹措的资金也要存入建设银行。国家开发银行的资金拨付可采取汇拨和委托贷款两种方式，通过建设银行具体办理。

6.3.2 中国农业发展银行

中国农业发展银行是根据中华人民共和国国务院1994年4月19日发出的《关于组建中国农业发展银行的通知》（国发［1994］25号）成立的国有农业政策性银行，直属国务院领导。中国农业发展银行的主要任务是：按照国家的法律、法规和方针、政策，以国家信用为基础，筹集农业政策性信贷资金，承担国家规定的农业政策性金融业务，代理财政性支农资金的拨付，为农业和农村经济发展服务。中国农业发展银行实行独立核算，自主、保本经营，企业化管理。中国农业发展银行在业务上接受中国人民银行和中国银行业监督管理委员会的指导和监督。

中国农业发展银行在机构设置上实行总行、一级分行、二级分行、支行制；在管理上实行总行一级法人制，总行行长为法定代表人；系统内实行垂直领导的管理体制，各分支机构在总行授权范围内依法依规开展业务经营活动。中国农业发展银行总行设在北京。其分支机构按照开展农业政策性金融业务的需要，并且由银监会批准设置。截至2008年12月31日，全行共有各级各类机构2 151个，其中，总行1个，总行营业部1个，省级分行30个、省级分行营业部30个、地（市）分行302个、地（市）分行营业部193个、县级支行1 594个（含县级办事处3个）。中国农业发展银行系统现有员工约5.9万人。

中国农业发展银行的具体业务范围，由国务院根据一个时期国民经济发展和宏观调控的需要并考虑到农发行的承办能力来界定。自其成立以来，国务院对其业务范围进行过多次调整。1994年6月30日，中国农业发展银行正式接受中国农业银行、中国工商银行划转的农业政策性信贷业务，共接受各项贷款2 592亿元。1998年3月，国务院决定将中国农业发展银行承办的农村扶贫、农业综合开发、粮棉企业附营业务等贷款业务划转到有关国有商业银行，中国农业发展银行主要集中精力加强粮棉油收购资金封闭管理。2004年以来，中国农业发展银行业务范围逐步拓展①。一是根据国务院粮食市场化改革的意见，将传统贷款业务的支持对象由国有粮棉油购销企业扩大到各种所有制的粮棉油购销企业。二是2004年9月，中国银监会批准农发行开办粮棉油产业化龙头企业和加工企业贷款业务。三是2006年7月，中国银监会批准农发行扩大产业化龙头企业贷款业务范围和开办农业科技贷款业务。四是2007年1月，中国银监会批准农发行开办农村基础设施建设贷款、农业综合开发贷款和农业生产资料贷款业务。至2010年，中国农业发展银行已形成了以粮棉油收购信贷为主体，以农

① 参见百度百科中有关“中国农业发展银行条目”：http：//baike. baidu. com/link？url = pWcvQzQaMoYwOE8br1zEx9z6jkUnM8j_ GjiTlzVvzg - TlR2BKJmlXb3S0VvQHoEP.

业产业化信贷为一翼，以农业和农村中长期信贷为另一翼的“一体两翼”业务发展格局。2012 年 9 月，中国农业发展银行正式成立投资部，拟进军直接投资和资产证券化等领域，这不仅意味着该行商业化程度的进一步提升，还昭示着其在综合金融的道路上大步迈进。①

中国农业发展银行注册资本为 200 亿元人民币。中国农业发展银行运营资金的来源是：（1）业务范围内开户企事业单位的存款；（2）发行金融债券；（3）财政支农资金；（4）向中国人民银行申请再贷款；（5）境外筹资。中国农业发展银行的运营资金来源长期以来主要依靠中国人民银行的再贷款，从 2005 年开始加大了市场化筹资的力度，但到 2005 年为止尚未开展境外筹资业务。

6.3.3 中国进出口银行

中国进出口银行成立于 1994 年，是直属国务院领导的、政府全资拥有的国家政策性银行，其国际信用评级与国家主权评级一致。中国进出口银行是独立法人，总部设在北京，该银行实行董事会领导下的行长负责制，董事会是该银行的最高决策机构，由有关部委的一些负责人和该银行的领导者组成，对国务院负责，行长是法人代表。截至 2012 年末，中国进出口银行在国内设有 21 家营业性分支机构；在境外设有东南非代表处、巴黎代表处和圣彼得堡代表处；与境内外 1 280 多家银行的总分支机构建立了代理行关系，代理行网络覆盖全球 159 个国家和地区。

中国进出口银行是我国外经贸支持体系的重要力量和金融体系的重要组成部分，是我国机电产品、成套设备和高新技术产品出口和对外承包工程及各类境外投资的政策性融资主渠道，外国政府贷款的主要转贷行和中国政府援外优惠贷款的承贷行，为促进我国开放型经济的发展发挥着越来越重要的作用。

中国进出口银行的主要职责是贯彻执行国家产业政策、外经贸政策、金融政策和外交政策，为扩大我国机电产品、成套设备和高新技术产品出口，推动有比较优势的企业开展对外承包工程和境外投资，促进对外关系发展和国际经贸合作，提供政策性金融支持。

中国进出口银行的业务范围包括：办理出口信贷（包括出口卖方信贷和出口买方信贷）；办理对外承包工程和境外投资类贷款；办理中国政府对外优惠贷款；提供对外担保；转贷外国政府和金融机构提供的贷款；办理本行贷款项下的国际国内结算业务和企业存款业务；在境内外资本市场、货币市场筹集资金；办理国际银行间的贷款，组织或参加国际、国内银团贷款；从事人民币同业拆借和债券回购；从事自营外汇资金交易和经批准的代客外汇资金交易；办理与

① 详见：董云峰．农发行成立投资部 布局直投与资产证券化．第一财经日报．2012 年 9 月 21 日。

本行业务相关的资信调查、咨询、评估和见证业务；经批准或受委托的其他业务。

该行的资本金由国家财政拨给，注册资本金为33.8亿元人民币。资金来源主要是财政用于进出口的专项资金和发行的金融债券。该银行经批准可以在国内发行金融债券和在境外发行有价证券。

6.4 我国三家政策性银行的发展与绩效

组建二十年来，三家政策性银行发展迅速，在服务国家战略、支持国家基础设施、支柱产业以及国家重点项目建设、“三农”和小微企业发展，改善民生，支持企业“走出去”，促进经济转型和经济社会发展过程中发挥了积极作用，已成为我国国民经济发展中不可替代的重要的金融力量。

6.4.1 国家开发银行的发展与绩效

作为政府的开发性金融机构，国家开发银行以增强国家竞争力和改善人民生活为使命，不断推进开发性金融的实践，积极支持国家基础设施、基础产业、支柱产业和高新技术产业的发展，以融资推进市场建设，经过不懈努力，已成为中国金融体系的重要力量，发挥着引领中国金融业健康发展的重要作用。

尤其是自1998年以来，国家开发银行以市场为导向，结合国家信用，以市场业绩为支柱，通过建设市场来实现政府的发展目标，探索着一条新的开发性金融的发展道路。①

在国有银行基本建设中长期贷款当中，国家开发银行贷款份额一直占四成左右，已累计向4 000多个项目发放贷款，贷款发放总额由2001年的1 768亿元上升到2005年的5 467亿元，其中包括长江三峡工程、南水北调、京九铁路、北京奥运项目、五纵七横国道主干线和黑龙江商品粮基地等具代表性的项目。②该银行近90%的贷款投向了电力、公路、铁路、石油石化、煤炭、邮电通信、农林水利和公共基础设施等瓶颈领域。特别是2003年以来，该银行更加注重优化贷款结构，以期为我国未来的经济增长打下更加坚实平稳的基础。即便在确定面向商业银行转型之后，该行仍持续支持煤电油运、农林水、通信和公共基础设施等重点领域发展，2010年新增境内人民币贷款4 219亿元，占比73.7%，重点保障了南水北调、京沪高铁、高速公路网、石油储备等一大批国家重点项

① 罗学东. 国家开发银行改革与发展的方案设想来源［J］. 银行家，2005（7）.

② 法悟. 开发性金融十年探索路. 中国经济周刊，2005年1月8日.

目建设。①

国家开发银行在有力支持国家重点建设项目的同时，也取得了令人羡慕的市场业绩，一些主要经营指标已经进入国际先进水平。国家开发银行《2006 年年度报告》数据显示，在“十五”期间，该银行资产总额逐年上升，从 2001 年的 8 890.9 亿元上升至 2005 年的 18 979 亿元，增长了 1.13 倍；贷款余额则由 2001 年的 7 576 亿元上升至 2005 年的 17 318 亿元，增长了 1.18 倍；在业务规模显著扩大的同时，也取得了良好的财务绩效。从 2001 年到 2005 年，该银行分别实现净利润总额为 111 亿元、119 亿元、132 亿元、174 亿元和 228 亿元。不良资产率则逐年下降，从 2001 年的 4.25% 降至 2005 年的 0.96%。此后，该银行资产总额继续逐年上升，从 2008 年的 38 212 亿元上升至 2012 年的 75 203 亿元，增长了 0.97 倍；贷款余额则由 2008 年的 28 986 亿元上升至 2012 年的 64 176 亿元，增长了 1.21 倍；在业务规模显著扩大的同时，也取得了良好的财务绩效。从 2008 年到 2012 年，该银行分别实现净利润总额为 208 亿元、319 亿元、371 亿元、456 亿元和 631 亿元。不良资产率则逐年下降，从 2008 年的 0.96% 降至 2012 年的 0.30%。②

在取得良好的经营业绩的同时，国家开发银行还不断加大金融创新力度，为我国金融服务业的现代化作出了积极贡献，比如：（1）该行大力推动管理资产业务与金融机构之间的合作，进一步开展银团贷款等管理资产业务。通过银团贷款、管理资产和资产证券化等方式，成功带动其他商业银行共同参与其信贷项目。这不仅有效地化解了信贷业务风险，实现了信贷市场与资本市场的对接，而且为商业银行创造了有利的信贷业务机会，满足国家重点项目和重点行业的资金需求，实现了开发性金融引导社会资金的目的。据国家开发银行 2005 年年度报告数据显示，仅在 2005 年，该银行作为牵头行就签署了 528 个银团贷款项目，总额达 1 357 亿元人民币，出售 197 个贷款项目的部分份额，总额达 530 亿元人民币。截至 2005 年末，管理资产总额（表外部分）达 4 438 亿元人民币，实现 8.7 亿元人民币资产管理服务收入。

（2）大力推动资产证券化业务发展。2005 年 12 月 15 日，该银行成功发行了以正式招标方式确定利率的中国首笔非个人信贷资产支持证券，市场反响热烈。此次发行的资产支持证券面值为 42 亿元人民币，其中优先 A 档为 29 亿元人民币，利率为 2.29%，认购倍数为 2.48；优先 B 档为 10 亿元，利率为一年期存款利率加 45bp（100bp = 1%），认购倍数为 4.22；次级档为 2 亿元人民币，

---

① 陈元. 国家开发银行 2010 年年度报告摘要. 中国财经报，2011 年 5 月 31 日.

② 国家开发银行 2012 年年度报告. http://www.cdb.com.cn/web/Column.asp? ColumnId = 5. 2014 年 2 月.

发行价格为每百元面值105.98元。该产品的推出是中国资本市场的一个重要里程碑，标志着该银行自1998年以来提出并长期推进的资产证券化业务取得了突破性进展，也是该银行对中国市场建设的重大贡献之一。

6.4.2　中国农业发展银行的发展与绩效①

近年来，中国农业发展银行认真落实国家粮棉宏观调控政策措施，积极适应市场和客户需求，适时调整和完善信贷政策，创新信贷产品，改进信贷服务，注重风险防控，加强贷款营销与管理，使各项业务得到了有效发展，为国家实施粮棉宏观调控发挥了积极作用。同时，适应我国农业稳定发展的实际，中国农业发展银行也保持了业务平稳增长和利润数为正的势头，为未来发展奠定了较好的基础。

第一，贷款规模保持了基本稳定并略有上升。中国农业发展银行认真执行党和国家关于“三农”和金融工作的各项方针政策，加大了信贷支农力度，贷款投放快速增加，扭转了多年来业务萎缩下滑的局面。据农发行官方网站披露的数据显示，在“十五”期间，该行各项贷款余额从2001年到2005年分别达到7 432亿元、7 366亿元、6 901亿元、7 189亿元和7 870亿元。仅在2005年，全年发放粮棉油收购、调销、储备贷款就达到3 423.7亿元，同比上年增加618.8亿元。此后，该行贷款规模继续上升，到2012年末已达到14 512.9亿元。

第二，资产总额也由2002年的7 644亿元上升到2005年末的8 502亿元，净利润保持了正数，从2002年到2005年，该行的净利润分别为0.34亿元、2.10亿元、0.73亿元和0.24亿元，该银行的资本利润率分别为6.97%、21.77%、12.20%和26.90%。此后，该行资产总额继续扩大，由2009年的16 568.24亿元上升到2012年末的22 930.79亿元，净利润保持了正数，从2009年的22.50亿元上升到2012年的142.92亿元，资本利润率也由2009年的60.13%上升到2012年的113.70%。

第三，筹资模式逐渐转变。为了满足业务发展的资金需要，中国农业发展银行加大了市场化筹资力度，使长期以中央银行再贷款为主的单一负债结构进一步得到改善，筹资多元化进程明显加快。其中，向中央银行的借款由2002年的6 485亿元下降到2005年的5 230亿元，此后又下降到2012年的3 020亿元。与此同时，通过发行债券筹集的资金由2002年的200亿元上升到2005年的1 766亿元，到2012年又继续上升到14 823.10亿元，增长了近73倍。到2012年末，金融债券占比已经提高到该行负债总额的66.08%，存款余额由2004年

---

① 本节未特别注明来源的数据均出自中国农业发展银行官方网站公布的各年年报。详情参阅：http：//www.adbc.com.cn/templates/T_report/index.aspx？nodeid=27.

的755.5亿元上升到2012年的4 220.5亿元，自筹资金比率由2004年的16%上升到2012年的87.5%。

第四，积极推动产业化龙头企业和加工企业贷款等新业务的有效发展，培育粮油信贷业务可持续发展的增长点。探索推行“政府信用协议”框架下的产业化龙头企业贷款业务营销和运作模式，充分利用政府信用平台，拓展粮油信贷业务发展空间，改善经营环境。截至2005年末，该行已与全国18个省、市、区政府签订协议37份，协议贷款金额2 600多亿元。此后，该行继续扩充业务，发挥其在支农中的重要作用。仅2012年，全年累放粮棉油收储贷款5 456亿元，比上年增加1 124亿元，支持收储粮食3 221亿斤，占当年商品量的50%；支持收购棉花8，740万担，占产量的60%以上，支持棉花储备创历史新高。

第五，积极拓展中间业务，增加银行收益。近年来，中国农业发展银行保险代理业务持续快速发展，该银行的代理险种范围进一步扩大，已经涵盖财产保险和人身保险全部险种，可以为客户提供全方位的保险代理服务；该银行的业务合作伙伴进一步增加，至今已与中国人民财产保险股份有限公司、中国太平洋保险股份有限公司、中国平安保险（集团）股份有限公司、新华人寿保险股份有限公司、中国人寿保险股份有限公司、中华联合财产保险公司等6家保险公司签订了业务合作协议，为保险代理业务的全面发展创造了条件。截至2004年12月末，农发行累计代理保险金额160.4亿元，代收保费3 314万元，实现代理手续费收入403万元。同时，该行还积极拓展中间业务品种，经中国银行业监督管理委员会批准，已经新开办了代理资金结算和代收代付等中间业务。2012年，中国农业发展银行全年实现各项中间业务收入达到10.4亿元。

第六，风险管理也得到不断加强。近年来，中国农业发展银行在业务快速发展的同时狠抓风险管理的各项基础工作，努力建立风险管理的长效机制，有效防范和化解金融风险，信贷资产质量明显提高。从2004年到2012年，该银行不良贷款余额已由1 352.2亿元下降到217.2亿元；同期不良贷款率则由18.81%下降到0.99%，实现了不良贷款余额和不良贷款率的“双降”。①

6.4.3 中国进出口银行的发展与绩效

近年来，中国经济实现了又快又好的增长，国民生产总值在2013年末达到56.88万亿人民币，位居世界第二；外贸进出口总值25.83万亿人民币，位居世界第一。作为支持我国进出口贸易和对外经济合作的国家政策性银行，中国进出口银行也为此作出了积极重要的贡献。

---

① 详细数据参阅：中国农业发展银行2012年年度报告，http：//www.adbc.com.cn/templates/T_report/index.aspx？nodeid=27.

在“十五”期间，该银行取得了长足的进步。各项业务持续快速发展，信贷资产质量显著提高；机构逐步健全，功能趋于完善。

据该行公布的资料显示，“十五”期末与初期相比，表内资产总额增长2倍，到2005年末达到2 048亿元；各项业务贷款余额增长2倍，到2005年末达到1 760亿元，累计支持出口的机电产品和高新技术产品以及对外承包工程和境外投资项目总额达1 473亿美元；累计转贷外国政府贷款33.2亿美元，为250个国内重点项目提供了支持。①

进入“十一五”后，该银行业务保持了快速发展的势头。“十一五”期末与初期相比，表内资产总额2006年末达2 583亿元，到2010年末达到8 871亿元，增长2.43倍；各项业务贷款余额2006年末达3 116亿元，到2010年末达到8 747亿元，增长1.81倍；累计支持出口的机电产品和高新技术产品以及对外承包工程和境外投资项目总额达1 153亿美元；2010年全年新签外国政府贷款转贷协议43份，协议金额约7.66亿美元，年末贷款余额255.2亿美元。到2012年，中国进出口银行业务规模继续保持稳定增长的势头。全年签约各类贷款6 433.23亿元，发放贷款6 462.18亿元；新签转贷协议金额5.49亿美元。年末，表内外资产总额和贷款余额分别达到17 043.37亿元和13 429.08亿元。全年共支持了1 659.06亿美元的机电产品和高新技术产品出口、对外工程承包和境外投资项目，以及1 116.67亿美元的产品进口。

该银行的政策性金融业务在我国外向型经济发展过程中发挥的杠杆作用十分明显。近年来，该银行支持了一大批具有战略意义和重大影响的“走出去”项目，创造了多项“第一”和多个经典案例。包括中石化、中海油、宝钢、国机、海尔、奇瑞、中国交通、中国建筑、中国水电等在内的大批中国企业，都是在中国进出口银行支持下首次进入海外市场的。自2002年起到2012年的10年间，中国进出口银行支持的机电产品和高新技术产品出口合同金额约占全国同类产品出口金额的15%，其支持的对外承包工程和境外投资等“走出去”项目近1 600个。在为经济社会发展提供有力金融支持的同时，中国进出口银行正在从单一的官方出口信用机构，发展成为新型国际经济合作银行。

该银行不断加强经营管理，经济效益指标呈现良性发展。在资产规模不断增长的同时，中国进出口银行强化全面风险管理能力，健全内部控制体系，强化市场营销和业务创新体系，构建合理的组织和制度平台，基本建立起以业务发展为指导、以提高市场竞争力和风险防范能力为目的、符合实际并更接近国际先进水平的组织体系，自2005年以来，逐年实现大幅度减亏增盈，实现了经

① 详细数据参阅：中国进出口银行网站，2014年5月。http：//www.eximbank.gov.cn/tm/report/index_27_26379.html.

济效益和社会效益的双赢。2008 年，该银行首次实现保本微利。2011 年，在主动让利于企业，承担汇兑损失 44 亿元，并缴纳了 33 亿元的营业税和所得税后，仍盈利 31 亿元。[①] 到 2012 年，该行净利润继续上升，达到 37.93 亿元。2012 年末表内不良贷款余额和比率分别仅为 90.51 亿元和 0.75%，持续维持较低水平。[②]

6.5 我国政策性银行的问题

尽管我国政策性银行成立至今十余年来，取得的成就与进步是有目共睹的，但与许多国外政策性金融机构一样，随着时间的推移和社会环境的变化，我国政策性银行也逐渐暴露出一些问题和矛盾，遇到诸多的困难，给它们的未来发展蒙上一些“阴影”。

6.5.1 政策性金融法规制度不健全

由于最初组建政策性银行的动机在于承接源自商业性银行中的政策性业务，为商业性银行实施市场化改革创造条件，因此，对于政策性银行的运作就缺乏周密的系统考虑。由此导致三家政策性银行从成立至今，仍没有专门立法来保障和规范其运行，对其经营范围、运行规则、违规处罚等也没有明确的法律规定，而在其成立时国务院的批复文件也没有根据发展阶段的变化进行修订，仅是参照商业银行的模式和法规、制度来进行管理，维系其运行的只是一些临时性的规章、办法，这种缺乏绝对权威性的法律制约与保障的状况，已经严重制约了政策性金融的发展，表现出明显的负效应（陆娟等，2003）：一是使政策性金融的业务经营处于“摸石头过河”的状况；二是使人行的监管无法可依而流于形式；三是制约政策性金融职能发挥及自身可持续发展。如在农发行扶贫贷款管理中，存在“多家投、一家收”问题，当出现信贷风险时却只由农发行来承担，导致权利、义务和责任严重地不对称，增大贷款风险，也影响到国家政策性信贷资金的使用效益。事实上，目前有的政策性银行的商业性气氛浓厚，并在某些领域同商业银行发生了激烈的竞争（岳予晋，2005）。如国家开发银行除向国家“两基一支”的基本建设和技术改造及其配套工程提供贷款外，其业务范畴已逐步扩展到直接投资（债转股）、债券承销、财务顾问、基金管理、提供抗非典及抗禽流感援助性贷款等方面。此外，国家开发银行还向中国人民财产保险公司发放具有次级债券性质的贷款，向中小企业发放贷款、向地方政府

① 刘溟．中国进出口银行：战略转型创新发展．经济日报，2012 年 10 月 22 日．

② 详见《中国进出口银行 2012 年年报》。

和行业主管部门发放技术援助贷款、超规模购买深圳市商业银行个人住房贷款等（罗学东，2005）。

6.5.2　政策性银行与政府其他宏观管理部门的关系未理顺

现阶段，我国政策性银行与财政、人行、银监会、计委等部门的关系还没有理顺（瞿强，2000：272）。这突出表现在我国在对政策性银行国有资产的管理方面，仍存在多个公共管理职能部门分享国有资产出资人职能的情况，导致管资产、管人和管事不统一，所有者缺位（孙天琦，高冬民，2004）。① 如图6.1所示，财政部虽然是三家政策性银行的唯一出资人，但是其出资人权利并没有得到全面落实，主要表现为出资人选择经营者的权利不完整。财政部作为出资人，只负责划拨资本金，以及承担对政策性银行的贴息补助、损失核销以及涉及国有资产处置方面的问题，但是无权选择和任命政策性银行的负责人；国务院派驻监事会也拥有了事实上的出资人权利；而银监会作为行业监督部门，对于政策性银行的负责人选取也拥有一定的发言权。这种"多头治理"的状况无法解决激励不足和约束不足的问题，"谁都有责任，谁都没有完全责任"的结果必然是无人负责。而且，也由于多个部门都对政策性银行的国有金融资产行使出资人职责，必然带来相互扯皮、相互推诿等情况，最后的结果是没有一个部门能够真正地履行出资人的经营收益权、人事任免权、资产处置权等权利，

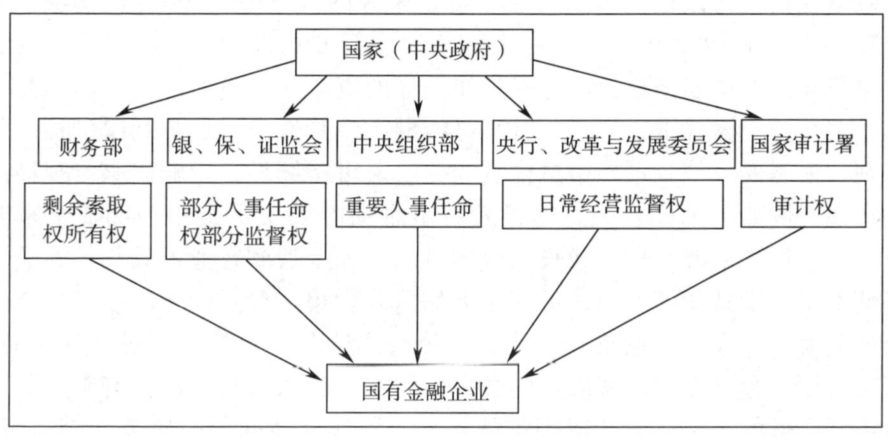

资料来源：王旭红，《我国新型国有金融资产管理模式研究》，湖南社会科学，2006（2）。

图6.1　我国现有国有金融资产管理体制

① 具体描述可参见：孙天琦．高冬民．国有金融资产管理研究［J］．当代经济科学，2004（4）．

国家所有者并没有一个“人格化”的具体代表，容易导致真正的所有者权利也落到企业经营者手中，从而产生“内部人控制问题”。

6.5.3 融资和国家财政担保制度不完善

政策性金融由于其特点，不可避免地承受着巨大的经营风险，很容易导致信贷资产质量滑坡和财务状况恶化。但我国尚未充分重视这一问题，而对政策性银行利率、税收等政策上的优惠以及在培养企业还贷能力方面的支持也很不够。事实上，政策性金融发挥应有的职能必须以相对稳定、低成本且充足的资金来源作为基本前提，所以，合理的资金筹措机制应是政策性金融运行机制的重要组成部分。近年来，我国虽开始探索以市场化发债来筹资，但至今仍无明确的立法保障（廖有明，2005），这意味着我国政策性金融机构融资方式并没有实现“制度化①”，从而对其持续发展带来不稳定的预期。具体地看，我国政策性金融机构的融资面临三个突出问题（牛晓健，2004）：首先，渠道单一。目前，我国的政策性银行未能充分利用国家信用的特点，同财政的联系也不紧密，过分依赖于债券市场。据统计，除农业发展银行85%的负债来源于向人民银行借款以外，其他两家政策性银行的负债中，进出口银行94.5%和开发行85.8%均来源于发行金融债券（根据三家政策性银行网上公布2002年资产、负债表计算），而且农业发展银行也已经在2004年首次发行金融债券。可见，我国政策性银行是以市场筹资为主要资金来源的（钱晔，2005）。其次，筹资成本高。我国在1999年对政策性金融债的发行方式进行改革，实行由商业银行在银行间债券市场招投标的方式，使债券的资金成本有所降低，但仍高于同期商业银行的资金成本，这样一来很可能导致政策性金融业务利率倒挂，贷款越多则亏损越大，使政策性金融信贷业务缺乏可持续性，影响国家宏观经济目标的实现。例如国家开发银行通过发行金融债券筹集资金占全部资金来源的90%以上。这种来源结构造成投入成本过高，如果遇到行业不景气，到了还债高峰期不得不发新债还旧债，形成很大的风险隐患。最后，我国政策性金融在融资环节上对人民银行的依赖过大，可能会影响到中央银行的独立性。同时，我国的政策性金融也缺乏实质性的国家信用支持，财政担保非常有限，除了会给政策性金融的正常运营造成困难外，还会导致其他问题的出现（李吉平等，2000）。

---

① 美国政治学者塞缪尔·亨廷顿（Samuel Huntington）认为“制度化是组织和秩序获取价值观和稳定性的一种进程”。Judy Pearsall 在《新牛津英语词典》中给“制度化”下的定义是，所谓“制度化”(institutionalize)，其含义主要是两个：（1）使一种行为成为一种规范或原则；（2）以某种固有的制度规范人的行为。

6.5.4 考核评价机制的难题未解决

建立起科学合理的业绩考核评价机制是管理和监控政策性银行的重要途径。一般来说，私人金融中介对服务产品和目标市场的决策受利润的驱动。然而，就政府所支持的政策金融机构来说，对发展效应的考虑却要多于对利润的考虑。因此，从理论上讲，如果政策性金融机构或项目能够有助于促进经济增长或者有助于增加就业就被认为是成功的。但问题在于这两者间的联系很难直接观察，也并不存在着一种可以定量化测定的因果联系。这就给考核评价政策性银行的业绩带来了一个现实的难题，即如何设计这一机制，尤其在财务指标并不能有效说明问题的前提之下，如何才可能比较客观地估计出政策性金融机构的投入与产出关系。从国际上看，这一问题也并没有得到根本的解决。在我国，目前对政策性银行的评价依然是从其资本/资产比率、收益资产比率、坏账率等指标来作出的。但是，很显然，根据这些财务指标来对政策性银行作出业绩评判的做法是非常片面的，这不仅是因为已经刚提到过的原因，还因为我国几家政策性银行都承接了大量的历史“旧账”（旧债），此外它们还要受到大量的自身不可控的外来力量的影响（如农业发展银行对于其大量农副产品专项信贷资金被地方挪用并没有有效的对策）。已有的研究表明（瞿强，2000：274），在国家开发银行接收的原“拨改贷”资金余额中，企业能按期偿还的约占10%，还有30%虽有能力偿还但需要展期，另外60%已基本形成呆账而很难收回。而中国进出口银行则是由于原对外经济贸易信托投资公司划转过来的债权债务存在问题较多，一些项目的法人不见了，国外债主就找中国进出口银行。目前，这些旧账偿还是由中国进出口银行垫支的（1亿多美元利息），到1997年就开始还本。中国农业发展银行贷款回收困难和大量资产流失的主要原因在于粮食企业亏损和资金挪用严重（仅从1994年至1996年末，粮棉油企业就挤占挪用收购贷款776亿元，附营业务占用334亿元，超出政策性业务范围挪用130亿元，多头开户存款29.5亿元，以上四项占用1 269亿元，占收购贷款的21%），还有农副产品收购资金中财政、企业配套资金不到位等问题。尽管财务指标不足以真实地反映政策性银行的努力和业绩状况，但除此之外，现阶段我国并无别的业绩评价办法，这就极易使我国国有企业那种传统的“盈利归自己、亏损归国家”的弊病重生，而且也容易引导政策性银行背离保本微利的原则而转向追求利润最大化。

6.5.5 软预算约束问题突出

这正如陈元（贾瑛瑛，2006）曾指出的那样，在国家开发银行成立的初期，受当时经济体制和发展阶段的影响，同时也由于缺乏对金融制度和其运行规则的深刻理解，导致开发银行成立初期的体制框架是以财政融资的观念和方式为主导，从而造成了大量的不良资产、治理结构缺损、金融和经济发展相脱节等问题。到1997年底，国家开发银行不良贷款率曾高达40%。不独于此，另有统计数据表明，至2004年末，农业发展银行按对外口径披露的不良贷款余额达1 143.2亿元，占比为15.9%，远高于国内其他商业银行（田永强等，2006）。而进出口银行常年累积的不良贷款的规模也估计在百亿元人民币左右（郇丽，2006）。此外，我国政策性贷款的增长速度也非常快，在2005年增长率超过了20%，是同期商业银行的1.5倍。在政策性贷款不断增长和不良贷款风险不断加大的同时，我国政策性银行并没有建立起很好的运行机制，仍然存在法人治理结构不健全、内部审计和监察力量薄弱等问题（廖有明，2005）。在笔者看来，以上这些还远非问题的关键所在，真正的问题在于现阶段我们仍然无法弄清我国政策性银行产生亏损或坏账的真实原因，而要收拾残局并为之付出代价的仍只有财政部门。对政策性银行一切不利后果的责任归属和争议也将仍旧停留在空洞的理论推演上。而这正是我国政策性银行依然处于“软预算约束①”状态的最有说服力的证据。因为即便政策性银行内部低效率运行或者败德行为丛生，其造成的损失也仍有转嫁到外部的可能，它仍可存续发展。

从原因上分析，这既与银行的特殊性、政策性银行的特殊目标、考核难题等相关，同时也与以下两个方面的因素有关：（1）扩大银行自主权。我国政策性银行是在国有企业自主权不断扩大的进程中组建成立的。政府作为所有者，只保留了重大的人事权、经营权和监督权，企业的控制权在很大程度上被转移到了“内部人”（尤其是“主要经营者”）手中。但是，从我国现阶段的现实来看，一方面，包括政策性银行在内的国有企业并没有真正建立起比较完善的控制“内部人控制”机制。因此，扩大企业自主权的结果是使预算约束问题更加严重了（薛晓斌，2005）。因为此时不但政府没有放弃随机干预的权利，而且银行经营者也有了更大的控制权，同时信息不对称的程度也进一步扩大，这就给银行经营者的行为带来了更大的道德风险。另一方面，我国现阶段还没有在政

---

① 这里所谓的软预算约束，通常是指经济主体运行的财务后果由政府或者其他机构承担，这会引起经济主体和经营者事前的机会主义行为，由于存在事后补贴，削弱了组织的退出机制，易造成资源配置的效率低下。这一概念源于微观经济学中“预算约束”这一术语。在标准的经济学教科书中，主要的经济行为者—消费者、企业甚至政府，都会面临着在既定收入或资源预算范围内作出各种力求效用最大化的支付决策的基本问题。这里的预算既可以是当期的收入存量，也可以是预期的收入流量，它从根本上限定了经济主体包括消费、储蓄和投资在内的行为选择集。70年代，匈牙利期望借助引入市场来实现经济的改革。在这一过程中，科尔奈（1986）首先观察到了软预算约束现象。他发现，当国有企业一旦发生亏损时，政府常常会采取诸如追加投资或者贷款并提供财政补贴等措施解救亏损的企业，使其免于破产。科尔奈还认为，软预算约束具有两个主要特征：一是可在事后对企业的财务计划重新进行谈判，二是企业和中央部门有密切的行政联系。

策性银行建立起比较市场化的银行经营者选拔机制和相应的激励机制（经营者的激励仍与其是否在位相关），这样，经营者并不会因为其自身努力而获得充分的制度性的激励和补偿，但同时，又由于存在得到政府救助的机会，政策性银行经营者损公肥私的可能性增加，并使得谋求事前的政策优惠和事后的行政扶持与自身的利益息息相关，软预算约束问题就有趋于恶化的可能。（2）退出机制的缺失。退出机制是经济赖以保持高效运行的重要机制。在较为成熟的现代国家中，如果预算约束体突破了它们的约束，那么事实上就违背了它们所承担的民事或合同义务，从而会受到相应的制裁和惩罚。其退出或破产以及可能受到其他处罚的前景不但可以从其置身的法制环境中得以预期或证实，而且其被执行的可能性也会为大量的已有案例所大大加强。但是，在我国现阶段，这样的条件并不具备。而且，正如施华强、彭兴韵等所指出的那样："在市场退出方面，虽然中国人民银行在2001年颁布了《金融机构撤销条例》，但这并没有建立起完善的市场退出机制。所以当一家金融机构出问题时，监管当局一般要求另一家金融机构来承接其大量的不良债权。例如，1995年当海南发展银行陷入了流动性困境、面临破产时，政府要求中国工商银行托管海南发展银行。政府行政性的退出机制不仅弱化了被救助机构的预算约束，而且还增加了出手救助金融机构与政府讨价还价的砝码，从而强化了其自身的软预算约束①。"事实上，我们很难从现有的制度中推断出政策性银行应当破产或关闭的某种较为明确的满足条件。尽管政策性银行不同于其他商业银行，不会轻易就涉及破产或关闭的问题，但是在其不良资产积累到一定数量时，从国外经验来看，对其进行重组至少是十分必要的。而且，这也相当于一种变相的清算，同样需要事先确立相关规则以防止各种机会主义行为的发生。

6.5.6 监管机制远未到位

监管机制是保障政策性金融机构经营活动按照预定的经营目标、经营原则进行运作的制衡系统。尽管中国三家政策性银行从1994年正式成立至今已走过了十余年的历程，但总体而言，对它们的监管却仍处于一种比较模糊的状态，尤其表现在监管依据、监管体制、监管方式等方面。而在具体实践中，则是由中国银监会在承担着相应的监管职能。因此，从金融监管所必须具备的基本条件来看，这种状况是存在严重问题的，既不规范，也不利于取得好的监管成效。

首先，监管依据极不健全。从理论上讲，监管机构主要是执法机构。因此，要做好监管工作必须首先具备相关的法律条件。但是，在我国，包括中国开发

① 施华强，彭兴韵．商业银行软预算约束与中国银行业改革［J］．金融研究．2003（10）．

银行、中国农业发展银行和中国进出口银行在内的三大政策性银行，主要是根据中国共产党十四届三中全会的决定和《国务院关于金融体制改革的决定》以及国务院分别组建三大政策性银行的《通知》和批准的一些《方案》、《章程》等而建立和运作起来的。而这些行政性的文件明显存在立法层次较低、权威性不足、可操作性不强和适效期较短等问题。虽然1995年颁行的《中国人民银行法》中的第35条中规定了人民银行对国家政策性银行的金融业务进行指导和监督（白钦先，王伟，2005），并且在2003年颁布的《银行业监督法》中也将这一职能转交给了新成立的中国银监会，但仍然缺乏对政策性银行业务范围、监管方式等方面的重要界定。如果监管法律一直空白，那么也必然使得监管机构“自行造法”，从而有可能使监管机构拥有过大的自由裁量权和处置权，为监管“失灵”埋下隐患。

其次，监管体制尚不稳定。在《银行业监督法》将监管政策性银行职责转交银监会的同时，该法第48条又明确指出，若法律、行政法规对政策性银行的监督管理另有规定的，可依照其规定。这种规定虽为未来调整政策性银行的监管体制留下了余地和灵活性，但同时也可能导致现有监管机构——中国银监会产生摸索和试点的想法，也会在一定程度上影响到它的监管积极性。因为从公共选择理论的视角来看，中国银监会同样存在着寻求部门利益最大化的动机，如果政策性银行监管体制尚未确定而且实现调整，那么就极易导致中国银监会在这方面的前期投入（比如人员、资金等）成为另一个新的监管机构的资源，而中国银监会自身却无法收获全部利益，这势必会影响到它对政策性银行监管的工作积极性。

最后，在监管方式上漠视政策性银行与商业银行的监管差异，致使监管难以准确到位（重庆银监局课题组，2004）。这样，不但会直接影响到监管的有效性，降低双方的认同度，甚至还可能误导政策性银行，加剧政策性银行业务取向市场化、经营管理商业银行化的倾向。举例而言，目前商业银行监管中较为流行的方法是CAMEL（即资本充足度、资产质量、管理、盈利和流动性五个方面）评价法。从该方法所选取的主要指标来看，虽然其中在不少方面也适合于评价政策性银行的稳健性，但很显然，其中某些指标，尤其是盈利指标，就不完全适用于对政策性银行的评价。因此，必须结合不同政策性银行的具体特点来设置相应的指标体系，才可能对政策性银行起到真正的引导或约束作用。

6.5.7 微观治理机制不健全

从一定意义上讲，法人治理结构问题就是解决所有者与经营者的利益关系问题。其途径主要是制定一系列比较完善的制度和机制，来确保对经营者的行为实施有效的激励和约束，控制代理成本。如果缺乏适当的法人治理结构，那么，所有者的利益就容易遭受侵蚀。从我国现阶段来看，一方面，政策性银行仍然缺乏有效的激励和约束机制。其主要表现是，政策性银行的亏损最终仍会由全社会来承担，缺乏针对董事会或管理层的问责制度及措施。而另一方面，政策性银行的盈利也很难给法人内部成员带来相应的收益。事实上，我国政策性银行是在我国深化金融体制改革和面向社会主义市场经济体制转型特定历史时期成立的，这就使得它不可避免地带有这个时代的诸多色彩，因而在公司治理问题上就有着同时期的其他一些国有企业的共性矛盾，当然其具体表现形式又略有不同。

首先，在我国现行实践中，三家政策性银行虽然是国有独资公司，但却并未按中国《公司法》的要求规范公司治理结构建设。目前，仍由国家直接任命政策性银行高级管理层，实行行长负责制。这样，政策性银行的主要经营管理者将董事会职责一起包揽，行长既是决策者，又是执行者，存在着角色和利益冲突，其决策的有效制衡机制没有建立起来（胡怀邦，2005）。此外，即便按《国有重点金融机构监事会暂行条例》规定，监事会有权就经营管理人员经营及业绩情况做出评价，并提出任免建议，但由于该条例并未要求经营管理人员向监事会提交经营计划，也不需要据此与监事会签订绩效合同，所以，此评价和建议缺乏事前的参照，其有效性也就大打折扣。

其次，我国政策性银行主要经营者的激励机制约束不健全。从目前了解的情况来看，由于我国三家政策性银行都还没有公开上市，因此，其主要经营者的激励机制仍停留于传统的模式下，即没有建立起与银行经营业绩直接挂钩的市场化货币化显性报酬机制。对主要经营者的激励则主要来自于在职消费、潜在的政治升迁以及与其他股份制商业银行相比微不足道的货币化薪酬，而且由于目前我国还没有对政策性银行建立起一套比较科学合理的经营业绩考核评价办法，因此，究竟主要经营者履职情况如何和贡献如何，事实上也还不能作出比较客观而公正的判断。总之，目前最为肯定的事实是，我国政策性银行主要经营者与银行整体利益的相关程度并不是足够的明显，就更谈不上相关程度是高还是低了。在国家所有者对政策性银行经营者缺乏有效的激励和约束的条件下，经营者作为代理人既无激励，也无约束，从而容易使个人私利凌驾于银行利益之上，经营行为取向趋于短期化，并且其经营准则变成“收益”内部化于作为银行“实际控制者”的个人和团体，而损失和亏损则外部于“所有者虚无”的国家。

6.5.8 小结

综上所述，从表面看来，我国三家政策性银行现存的困难、问题及矛盾似乎是多方面的，而且千头万绪非常复杂，但归纳起来看，这些问题又是相互联系的，甚至有些问题还是相互加强的。这正如我们在第 4 章的分析中所已经指出的那样，这些问题不过是政策性金融运行中出现失序的各种外在表现，都与政策性金融体系中存在的三层委托—代理关系①未得到妥善的处理有着直接的因果关系。比如，正是由于我国现阶段法治化程度尚不高，政府享有很高的权威，因而它能够无视国外“立法在先”的实践经验，自行决定并依靠行政方式来组建和管理政策性银行；而这又进一步影响到其与政策性金融机构之间委托—代理关系的处理，因为政府部门所享有的权威地位，又使得它缺乏足够的动力和紧迫感去尽快完善各种制度，以加强对政策性银行的激励监督和约束。换言之，在假定我国政府部门也是由具有“自利”动机的“经济人”所组成的前提下，政府部门即便在管理政策性银行上出现许多失误和问题，也只不过是造成了对社会公共资源的浪费而不会给自身招致重大的损失（因为法治水平的不高极可能限制了社会公众对政府的监督和控制能力），而且更不能轻易排除这样一种可能，即法制的实现或各种制度安排的及时到位，可能正好限制了政府的行政干预自由、也“捆”住了某些“不法”政府官员的手脚，使其无法乘隙“上下其手”来谋取一己私利。而在政府对政策性银行又缺乏有效的激励和监督约束制度安排时，政策性银行自身也是很难做到独善其身的，或至少可以说缺少一种制度上的保障来使它非要努力做到高效运营不可。

当然，以上的分析只是一种理论上的抽象推导。结合我国的国情和发展实际来看，我们并不能将政策性银行各种问题的出现都完全归之于法治水平的不高以及政府部门的作为不到位等因素。在笔者看来，坚持这样的做法实际上就等于是对政府一种不公平的苛责。因为本文的问题分析是将政策性银行置于中心地位的，并且是一种事后的、规范性的分析和判断，而且还主要是以经济或效率标准作为问题与业绩的评判尺度，然而这些特点却与现实中政府部门所面临的真实处境相距遥远。对像中国这样的一个巨型发展中国家而言，政策性银行的前途和命运可能并不是一个很容易被列上政府优先解决事项的议题。政府

① 如同第 4 章所述，政策性金融机构要实现有序运转，顺利地履行好既定使命，必须依赖于三个层面的委托—代理关系的有效处理。这三个层面分别是：第一层委托—代理关系存在于社会公众与政府之间。由于政府手中的资源、权力属于公有资产、归公众所有，因此，社会公众将这些资源委托给政府经营，从而构成第一层的委托—代理关系。在这里社会公众可被称为“初始委托人”，政府为提供社会所需的政策性金融服务的“代理人”。第二层委托—代理关系存在于政府部门与政策性金融机构之间。政策性金融机构是政府为社会提供政策性金融服务的直接承担者，因此，政府与政策性金融机构之间又构成了一种事实上的契约关系。在这里，政府扮演了“中间委托人”的角色，负责将集中起来的社会公众意图通过政策或任务的方式传递给政策性金融机构。第三层次的委托—代理关系则存在于政策性金融机构的内部，表现为政策性金融机构的管理层与执行层、总部与分支机构之间的关系等。

部门在管理政策性银行的过程中也很难可以避开非经济因素的干扰或影响。① 当然，受“有限理性”的限制，政府部门的决策更不容易做到“后见之明”那样完美无瑕。更何况，许多决策都存在着会带来“意外效果②”的特点，这就更增加了从事后角度看来政府行为的非理性程度。然而，笔者这样做的目的也绝不是要简单地为政府部门可能存在的无辜行为进行辩护，笔者想要指出的是，如上所述，政府制度供给的不足的确是不争的事实，也是我国政策性银行产生诸多问题的重要原因，但不是唯一的原因，而其他不易探明的原因之中可能就包括了决策的“意外后果”效应的影响与“有限理性”的客观限制，而学者对新问题的发现和研究，却可能帮助政府超越这些限制，使政府的行为能够更加适应于解决现实问题的需要。对于我国政策性银行的发展问题而言，同样也是如此。

6.6 我国政策性银行面临的新挑战

我国政策性银行除了在前期运营中遇到一些问题之外，还面临着我国经济体制市场化和经济融入全球化程度日益加深所带来的巨大挑战。当然，经济环境的变化也给政策性金融的发展在某些方面带来了机遇。

6.6.1 经济全球化

经济全球化是一个不断扩展的过程。它对一国的影响是极为深远和复杂的。大体而论，这种影响可以从两个方面来分析。首先，它意味着国外资本和产品要更加大量地流进来，这就对本国产业的生存发展提出了更加严峻的竞争要求。其次，它也意味着国外市场对本国的开放，这又为本国的经济安全和产业安全提供了新的挑战。在参与经济全球化的过程中，政府出于维护本国经济利益的

---

① 我们可以仅从金融生态环境的角度来说明各种复杂的社会因素对政策性银行所可能产生的影响。金融生态环境从广义上讲是指与金融业生存、发展具有互动关系的社会、自然因素的总和，包括政治、经济、文化、地理、人口等一切与金融业相互影响、相互作用的方面，是对所有金融机构产生影响的基础性要素。从狭义上讲，是指微观层面的金融环境，包括法律、社会信用体系、会计与审计准则、中介服务体系、企业改革的进展及银企关系等方面的内容。从我国当前情况来看，由于正处于新旧体制转型期，金融生态环境的现状不容乐观，如：传统的政府干预色彩仍然较浓，政府角色和职责转换的实现决非朝夕之事；社会征信体系不健全，增大了借款人的道德风险动机；司法系统不完备，金融违约的成本过低等，这就使得我国政策性银行很难不受这些方面因素的影响和制约。

② 正如维科在《新科学》中所言，“当今世界无疑是产生于一种多方面的、有时是完全相反的、而且总是高出于人们原来为自己提出的特定目标的精神……人们想要满足兽性的欲望，遗弃子女，同时又要庆贺纯洁的婚姻，由此产生家庭。当父亲的想要无限制地对被保护者行使父权，同时又要他们服从世俗政权，由此产生城邦（维科，1948，第1108节）”。转引自：［英］艾伦·斯温杰伍德，陈玮、冯克利译．社会学思想简史．社会科学文献出版社，1988：9.

需要，必然会利用包括政策性金融机构在内的多种工具的作用，按照通行的国际惯例，一方面积极支持本国弱势产业在国内持续生存，另一方面帮助本国强势产业向外扩张。这就为政策性银行提供了在新的历史时期中存在的理论基础和发挥效用的新领域。从国外的经验来看，在加入 WTO 后，由于一些传统的政府直接保护手段受到限制或会招致相应的报复，许多国家都纷纷选择了通过政策性金融机构来填补原来政府扶持角色的新途径。比如，通过加强农业政策性金融机构的建设，可以有力地为弱质农业提供所必需的资金支持，进而带动技术的进步和生产率的上升。又比如，可通过加强对进出口和海外开发性金融机构的支持，支持本国进出口业务的发展和对外直接投资。

从中国的实际来看，中国已经加入了 WTO，一些原来的直接保护手段，如关税、直接补贴、投资限制等，都已经受到很大的使用限制。但与此同时，相当多数产业的国际竞争力还不强，甚至包括一些基础设施、支柱产业以及农业等，仍然还需要大量的资金支持。此外，为了更好地通过国际分工取得更大的比较优势，我国也需要一批具有一定竞争实力的企业走出国门，拓展市场，开辟原材料基地，这些都离不开政策性金融机构提供必要的资金、保险和信息支持，换言之，经济全球化尽管给我国宏观经济带来了挑战，但对政策性金融的发展又是机遇。

6.6.2 我国经济发展进入新阶段

目前，我国经济发展已进入一个新的阶段，买方市场已初步形成，正加速向市场经济体制转变。[①] 这种发展对政策性银行带来的影响也是多方面的。

首先，过去按行业、按区域、按银行性质的分工都变得模糊了，政策性与商业性银行的分工、固定资产贷款与流动资金贷款的分工和原有的信贷分配格局正在被打破，传统的银行业务受到冲击，市场竞争日趋激烈，好的客户和项目成为银行竞相争取的对象。

其次，我国资本市场的迅速发展，出现了多种融资形式。企业直接融资能力提高，好的企业资金相对宽松，不再仅仅是银行选择企业，而是企业开始选择银行，特别是东部地区，客户开始主动选择那些服务好、金融产品完善的银行。资本市场的发展有助于缓解开发性银行等在提供长期资金方面的压力，而其他一些新型融资机构如小额信贷机构和担保公司等的出现也会相应削弱部分政策性金融服务需求，这就要求我国政策性金融必须加快在业务领域等方面的调整。

最后，财政状况不断改善。正如中国人民银行行长周小川（2006a）指出的

---

① 陈元. 中国政策性金融的理论与实践——兼论国家开发银行的改革和发展（之二）[J]. 金融科学，2000（3）.

那样，“通过国际比较可以知道，政策性银行做的有些事情，其实财政也可以做，或者说，是因财政实力不够才通过政策性银行做的，但不应该由商业性机构来做。这也与财政收入占 GDP 的比重有关系。在我们财政占 GDP 比重太低的时候，确实有些事情想做，而又没有钱，这时候我们借助了政策性银行来做。1994 年进行税改以后，财政开始慢慢走出低谷，后来出现了每年财政收入可以增长大概 1 000 亿元左右的良好局面。最近几年，出现了令人有些喜出望外的情况，财政收入一年能增收 5 000 亿元左右”。事实上，财政状况的变化对于政策性金融的发展也是既有机遇又有挑战。一方面，财政实力的增强，有助于克服政策性金融发展中遇到的困难，比如说资本金不足、利率倒挂的负担重等，但另一方面，对于一些公共性很强的金融需求，如农业科技发展等，可以采取由财政资金直接扶持的方式。

6.6.3 金融制度变迁与国际政策性金融的改革潮流影响

从现代金融机构发展的总体趋势来看，单一银行制的优势似乎受到越来越多的质疑。通常认为，出现这一现象主要有两个方面的原因。首先，从实践上看，为了适应全球化经济竞争的需要，一些发达国家的银行由自由竞争向垄断集中的趋势正在加强，全球金融机构大合并浪潮时有发生，仅在 20 世纪 90 年代以来，就发生了多起规模巨大的金融机构合并重组的案例。除了增强规模上的优势，一些发达国家还放松了对金融机构的业务管制，允许其跨越传统的银行、证券和保险业务边界，以便发挥其内部的规模经济，开展全业务竞争，提高生产率和竞争力。尽管这一现象才崭露苗头，但是它却深深地冲击到人们所持有的传统理念，并引起传统金融机构的关注和思考。其次，从理论上看，近年来兴起的金融功能理论①表明，传统的金融“机构观”② 存在内在的诸多不足。在

① 金融经济学中的“功能观”最早由默顿、博迪和皮尔士等人提出（方福前，徐丽芳，2005），并将其应用于存款保险制度改革和管制的分析，直至最终发展为一种研究金融中介的新方法。该范式从金融所处的系统环境和经济目标出发，考察金融系统与外部环境间的功能耦合关系，在此基础上，根据成本—收益比较原则，选择能满足系统环境对金融功能需求的金融形态和功能实现机制。通常地，“功能观”把金融体系的基本功能区分为六大部分，即清算与支付结算、转移经济资源、管理风险、储备或聚集资源与分割股份、提供信息和解决激励问题。它强调应根据不同的金融功能，来设计将使金融体系能够更有效地降低交易费用的金融组织形态和架构市场竞争机制。在金融“功能观”看来，执行金融功能的载体可以是各种经济组织，一项金融业务可以是几种功能的组合体，同一金融功能也可以由不同的金融产品来实现。由此可见，这种制度架构，追求的不是金融机构的多变性，而是金融体系功能的相对稳定。

② “机构范式”认为，只有在现有的金融结构框架下，金融才能发挥其对经济增长的作用，也就是说，根据现有的金融结构赋予其相应的功能，并通过其行为绩效判断其功能实现的效应。它实际上遵循的是“结构—功能—行为绩效”的思路（徐良平，2002）。这种范式所注重的是，根据现有的金融机构赋予其相应的功能，并为其建立各种法律法规。

"功能观"看来，金融机构只不过是执行特定金融功能的载体。重要的不是金融机构如何定义，而是金融机构提供哪些功能。从功能理论出发，可以看出，金融机构需要提供何种业务并不需要由政府来限定或管制，关键取决于其提供不同业务的交易成本的高低比较。从"功能观"可以看出，只要现有的政策性金融机构所承担的功能能够为其他制度形式所同样发挥，而后者运行效率又相对较高，那么，政策性金融体系的转型就应是一条必由之路；类似地，如果政策性金融机构能够承担其他的商业性功能，而且其提供成本又不逊于其他金融主体，那么，也应当相应地放松对政策性金融机构的管制，允许其扩充经营范围，拓展其功能边界，让市场机制来决定其命运沉浮。而这都意味着人们需要重新审视政策性金融的实现形式及对现有政策性金融机构的调整。

另外，在国际上政策性金融机构已经出现了新的改革和转型热潮。如同第5章中所述，由于一些传统政策性金融机构运行效率低下，造成的各种负面影响日益彰显，许多国家都对其进行了调整和改革，许多政策性金融机构纷纷走上了不同的发展变迁路径。尽管其演变的进程中，只有数量较少的一些政策性金融机构被关闭、重组或进行私有化，但是在西方少数发达国家大力宣扬与鼓吹金融自由化的背景衬托之下，这些少数案例给人们所带来的印象却似乎显得分外深刻，以致引起了部分人们对政策性金融机构的有效性持有疑虑①。就在我国，市场经济发育逐渐成熟，历史条件发生变化，政策性银行的作用也渐渐受到质疑，以致在我国政策性银行未来发展方向目前仍存在许多争论。因此，究竟还要不要政策性金融、究竟需要何种政策性金融以及如何发展政策性金融，都仍然有待得到更加明确的回答，以指导实践的进行。

6.7 结论

总的来看，面对广泛存在的政策性金融需求，我国最初选择的制度供给形式是通过组建国有银行来提供政策性金融服务。当时的国有专业银行事实上就等同于是政策性金融机构。但随着经济水平的提升、市场化程度的加深以及政策性金融需求的相应缩小，这种制度供给形式所带来的负面效应不断加大，其制度成本日渐升高，及至政府再也无法接受，为此，政府进行了改革，选择了新的以组建专业性政策银行为特点的制度供给形式，这时，原为国有专业银行所承担的大量政策性业务被分离出来，纳入到新建的三家政策性银行中去。这些政策性银行构成了我国新的政策性金融体系的主体。十余年来，它们在贯彻

① 可参见：张涛，卜永祥．关于中国政策性银行改革的若干问题［J］．经济学动态，2006，（5）：3~11．

国家意图、支持基础设施、基础产业和支柱产业的发展、扶持农业进步以及促进进出口业务的发展等方面发挥了积极的作用。但与此同时，其运行中也暴露出不少的问题。归纳起来看，这些问题均与政策性金融体系运转过程中所涉及的三层委托代理关系未得到妥善处理密切相关。与此同时，我国政策性银行还面临着来自我国更深地融入经济全球化、经济发展进入新阶段以及全球金融制度变迁呈现新特点等三重新挑战。面对各种问题和新挑战，我们迫切需要在合理借鉴国外政策性金融发展演变经验的基础上，加强对我国政策性银行发展与改革对策的研究，以为政府决策提供有益的参考，使我国政策性金融体系能够更好地满足经济和社会发展的需要。

7 发展我国政策性金融的对策建议

面对政策性银行运行中暴露出来的问题和国内外经济环境等发生的新变化，目前，国内许多研究[①]纷纷指出，我国政策性银行已处在改革的十字路口。然而，在改革的思路和一些具体举措等方面，国内仍未达成一致共识。为此，本文拟针对我国政策性银行所存在的主要问题、面临的各种挑战以及国内现有的一些相关改革争议，结合国外的经验教训，提出笔者的思考与建议，希望能有助于进一步理解认识上的差异，以促进我国政策性金融的健康可持续发展。

7.1 我国政策性金融改革的目标模式选择

关于国内对政策性银行改革方向的争论，张涛、卜永祥（2006）等曾作了很好的归纳。他们认为，目前主要有三种主张，且这三种主张又分别引出不同的改革思路。

第一种主张认为，我国仍处于经济转轨阶段，较长时期内仍需要政策性银行发挥作用，政策性银行应在国家信用的基础上继续从事政策性业务，与商业银行严格限定经营范围，互不交叉。其改革思路是，我国应当继续维持传统政策性银行的定位，维持准政府机构的职能，从事国家规定好了范围和边界的政策性业务，由国家财政担保，风险由国家财政兜底。

第二种主张认为，政策性银行较好地完成了历史使命，但面对国家发展的新形势和新任务，政策性银行应在条件成熟时转型为开发性银行。其改革思路是，我国则应当推进政策性银行尽快向开发性银行转型，实行市场化运作，并

---

① 可参见：周小川（2006），贾瑛瑛（2006），岳予晋（2005）；另可参阅：温家宝（2007）等。另外，2005 年年初中国银监会工作会议已明确提出把“加快政策性银行改革作为今年金融机构改革的主要内容”；2005 年的“两会”上又首次将“推进政策性银行改革”写进了《政府工作报告》。2005 年国务院发布的“一号文件”以及国务院第 57 次常务会议等都对农村政策性金融的改革提出了明确要求。

按项目把业务划分成国家指令性业务和指导性业务两类，国家财政只补偿指令性项目的风险，指导性项目政策性银行风险自担。

第三种主张认为，政策性银行已完成历史使命，应逐步收缩业务，淡出市场。其改革思路是，不用单独搞政策性银行，政策性金融业务可以搞代理，谁代理就给谁补贴和优惠政策，由财政买单。

以上主张究竟孰是孰非？在笔者看来，这些观点都是由同一个问题所引出的，这个问题就是：在既定的政策性金融需求条件下，选择何种制度供给形式更为有效？

实际上，我们可以清楚地看出，上述三种观点都没有否认政策性金融需求的存在。即便是第三种主张，也仍然提到了“政策性金融业务”的满足问题。很显然，从我国当前的实际来看，各种形式的市场失灵仍然大量存在，比如中小企业和民营企业的融资难问题仍然比较突出①、基础设施仍欠发达②、“三农”问题仍很突出③等；与此同时，社会公平和环境等方面的问题也很多，要解决好这些问题，都离不开资金的支持，但从现阶段来看，商业性金融机构并没有对这些领域表示出较大的兴趣，而一些新的融资形式如小额信贷机构、信用担保公司等实际上因为自身规模有限和适用范围的限制也不可能足以填补其中的空缺，这些都充分证明了我国作为一个发展中国家和转轨经济国家仍然有着旺盛的政策性金融需求。因此，如同第 3 章所指出的，问题的关键就在于选择何种形式的制度供给来应对这种需要。

从历史的角度看来，我国曾经采纳过组建大规模的国有金融机构的制度供给方式。但是，渐渐地，这种方式因为其运行成本越来越大、越来越不“经济”而遭到了摒弃（虽然我们要承认它在那段特定的历史时期内曾发挥了很大的作用）。在这之后，我国又借鉴国外通行做法，采取了设立国有专业性政策金融机构的制度供给方式。然而，这种制度模式发展到今天，似乎也已是矛盾重重、步履维艰。面对这种困境，正如我们已经指出的，人们自然会联想到其他三种制度模式：即政府与商业性金融机构开展合作、运用公共财政手段以及设立并支持非国有专业化政策金融机构。因而，提出了一个新的问题，即在我国当前的条件下，究竟应该采取哪种模式更为合理？

首先，让我们来看政府与商业性金融机构开展合作这种模式是否可行。如同我们在第 3 章的分析中所已指出的那样，这种模式的可行性大小要取决于政

① 参见：梁文玲. 试论民营中小企业融资难的原因与对策［J］. 商业研究，2001（11）.

② 比如我国在铁路等方面尚需大量投资。参见：孙冰. 铁路大规模建设启幕——技术、融资、体制全面突破［J］. 中国经济周刊，2006（16）.

③ 参见：汪时珍. 从“三农”问题产生原因反思“后农税时代”的“三农”问题［J］. 经济理论与经济管理，2006（12）.

府调控商业性金融机构能力的高低。而后者又取决于两方面的因素：一是政府自身的宏观调控能力的强弱情况；二是商业性金融机构自身的发育情况和实力强弱情况等。结合我国当前的现实来看，一方面，我国政府的宏观调控仍然在很大程度上停留在由以行政手段为主的模式向以经济法律手段为主的模式转变的过渡阶段，政府的内部管理能力、社会经济信息收集处理能力、政策制定和执行能力等并不强，在政治、法律和经济制度等的配套性方面做得也不够好。尤其是与国外发达国家相比，我国政府仍然存在着较强的行政干预特征。而另一方面，现阶段我国商业性金融机构仍以国有银行为主体，与国外同行相比，它们的商业性发育程度并不高，内部治理结构还很不完善，独立运行和抗经济干扰的能力也并不强，与政府的关系仍未很好地理顺。因此，综合起来看，这种现实就决定了我国现阶段并不适合像某些发达国家那样，主要采取政府与商业性金融机构开展合作的方式来提供政策性金融服务。事实上，早在 20 世纪 80 年代末 90 年代初，我国就曾在原来的四大国有专业银行内部进行过“政策性业务与商业性业务”分账核算的尝试①，但效果并不乐观。虽然近年来各方面情况又有所变化，但应该承认，许多重要方面的变化并不大，比如说政府的角色定位以及银行的内部治理结构和自生发展能力等方面都还处于转轨之中，所以，这种制度模式并不可取。

其次，再来分析运用公共财政手段的模式是否可行。从理论上分析，公共财政手段应当只适用于纯公共性产品，如果将其用于准公共品服务的提供，则存在两个基本问题，一是效率不高，因为财政支出是无偿的，可能不利于资金的最优使用；二是不够公平，因为某些准公共品是具有消费的非竞争性和排他性的物品，如医疗、保险、教育等，这就容易带来分配的公平性问题。从实际来看，现阶段我国财力虽然与过去相比已有很大的改善，但是与经济发展的要求相比，还是不够，历年来的居高不下的财政赤字就是一个明证。由此看来，所谓取消政策性银行而改由财政部门来承担的模式也是不可行的，它至多只适用于供给某些准公共品，比如垃圾处理、孤儿院、养老院等社会福利服务类的准公共品。因为按照日本经济学家植草益的观点（任俊生，2002），这类准公共品由于不具有排他性，因而价格形成困难，只能采取免费供给方式。

最后，再看设立并支持非国有专业性政策金融机构（如民间设立的小额信贷机构等）的模式是否可行。如前所述，这种模式虽然有助于克服国有产权所

① 以下文章对此曾有详细探讨：谢仁想. 专业银行政策性业务的界定与管理［J］. 上海金融，1991（5）；谢祖裕. 分账核算制是加强政策性业务管理的良策［J］. 上海金融，1992（6）；黄真. 如何协调专业银行政策性业务与经营性业务的矛盾［J］. 国际金融研究，1992（1）；吴高益，王强. 试论政策性银行的设立［J］. 农金纵横，1993（5）.

带来的不利影响（如容易出现预算软约束等），但是这种模式的成功也要依赖于该机构自身是否具备完善的治理结构以及较好的社会信用环境的支撑，否则，它很难实现持续发展。结合我国当前的现实来看，一方面，非国有金融机构的发展状况一直不容乐观，仅仅在改革开放后我国才开始放宽了民间资本的金融业进入管制，我国的社会信用环境以及法制环境等与一些发达国家相比都还相当落后，因此，在未来相当长的一段时间内，这种模式的可行性也不高，至多只能起到一定的补充作用。

综合上述分析，可以看出，现有的制度供给模式——以现有的国有政策性银行作为我国政策性金融体系的主体，仍有很大的制度比较优势和现实合理性。因为它既有利于保障我国国有商业银行深化内部机制改革，以更好地适应日益激烈的市场竞争的要求，从而尽快成为真正意义上的有自生能力①的现代商业性金融机构，同时也有利于兼顾公平和效率目标的要求，使有限的政府资金支持能够获得更大的效益（毕竟它与财政支出不同，在业务范围内其融资的取得仍具有较强的竞争性）。另外，它们在十余年来的实践中也已经取得了不菲的业绩，培养出了一支专业化的金融队伍。总之，坚定不移地发展和改革现有政策性银行，而不是取消它或将其业务通过委托代理方式分流到商业性金融机构中，才真正符合我国经济和社会发展所提出的各种政策性金融需要。

当然，从国外的经验也可以看到，发展和改革政策性银行也可以有多种路径选择，同时也要因“行”而宜，不能够搞简单的“一刀切”。为此，结合我国的国情和各政策性银行的实际来看，笔者认为，对于国家开发银行，可以采取前述第二种主张的思路，积极推动其向开发性银行转型，使其成为类似 KFW 或 KDB 那样的经营混合业务的政策性金融机构。这样做的理由在于：它所主要从事的产业和地区开发等业务，一方面既仍然存在不同程度（因国内各产业或地区发展并不平衡）的市场缺失，因而就需要继续提供必要的政策金融支持；另一方面，从总体上讲，这类业务的市场失灵程度并不算高，如同电信、运输等行业只是初期投资大，容易让民间或商业资本望而生畏，一旦政府介入并使其度过最初的启动阶段后，便很容易转为具有较好投入回报的竞争性市场业务，然而这一转变的界限并不会很快地显现清楚②，这就意味着需要加强对政策性银行的监管和要求，使之必须能够参与市场运作、完善市场机制、并努力实现自身可持续发展。此外，国家开发银行长期从事重大项目的评审鉴定工作，不但

① 林毅夫，刘培林．自生能力与国有企业改革．北京大学中国经济研究中心林毅夫发展论坛．2002年3月8日．

② 要将政策性与市场性两类业务领域截然分开、始终做到泾渭分明是比较难的。因为某一特定领域由资金短缺到充分供给需要一个过程，金融业务自身也具有一定延续性，从放出贷款到收回贷款需要一个过程。

培养了人才，也积累了丰富的行业经验，这使它也具备了从事某些市场竞争性金融业务的能力。要充分用好这些资源，也有必要允许它结合自身优势开展一些非政策性业务。当然，为了避免它产生道德风险问题，将市场性业务的亏损转嫁到政策性业务上，继而再转嫁给财政，因此必须要借鉴国外同行的经验，在两类业务之间建立严格的防火墙，如实行分账管理或单设独立的子公司等。

对于中国进出口银行，笔者认为，也可以采取第二种主张的思路，推动其向从事综合业务的开发性银行转型。但是，与国家开发银行有所不同的是，它的政策性程度应当高于国家开发银行，或者说其政策性业务应当在其业务结构中与开发行相比所占的比重更大。一方面，这符合国际上政策性银行发展的特点①，无论是在发达国家抑或是发展中国家，从事进出口业务的政策性金融机构都始终受到政府的大力支持。它甚至也是政府开展“经济外交”的重要工具，因此它并不像从事产业或地区开发的政策性银行那样，只要经济发展达到较高水平，那么，它的政策性职能就会因经济结构的改变而大大削弱，甚至趋于消失，如同新加坡的DBS那样，所以从这个意义上讲，进出口类政策性金融机构

① 1919年世界最早的进出口政策性金融机构作为自由贸易与国家干预相结合的特殊产物出现在英国。20世纪30年代开始，美、德、法及瑞士等发达国家纷纷效仿英国，先后建立了各国的进出口政策性金融机构。其后近半个世纪里，各国进出口政策性金融机构都经历了经济全球化和金融发展挫折，现在它们都已具有很强的适应性。从这些国家进出口政策性金融机构的发展历程中，笔者认为有以下一些特点值得重视与借鉴：第一，其在对外经济领域内不可替代的地位及作用受到普遍重视。如市场经济最为发达的美国曾在20世纪50年代解散美国进出口银行，但后又予以重建，并在70年代初又新设美国海外私人投资公司补充进出口政策性金融。第二，其对本国涉外经济活动的支持力度呈逐步增强趋势。从当前各国进出口政策性金融支持出口的贷款占比率来看，日本以36.9%高居榜首，往下分别是法国17.7%，加拿大7.1%，德国5.4%，英国4.4%，美国3.7%（但其绝对额仅在1993年就达到了750亿美元的惊人数字）。第三，金融创新力度大，以尽快提升其特殊功能及作用，适应形势变化需要。如在法国，进出口政策性金融机构开创的“混合贷款”“网上信用评级”等新金融业务，连商业性金融领域都未曾有过。而加拿大出口发展公司（EDC）开创的“分账户经营制度”（即把国家利益账户和进出口政策性金融机构自身账户分开经营的制度）现已为许多其他国家同行所采用。第四，积极实施开放性发展战略，即不断加强与国内商业性金融及国外同类机构间的业务联系，同时还呈现出兼营与政策性业务相关联的商业性业务的发展态势。比如法国对外贸易保险公司就从事大量商业性业务，一些较富裕的发展中国家及转型国家的进出口金融机构还经营部分有限制的商业性业务。第五，在一国对外经济关系中发挥重要的国家干预工具作用，这在发达国家尤为明显。如日本大藏省曾在日本国际协力银行的前途问题上有所犹豫，但最终放弃了将其取消或私有化以及将其业务转移给政府办理等方面的念头，肯定了其存在的现实价值。第六，加强与国际组织和国外同行的国际合作与协调。许多国际组织制定的相关规则已日渐成为各约定国间出口信贷支持外贸的基本规则和行为依据。如在20世纪80年代后期，为协调各发达国家间激烈的出口信贷竞争，经合组织成员国（OECD）制定了“君子协议”（Gentlemen's Agreement是OECD制定的“关于官方支持的出口信贷指导规则的约定”的简称），其中的“15%预付款的要求”“85%的贷款比例”“本金每半年等额偿还一次的规定”及“10年最长还款期”等规则已演变为出口信贷业务的国际惯例，成为各国官方出口信用机构的重要行为准则。现在世界贸易组织也将“君子协定”的内容纳入WTO规范，已使此规则变为真正意义上的国际规则。

的政策性程度通常应高于同一时期的产业或地区开发类金融机构。另一方面，结合我国实际来看，在我国进出口银行的现行业务范围中已经包括了“办理对外承包工程和境外投资类贷款，办理本行贷款项下的国际国内结算业务和企业存款业务”等通常由商业银行开展的业务。但尽管如此，应该看到，受产业技术水平普遍不高，尤其是高新技术产业国际竞争力不强的限制，我国进出口业务的基础仍然不强，在未来相当长一段时期内，仍需政策性金融的大力支持才能使我国更好地实现“引进来”和“走出去”。

对于中国农业发展银行，笔者认为，则应采取前述第一种主张的思路，仍立足于在国家信用的基础上继续从事政策性业务，与商业银行严格限定经营范围，做到基本互不交叉。这样做的理由在于：首先，相对国家开发银行而言，它所处的领域其市场失灵的程度更高，而且变化相对较小，以农产品收购为例，这种政策性资金需求极为稳定，仅仅是在资金数量上有一些年际波动，因而，为了维护我国粮食安全和弱质农业逐渐向现代农业转变，就需要国家提供稳定的政策性金融支持；其次，从国外的实践经验来看，包括发达国家如美国、日本等在内的许多国家，在其涵盖了政策性金融改革与调整在内的金融自由化进程中，都仍然没有减少或取消其对农业的政策性金融支持，这些领域的政策性金融机构仍然保持政策性金融机构的传统本色，并没有大张旗鼓地叫嚷着要向私有化或商业化等方向转型。

当然，以上观点仅是笔者的一家之言，笔者还要指出的是，这些定位仅仅是针对我国当前或近期的实际情况提出的。这并不意味着在未来就不做一定的改革或调整。实际上，连同国家开发银行在内的三家政策性银行，只要形势需要，对它们的业务范围都应当及时地予以调整。同时，对于它们已经暴露出来的问题，也需要采取有力的措施加以解决。当然，这些调整与它们在定位或性质上的变化相比，已经不是同一层面的事情了。

7.2　政策性金融的规模及其控制

政策性金融的规模问题直接决定着国家对政策性金融机构的投入和支持力度大小的问题。什么是政策性金融体系的最佳规模水平呢？很难有一个统一的结论，但有两个原则或许会有所帮助。[①] 第一，供给量应当能够基本满足经济发展的内在要求，即经济发展项目所需政府给予资金支持的数量，不应当存在过大的缺口。第二，不能给财政造成过重的负担。这要求从政策性金融出口流出

① 乔治·马·鲁尔．东南亚的经验教训．选自翁古·A．阿齐兹．结构调整战略——东南亚的经验．中国金融出版社，1992：175．

资金的投资项目必须符合经济和金融标准。当然，在评估项目收益时，非货币的或外在的收益也应当包括在内，但这些收益应能从创造的税收中得以兑现。同时这也要求国有政策性金融机构自身要能够自负盈亏。如果在某种程度上，国有政策性金融机构不受到政府特殊干预的影响的话，政府应没有显而易见的理由向其提供补贴。

从各国的实践来看，政策性金融需求量的大小并没有一个统一的、绝对的标准，它因具体的时空条件不同而有所差异。从时间角度来看，其规模通常随着一国经济实力的上升和经济市场化程度的提高而呈相对下降之势。从空间角度看，越是发达的国家，政策性金融的需求量越小。衡量政策性金融需求量的具体指标主要包括政策性金融机构的资本金数额、资产额度以及负债额度等。

当然，估算政策性金融需求量的大小，还要根据一国提供政策性金融服务的类别和范围而定。根据投向和目标的不同，人们通常把政策性金融需求划分为多种不同的类型：如开发性金融需求（又可以根据行业如农业、基础产业等再进一步细分）、国际贸易性金融需求、住房性金融需求以及中小企业需求等。再结合一国不同时期的经济总体规划，可以倒推出年度的、五年期的、十年期的、分行业性的政策性金融资金需求总量。然后根据这一估算数字，又可大致根据一定的资本金/资产总额比率，估计出资本金的数量大小。而资本金/资产总额比率的确定，也主要是凭经验确定，但原则是不能让政策性金融机构处于过高的风险之中。

资本金可以看作是政策性金融机构的长期资金来源。但除此之外，它还需要大量的日常营运资金。这些资金的规模主要可通过政府的年度经济计划或预算来确定。其中涉及财政性生产投资支出或专项信贷性补助，都可以作为政策性金融的需求。

从国家财力的角度来看，政策性金融规模与财政存在着一种较为复杂的关系。一方面，国家财力越强，似乎国家供给政策性金融资金的能力也相对越强，但另一方面，国家财力越强，却也可能意味着政策性金融的需求相对缩减。这里面的主要问题是要考虑政策性金融资金和财政资金的机会成本问题。如果政策性金融资金相较财政资金的机会成本小，那么政策性金融规模可以相对扩大。但无论如何，在考虑政策性金融规模大小问题的同时，还应注意另一个重要的事实，即财政补贴亏损的概率。理论上讲，政策性金融资产损失，最终会通过坏账核销或亏损补贴等转化为财政支出，因此，政策性金融资产规模的大小也与一国财政支出规模存在着一种间接的相关关系，或者说政策性金融规模越大，一国潜在的财政风险也越大。

从国际上看，政策性金融规模因国因时而异。但规模过大，其效果会适得其反，如日本近年来就启动了以缩减政策性金融规模为目标的改革（伍旭川，

2006)，要求到2008年，政策性金融机构贷款余额占GDP比率要减少一半，即由目前的18%降低到大约10%，以保持和国际平均水平同步。从其他一些国家来看（国务院发展研究中心《开发性金融研究》课题组，2005），政策性金融机构贷款余额占该国GDP的比例高低不一，如欧洲投资银行为4%，德国复兴开发银行为2.2%，韩国产业银行为6.2%，而在商业性金融市场化程度最高的美国，其整个政策性金融体系贷款余额占GDP却不过仅达到4.9%。从我国的情况来看，截至2005年底，我国三家政策性银行资产总额达到29 519亿元（根据三家银行网站公布的年度报表数据计算），相当于同期国内全部存款货币银行总资产的8.27%；而贷款余额达到269 407亿元，占同期国内全部金融机构本外币贷款余额的13.01%，占我国当年GDP的14.79%，其中国家开发银行的贷款余额占GDP的比率达到9.5%，中国农业发展银行的该比率为4.32%，中国进出口银行的该比率则为0.97%。这些数据表明，与国际平均水平（10%）相比，我国当属于比重偏高、规模偏大的国家。即便考虑到我国仍属欠发达国家的事实以及经济转型的需要，似乎无须对此惊讶，但我们同时也要注意到另外一个铁的事实，即在三家政策性银行成立以后，我国的几家国有骨干型商业银行仍未完全免除或摆脱各种非正式的政策性信贷任务，由此可以推断，如果按与国外的同口径数据来计算和比较，我国政策性金融体系的规模实际上更为庞大、比重更高，也许会超过日本现阶段18%的水平。此外，如果考虑到政策性金融可能对金融市场机制所造成的扭曲，并且如同Vittas和Cho（1994，1995）所指出的政策性信贷计划一旦被实施后就难以再取消的“刚性”特征，笔者认为，我国应当对未来政策性金融的规模扩张持谨慎态度，换言之，对于政策性金融需求宁可供给不足也不宜供给过剩，而且政府还要着力督促政策性银行转变经营理念，按照发展集约型模式的要求将其经营重点转到有效提高现有资金周转率和回收率等方面来。

7.3 政府对政策性金融机构的管理体制的确定

在一国政策性金融体系中，往往有从事多类不同业务的政策性金融机构，比如我国就有三家业务范围迥异的政策性银行，而日本的政策性金融机构则更是为数众多，包括主要面向国内经济发展的一般贷款、融资的日本开发银行，主要从事与进出口和海外投资有关的贷款以及对发展中国家的直接贷款的日本进出口银行，主要提供住宅建设和购买贷款的住宅金融公库，主要面向小企业和年金受益人等的小额贷款的国民金融公库，对农业水产及相关的加工流通产业提供贷款的农林渔业金融公库，对地方组织和公营企业贷款的公营企业金融公库，对北海道与东北地区民间开发事业的贷款和融资的北海道东北开发公库等。这种分散的架构很容易产生一系列的问题：（1）这些分散的项目在功能、目的范围上有可能出现重复，如一家生产农产品的出口导向型中小企业既可以向进出口金融机构申请支助，也可以向提供中小型企业资助的政策性金融机构要求援助，还可以向农业性政策金融机构提出申请；类似地，不同的政策性金融机构就极易在覆盖对象和支持目标上出现交集，无形中就影响到原有目标的实现，甚至还可能由于不同的政策性金融机构的贷款条件有所差异，从而引发融资者的套利动机或政策性金融机构间的不当竞争；（2）多个公共和准公共部门参与立项和实施项目，使得有限的金融资源在配置中缺乏统筹考虑，加大了资金流向的无序性和自主分散性，降低了资金的整体配置效率；（3）由于众多的政策金融机构与分散的项目之间缺乏集中统一的管理机构，容易导致政策制定部门和项目实施部门之间目标与职能含糊不清。[①]

在日本，解决这一问题主要是通过其大藏省资金运用部来实现的。该机构行使了一个中枢和汇接的功能，有效地连接了资金的来源和运用，便利了政府经济部门的相互协调，避免了重复投资和不适当的投资，减少了内部的管理费用损失，是一种值得借鉴的制度安排形式。

事实上，考虑到政策性资金的损失从理论上讲最终都应由财政来负担，因而由财政部门来牵头来统管协调是比较经济合理的。这也有利于财政部门从中长期和全局的角度来作出政策及资金安排规划。当然，经济计划部门来综合协调也有一定的合理性，但是，毕竟经济计划部门相比财政部门而言对资金的供需情况较为陌生，并且不受严格的政府财务预算约束的责任限制，因此，由财政部门来主管更为适宜。中央银行更不适合负责此项任务，因为中央银行作为独立性较强的金融管理部门，更不宜于与财政性资金的供需建立起直接的联系，以避免政府信用的出现以及国家债务的扩大所造成的财政困难向金融体系转移。一旦管理体制得以确定，协调与信息沟通中存在的问题也将会得到有效解决。因为发起协调倡议的行为不再具有“公共品”属性，尤其是位居牵头地位的政府部门有责任来组织和料理相关的问题，因此，组织者的角色一旦落实，政策性银行发展将会受到更大程度的重视，并极有可能实现更有计划性的发展。

因此，归纳起来，我国应当由财政部牵头协调组织政策性业务所需资金的筹集和投放的宏观管理工作。明确了管理体制后，有助于解决我国政策性银行当前存在的与政府宏观管理部门关系不顺的问题。

同时，还要将政策性银行的资金运用计划纳入国家预算管理，以增加国家对政策性融资投入和使用情况的透明度，强化对政策性银行运作的事前监督和

① 详见：瞿强（2000）：176。实际上，这一问题到目前为止都还未引起我国国内的重视。

控制，防止政策性银行受到各级行政部门的不当干预。因为制定预算的过程本身就涉及大量的利益平衡和沟通协调问题，所以，纳入预算管理后还有利于减少政策性银行在实施中可能碰到的利益纠葛问题。此外，也有利于理顺财政与银行的关系，从性质上区分财政与银行的资金来源和用途，斩断两者之间资金无偿挤占的纽带，强化各自的预算约束。[①] 为此，政策性银行每年的资金筹集和投放的规模及来源渠道和投资方向的选择计划都应纳入全国人民代表大会讨论通过。政策性银行的资金活动计划一经全国人民代表大会通过，就成为全国各级政府必须执行的法定文件，任何部门和单位不得不执行。其融资投资方针政策也应由全国人民代表大会授权国务院根据国民经济发展形势和金融业务的独有特征研究确定，任何部门不得插手扰乱政策性银行的经营活动。在政策性银行实现国家账户和银行自营账户分离后，国家账户的资金运行问题也仍应纳入财政预算管理的范围内，使之受到更加严格的监督，增加其运行的透明度，同时减少行政部门的不当干扰。当然，在业务操作上，政策性银行仍归中国人民银行和中国银监会等管理和指导，以维护政策性银行金融业务的独立性。

在明确管理机构后，再建立健全体现“国家利益优先”目标取向的绩效评价办法及相应评价指标体系，并依法由专门的中立性的机构执行定期的具体评价，然后呈报书面报告到国家相关部门实施奖优罚劣。

7.4 业务范围的界定、调整与区隔制度

从较长期的视角出发，可以看到政策性业务的内涵是处于不断变化之中的。因为随着一个国家经济水平的提升和不同时期结构的调整，“市场失灵”的领域也会发生相应的变化。这就需要国家必须适时地退出或进入。对于这种变化，不同性质的经济机构作出的反应大不相同。对于商业性经济机构而言，这种变化或早或迟会通过相对价格变动的方式表现出来，而这些机构又会在利润最大化法则的驱使下，为了捕获到新的利益或免于遭受淘汰的威胁，自觉地作出内部调整以适应外部环境的变迁。然而，对于非商业性经济机构而言，其进化的逻辑却并非如此。出于偏好或目标函数的差异，它对市场信号的反应并非如此或需要如此灵敏。它很难像商业性经济机构一样具备内在的动力进行适时的自我调节，以维持自身的生存和持续发展。除非有外来的干预，即赋予其目标函数的主体发出相应的指令，否则它很容易在原地止步，失去活力或生气。实际上，对于具有准政府机构色彩的政策性银行而言，其所面临的困境之一正在于此。这是因为，如果政府对它的控制十分紧密，那么，它将缺少应变市场变化

---

① 刘有为．浅谈政策性银行应实施国家预算管理［J］．当代财经，1994（8）．

的动机与能力。而市场信息从由微观经济主体传导到政府部门，再到政府部门进行处理，直至最后政府部门作出反应将新的指令反馈到政策性银行，这一过程在经历一定的时滞后，其调整的有效性也将受到程度不同的影响。因此，从这种意义上讲，完全以政策性业务为主的金融机构其实是很难迅速跟上经济变化的节奏，并及时作出相应的调整的，要想在市场经济中生存下来，它就必须依赖于来自非市场化途径的支援和补助。而这正是不少政策性银行最终走上倒闭的深层次原因。

在我国，随着经济发展的变化，一些以前不被商业银行看好的领域，现也已经变得有利可图，然而，政策性银行却缺乏相应的退出机制。如电信、电力等领域，已经成为经济效益较好、受到多家商业银行重视的产业，但国家开发银行仍牢牢地占据着较为突出的市场份额。再以进出口银行为例，进出口银行过去对出口机电产品给予补贴，主要有几个原因：第一，出口机电产品的投入高，生产环节以前实行产品税，重复征税，加上产品竞争力不高，科技水平也低，所以一部分机电产品出口需要补贴。第二，成套设备的出口需要补贴。因为我们成套设备生产能力比较弱，质量也不太高，对外出口时一些愿意买中国成套设备的发展中国家的购买力也相对比较弱，所以成套设备也需要补贴。第三，部分劳务工程需要补贴。当然，其中也有一部分是因为对方国家穷的缘故而需要给予补贴。但是，现在情况却发生了非常大的变化。我国机电产品出口的竞争力已经很强了，没有必要再补贴了；成套设备出口能力也已经很强，电厂、水泥厂等成套设备已用不着补贴了；大多数劳务工程也用不着补贴了。这样，对于政策性银行的需求数量就减少了。与此同时，一些新的需要政策性金融支持的领域，如西部大开发、中小企业发展、教育支助、住房设施等，却并未引起政策性银行的重视，这就必然会背离国家设立政策性金融机构的初衷。这一现象的出现，当然也与我国政策性银行现阶段只能从事政策性业务的理论界定是分开的。

因此，我国政策性银行确定了改革和转型的目标模式之后，必然还需解决另一个至关重要的问题，即政策性业务与商业性业务的范围如何界定的问题。

从国外的情况来看，许多国家在理论上或概念上都没有对此有一个统一的说法。只是在相关的立法中，大致从定性的角度作了一些界定。比如，《日本政策投资银行法》给 DBJ 所规定的任务是，帮助日本二战后重建工业，并促进日本经济的多元化；《德国复兴信贷银行法》给 KFW 所规定的任务是，作为“马歇尔计划”的特殊资金渠道来帮助德国在二战后重建经济；而《韩国产业银行法》给 KDB 所规定的任务是，通过为大型工业项目提供融资来加速韩国的工业和经济发展。从这些规定中可以看出，它们对“政策性业务”的界定是十分笼统的，很难从中找出具体的界线或分类。当然，从另一角度来看，也许这就正说明了政策性业务的范围本来就是不确定的，因而也不可能以立法的形式将其固定下来。然而除了立法的规定外，就只有政府部门才有权决定哪些属于政策性业务了，并且，事实也正是如此。在实际操作中，许多国家一般都是由政府部门根据社会经济情势的要求来给政策性银行下达任务的。不论这些任务所涉及的行业是否有一定的竞争性或商业性（当然政府一般不会强制或指导政策性金融机构去提供那些竞争性、商业性较强的业务），只要某政策性金融机构有义务或有责任被迫去承担这些任务，那么就可以将这些任务视作是政策性业务。如随着美国的住房抵押市场的稳定发展（李扬，2006），到20世纪70年代，已吸引了大量私营金融机构进入抵押贷款二级市场。这时，原先的政策性金融机构——专营常规抵押贷款证券的联邦国民抵押贷款协会（FNMA）和联邦住宅抵押贷款公司（FHMLC）虽然在产权上已成为私人机构，但仍然受到政府的政策支持，同时也要承担相应的政策性目标。它们需要承担的目标包括：一是要为中低收入家庭住宅信贷服务。联邦住宅与城市发展部要审定在这两大机构每年购买的抵押贷款中购房者收入等于或低于当地中等收入水平的贷款所应占的比率，1993—1995年中低收入户贷款所占比率为30%，1996年为40%，1997—1999年为24%。二是要为特定地区的住宅信贷服务。所谓特定地区，是指少数居民聚集且私人抵押信贷拒绝率较高的地区。政府要求两大机构增加购买和持有这类贷款的比重。这类贷款占公司业务的比重在1993—1995年为30%，1996年为21%，1997—1999年为24%。三是要为特殊群体实现可支付住宅目标服务。两大公司按规定购买的住房贷款中，低收入住宅抵押贷款和低收入多户出租房屋贷款应占一定的比例。其中，低收入住宅抵押贷款中，借款人收入等于或低于当地中等收入60%和80%的贷款应占一定的比例。因此，从国外的实践来看，笔者认为，要完整地理解和把握“政策性业务”这一概念，应当注意它所包含的两个层面的含义：一是从理论的层面来看，通常就是指大多数商业性金融机构或无法提供、或不愿提供、或提供数量不足的那些金融服务；二是从实践操作的层面看，实际上就是指由法律规章等所限定了范围，而又由政府具体下达给政策性金融机构，要求后者必须提供的那些金融服务。这种定义与政策性金融的产生原理也是相通的，因为它从本质上讲就是政府的宏观调控手段或政策工具之一。当然，除此之外，政策性金融机构所提供的其他任何金融服务（如果不是为法律所禁止的话），都可以被视作是商业性或市场性业务。

从以上笔者所下的定义还可以看出，所谓的政策性金融业务与该业务自身的性质、特点和盈利性等的直接关系并不大。它主要取决于两个方面的因素：一是相关法律规章等对政府的限定；二是政府的判定和决策。由此可以进一步看出，对于政策性金融业务的调整，也只有通过以下两个途径来实现：一是由立法部门根据政府的意思调整相关的立法或规章，二是由政府通过行政命令的方式直接予以调整。当然，前一种方式通常只适用于重大的变革，如政策性银行的股权、宗旨使命等发生重大改变；而后一种方式则更为常见，也更为必要，因为政府需要拥有这样灵活的政策变更权来调节经济发展和社会运行。至于具体的调节部门，则通常是政府对口主管政策性金融机构的部门。根据笔者对我国的分析，这一部门则应当是国家财政部门。

在这一分类明确后，当金融市场上出现商业性金融机构与政策性金融机构的竞争时，如果竞争的业务领域属于政策性业务的范畴，那么，不应为此责备政策性金融机构，只能说是其政府主管部门调节滞后。实际上，正如我们前面已经指出的，要将政策性与商业性两类业务领域截然分开，始终做到泾渭分明是比较难的。因为某一特定领域由资金短缺到充分供给需要一个过程，金融业务自身也具有一定延续性，从放出贷款到收回贷款需要一个过程。因而两类不同的金融机构在一定时期出现一定程度的业务交叉或竞争往往是难免的，从某种意义上也可以说是必要的，因为这就等于给政府主管部门发出了一个极为明确的调整政策的市场信号。

此外，还有一个需要解决的问题，那就是在同一个政策性金融机构内部，倘若它得到授权可以自行开展除政策性业务以外的商业性业务的话，如何来设置有效的“防火墙”，以防止成本或亏损从商业性业务转到政策性业务，或防止政策优惠从政策性业务转到商业性业务从而构成不公平竞争？这个问题对于即将朝着德国 KfW 或韩国 KDB 模式发展的国家开发银行而言特别具有现实意义。

当然，考虑到信息不对称问题的存在，这种因从事混合业务从而造成核算不清的风险是始终存在的。只是看能否采取有效措施将它控制在一定的程度。国外的经验表明，对此可以有两种选择，一是将从事商业性业务的那部分资产及人员等拆分出来，要么另设单独的公司，如同美国的做法一样，其将联邦国民抵押贷款协会（FNMA）分拆为两大公司：一个是政府全资的公司——政府国民抵押贷款协会（GNMA，简称吉利美），另一个是以营利为目的的私营股份制公司，沿用房利美的名称；要么使之成为旗下的子公司，如同德国的 KfW 一样，在旗下另设一个子公司 IPEX - Bank，专门经营已与商业银行产生竞争的出口信贷和项目融资业务。二是实施分账户管理，如同韩国 KBD 一样，在其内部设立不同的业务部门分别经营政策性业务和商业性业务，并实行分开核算。国家账户由政府负责，必要时可封闭运行，提供财政补贴或其他形式的支持。市场化账户则风险自担。对政策性项目可建立国家账户，对非政策性项目可建立银行账户。对两个账户资本金的补充也应按不同标准执行，国家账户的资本充足率要高于银行账户。

结合我国的情况来看，笔者认为，由于我国三家政策性银行起步晚，运行时间都还不长，内部资源也很有限，若是允许其在现阶段就经营混合业务，那么也不适宜于采取分拆或另设子公司的做法，而应当实施分账户管理的办法。事实上，从中长期来看，实施分账户管理、同时放宽业务限制也是政策性银行走向良性发展的必由之路。因为如果不将政策性业务与市场化业务分开，那么，按照林毅夫、谭国强（2000）等关于软预算约束的责任归属理论，最终政府是很难划清自身的责任界限的。而且实施分账户核算和管理之后，既有利于政策性银行更好地利用现有资源开拓新业务、取得更大的规模经济效益，同时也能避免政策性业务与非政策性业务混淆不清，从而硬化政策性银行的预算约束，提高政策性银行的运行效率。

现实地看，在我国当前的金融体系中，政策性银行从事商业性业务的优势在整体上并不明显，其在资产、营销渠道、客户资源、业务种类等方面都远远逊色于几家国有骨干型商业银行和其他几家较早成立的股份制商业银行。因此，严格地讲，我国三大政策性银行现阶段走向市场的时机和条件都还不够成熟。但是，也应承认它们在一些细分市场也因为业务关系而具备了一些比较优势，如国家开发银行尤其在重大建设项目的评估上拥有大量的实践经验和优秀的专业人才，而中国进出口银行则拥有大量与国际出口市场相关的知识与专业人才，中国农业发展银行则在农产品的加工利用等方面积累了大量的信息并建立了广泛的人脉，因此，这些优势都可以为其所用，无论是独立开发新业务或是与其他金融机构建立战略联盟，都有着较好的收益前景。当然，正如我们在前面已提到过的那样，即便这三家银行都具备一定的条件，但还要看其条件是否成熟，比如看其政策性业务压力是否较小以致其现有资源利用不足或出现闲置，或者看其从事商业性业务的竞争力是否足够强，是否具备足够的盈利能力等。只有充分满足了这些条件，政府才应当放宽对其业务管制。依笔者之见，现阶段除了国家开发银行在实力、资源和政策性业务压力等方面已具备了较为成熟的条件之外，其他两家政策性银行都还有一定的差距，因此，对它们而言，当务之急更在于扎扎实实地做好政策性业务，苦练“内功”，不断积累力量。事实上，国家开发银行先行转为从事综合业务的开发性银行，也可以作为“试点”以期获得许多宝贵的经验。

但要注意的是，如果分账户管理制度还没有实施，那么放宽业务限制虽然同样能够在一定程度上调动起政策性银行的能动性，但是它却使得软预算约束问题恶化的可能性加大了。在笔者看来，这不过是又一种偏狭而不负责任的短期行为的表现，并不能真正将政策性银行推入良性运转的健康轨道。

7.5 政策性金融机构融资制度的完善与规范

这方面的主要问题有资金来源问题、资金成本问题以及资本金问题等。

7.5.1 资金来源问题

政策性金融业务总体规模确定之后，寻找政策性金融业务的资金来源就有了一个大致的目标或分摊的依据。但究竟应该选择哪些渠道来注入资金，目前并无定论。

有研究指出（“开发性金融研究”课题组，2006），从世界上看，各国的政策银行根据其资金来源方式的不同可被分为两种不同的模式，第一种模式是以财政融资为基础，其特征是强有力的财政支持，包括长期大量提供无偿或低成本的财政性资金来源、财政担保、亏损补贴、税收优惠等，属于财政投融资范畴；第二种模式则是以信贷融资为基础，其特征是依靠国家信用在市场上融资，财政提供担保和一定的支持，是运用信贷融资规则和方式来实现政府的政策目标，弥补商业银行在长期融资上的缺陷，弥补资本市场发育不足的缺陷。这两种模式的区别在于：以财政融资为基础的政策性银行，是财政政策的延伸，可实现一部分财政政策目标，不以资产安全为第一位；而以信贷融资为基础的政策性银行，其本身就是市场的重要组成部分，在保证资产安全的前提下，为经济发展提供持续不断和扩大的支持。因此，一国一旦选定以哪种模式为蓝本来组建政策性银行，就基本明确了其主要资金来源方式。当然，两种模式的区别并不是绝对的，以信贷融资为基础的模式，它也依然是以财政的隐性支持为后盾的，因此比较全面的说法应当是承认很多政策性银行的融资模式都是混合型的，既有直接的财政资本注入和贴息补助等，也有不少的金融债券融资。从当前和未来的角度看，鉴于赤字财政几乎成为很多国家的“常态”，而且很多财政支出项目都是刚性的，因此，有不少观点主张政策性银行应当通过信贷融资为主导的方式来解决筹资问题（李扬，2006）。

目前，我国的政策性银行正是以市场筹资为主要资金来源的（钱晔，2005），并没有充分利用国家信用的特点，同财政的联系也不紧密。据统计，除农发行85%的负债来源于向人民银行借款以外，其他两家政策性银行的负债中，进出口银行94.5%、开发行85.8%均来源于发行金融债券，[①] 而且农发行也已于2004年首次发行金融债券。这种来源结构的问题是，容易造成资金成本过高，如果遇到行业不景气，到了还债高峰期就可能不得不发新债还旧债，形成较大的风险隐患。另外，在融资环节上对人民银行的依赖过大也容易影响到人民银行的独立性。因此，从未来看，我国政策性银行在承担政策性任务时，应当发挥国家信用的优势，筹集一定数量成本相对较低的资金，同时，政府也应当加大对政策性银行的融资支持，例如由中央汇金公司代表政府出面向政策性

---

① 根据三家政策性银行网上公布2002年资产负债表计算。

银行注入一定数量的资本金等，使政策性银行的资金来源结构更加合理。

这里要特别强调的是，还要注意区分政策性金融机构与政策性金融业务的资金来源之分。因为随着金融自由化进程的深入和金融管制的松动，一些传统的政策性金融机构通过分账经营或成立子公司的方式，已将其业务范围扩展到一些新的商业性金融服务上，所以政府只应关心和保障支持的是政策性金融机构开展政策性业务所必需的资金筹措问题，而对其从事商业性金融业务应保持中立的态度。换言之，政府的支持对象范围是以业务本身的属性来确定的，政策性金融业务既可由政策金融机构来完成，也可委托给商业性金融机构来完成，都会不影响到政府对这类业务的支持；但是，非政策性业务即使由政策性金融机构来实施，也是不应得到政府支持的。

7.5.2 资金成本问题

政府提供资金不仅涉及数量，还涉及提供资金的成本问题。资金成本较低，固然有利于政策金融机构的业务开展，降低了其经营和财务风险，但是，如果过低又会引起对政策资金的过度需求以及非效率使用，更大程度地扭曲利率机制的内在调节作用。因此，这里存在一个如何确定资金成本的问题。总的来看，政策性金融机构的资金成本的上限不得高于商业性金融机构的平均资金来源成本；其资金成本的下限不得低于长期国债利率。因此，从资金来源的角度看，政策性金融机构不应像纯粹商业性金融机构那样完全在市场上竞争性地取得资金，而应有公共的资金来源，或者，依托政府的信用去获取低成本的商业性资金。

影响资金成本的另一个因素是贷款的利率问题。这一利率究竟是否要由政府制定或是由政策性银行自定，还值得探讨。一般而言，贷款利率除了受到人为的管制外，还自然地受到市场贷款利率的限定。但是，这种说法暗含着市场贷款利率反映了真实的社会资金供求关系的前提性假设。如果市场贷款利率本身也受到政府的管制，也即它只是一种名义利率，那么真实利率才是真正的决定性变量。如果名义利率低于真实利率，那么，事实上就存在着信贷资金的配给问题，即便是对于商业性金融机构而言，其贷款也存在着一定的“溢价”。此外，还要指出的是，贷款利率过高，不但可能抑制投资需求，进而阻碍经济增长和充分就业，也可能刺激借款人的风险动机，反而埋下金融危机的隐患。因此，从这一角度来看，政府指导利率的制定应是一种较为折中可行的办法。具体地讲，就是可由政府确定贷款的利率浮动幅度，在此范围内，则由政策性金融机构相机而定。

在此，我们需要吸取前面已经提到过的日本在这方面的教训。在日本，由于其政策性金融的出口利率与入口利率出现利率倒挂，当以这种利率发放的贷款额度积累到一定数量以及日本逐渐进入利率自由化时代以来时，财政预算面临的矛盾就愈益突出，据统计20世纪90年代，日本财政为政策性金融活动所产生的补助金所作的税金支付累计已达64 000亿日元之巨，导致其财政不堪重负。

事实上，除了一定数量的财政资本金外，许多政策性金融机构开展业务所需筹集的大量资金都会来自于寻求收益和回报的金融市场，而这与政策性金融机构在资金投放时需要遵循的“公共性”原则有着深刻的内在矛盾（如1994年，中国进出口银行发行金融债券利率3年期为12.5%，5年期为14%，一次还本付息，若按年结息则均为11.2%。而出口买方信贷的贷款利率无论期限长短，统一年息为9.54%，这种利率倒挂的原因就是出于满足“公共性”的要求）。这两者间所造成的资金缺口，无论从理论上还是从实际操作上都是要由财政资金来弥补。要解决这一矛盾，只有两个途径：一是尽可能降低资金成本，尤其是对于那些个别政策性很强、需特别支持的项目。可以采取的处理方式包括，由财政增加一部分资本金，用于平衡需要降低的利差；或由财政贴息给政策性银行或直接贴息给项目；或由国家提供一部分资金（如无息贷款）与政策性银行混合贷款，以降低项目实际所承担的利率。二是激励政策性金融机构提高运作效率和资产质量，尽量缓解亏损的压力甚至实现微利。当然，采取前一条比较容易，只要政府下定决心挤出财政资金就可取得“立竿见影”之效；真正的困难在于如何做到第二条，而这与我们后面将要探讨的政策性银行考核评价体系是密切相关的。

但无论如何，笔者认为，为避免财政部门背上巨大的利率补贴“包袱”，同时也为了增强政策性银行自身的可持续发展能力，不宜将政策性银行的出口利率（即贷款利率）人为地定得过低。确实需要政策全力支持的项目，就不如将其纳入财政预算开支，以使其“阳光化”，提高政府部门的警觉。

7.5.3 资本金问题[①]

从理论上看，银行资产风险程度越高，风险资产的数额越大，产生资产损失的数额和可能性越大，需要更多的资本冲销坏账。在给定资本总量的情况下，银行风险资产扩张的规模必须控制在一定的范围之内。即使是传统的政策性开发银行，政府对银行从事政策性业务产生的损失提供隐形保证，资本充足率也是约束银行资产规模过快扩张、防范金融风险的有效手段，如日本政策投资银行（DBJ）虽然一直从事传统政策性业务，但仍然严格约束资本充足率，政府为保证资本充足率不低于一定的标准，不断注入资本金。就是对政策性业务与开发性业务分离的集团式政策性银行而言，其完全市场运作的子公司要按市场标

① 张涛，卜永祥（2006）等对此有更为详尽的研究。

准，严格要求资本充足率，同时在集团的层面上也要保证资本充足。但反观我国，正如前面分析已经指出的，政策性银行的资本金问题并没有得到很好的解决。为此，我国应尽快落实以下措施。

首先，要建立起政策性银行稳定的资本金制度。虽然政策性银行不受《巴塞尔条约》的约束，但从国外情况来看，一般来说政策性银行的资本充足率要比商业性银行的资本充足率高。从我们国家情况来看，多年来政策性银行负债规模增加很多，平均增加了2倍多，而资本充足率没有增加，呈逐年下降的趋势。资本充足率应该是衡量银行抵御风险的标志，也是支持银行市场规模扩张的前提，应该说建立稳定的资本金制度既可以降低政策性银行的资金成本，提高抗风险能力，又可以满足政策性银行信用评级的需要，增强公众对政策性银行的信心。这是涉及到政策性银行实行持续发展的长远之计。目前，按照国际惯例，政策性金融机构的资本充足率为5%，即资产是资本的20倍，我国也可以根据这一比例来对资本金进行及时调整。与此同时，我国还要对政策性银行建立起长效、可持续以及多渠道的资本金补足机制。除了政策性银行自身提高资本金积累能力，通过资本公积金、盈余公积金、未分配利润转增资本金和发行次级债以外，还必须建立起规范的政策性银行资本金补充机制。未来随着部分政策性银行改革的深化，还可以考虑吸引战略投资者投资，增加资本金。

其次，还要建立最低资本金制度。最低资本金的要求可以防止信贷的过度扩张，还可以衡量信贷成本。另外也可以与私人部门比较，提供一个基准，有时候也可以作为财政资金缺乏时候的缓冲，在资金缺乏的时候，它可以不通过财政资金的帮助，而是通过自有资金来弥补，还要有足够的内部控制措施。

最后，要尽快补足政策性银行资本金。理论上讲，事前就给予银行充足的资本，既有利于界定清楚银行放贷前后的资产，便于监督，又能减少银行向不良项目放贷以赚取国家补贴的动机。然而，目前我国政策性银行仍存在所有者权益比率及资本充足率过低的问题。以进出口银行为例，目前中国进出口银行在国际同类型的国家出口信用机构中规模位列第三，但2003年该银行的资本充足率不足5%，远远低于其他国家，比如2002年日本国际协力银行为35.8%，韩国输出入银行为25.3%，泰国进出口银行为18%，印度进出口银行为22.9%，这已严重制约了我国进出口银行业务的进一步开展（李忠元，2005）。因此，我国要尽快向各政策性银行注入必要数量的资本金。

7.6 业绩考核评价机制的完善

众所周知，与商业性金融不同的是，政策性金融缺乏市场竞争的约束和利润的推动作用，因而它需要有一套专门的经营目标考核评价机制，用来评估其投入产出效果，以此调整政策和促进政策金融机构不断提高效率以及进行补贴支持的依据。这既需要定性的评价，也需要结合实际，设计定量性的成本—效益指标体系，然后在两者基础上给出综合的结论。

从定性的角度看，政策性金融的重点任务是要确保资金运用的公共性、安全性和适度的盈利性。所谓公共性是指所贷款的项目要符合社会整体的利益，这一目标可通过政策金融机构的介入和提供支持以克服项目的投资阻力而实现。所谓安全性是指要确保贷款资金的本金和利息的可回收性，避免不良资产率超出一般金融机构稳健运营所必需的平均水平。所谓适度的盈利性是指政策性机构投资利差及其他收益总和能够抵偿各种费用支出，并且略有盈余，以满足续存经营的基本要求。这一原则也意味着政策金融机构在选择融资对象时并不以预期利润最大化为主要标准，而是旨在对融资对象的私人收益与可能带来的社会收益作综合评估，并以确保投资的收支平衡为底线，来为最终的决策提供依据。

从定量的角度看，对政策性金融的评价需要建立成本收益两个方面的指标体系，在此基础上参照商业银行的“CAMEL”方法来得出综合的评价结果。其中，成本归集的方法应依据配比性、相关性以及全面性原则来衡量，即是说，凡是与政策性金融机构运作相关的所有费用支出，也包括各种间接的机会成本，都应纳入成本的项目。具体地看，应包括直接成本和机会成本两个方面的指标。直接成本可以用政策性金融机构的账面数据加上政府的各种补贴来反映；而机会成本则可用资本金数额乘以同期银行长期存款利率来表示。当然这两类成本的总和也只是一种近似的反映，并没有真正包括政策性金融机构开展业务所带来的全部成本，比如说政府部门对政策性金融机构的管理费用等都没有计算在内（虽然实际上也很难准确分摊）。与成本核算相比，估量收益的难度更大。理论上政策性金融机构所创造的所有收入和价值，无论是直接的、还是间接的，都应折算成货币性的收入。但显然这一点在现实中很难办到，尤其是政策性金融机构的主要目标就在于以自身的亏损或微利来谋求社会公共利益的最大化。而社会公共利益概念的模糊性更强，因为这不仅涉及如何衡量资金需求和个体福利的问题，也涉及如何对其进行科学求和的问题，因此，比较可行的办法只能是进行折中处理，即对于直接收益进行量化核算，而对于间接收益进行定性评价。从直接收益来看，也可以提取政策性金融机构的账面收益数据如利差所得来加以反映。但除此之外，还应加入其他一些反映其完成任务量的指标来体现，如在贷款发放量（包括数量和结构两个方面的计划与实际数比较）、坏账率、坏账准备率、资本金周转率等。

实际上，鉴于人们常用的通过标准的财务比率分析来度量带有政策性质的农村金融机构的业绩所存在的不足，即这些标准的度量工具并没有考虑农村金融机构操作过程中各种各样的补贴，或者没有考虑赋予农村金融机构的特定目标，世界银行曾经推荐了一个对农村政策性金融机构的考核评价方案。这一方案由 Yaron 等人于2002 年所提出（雅荣·本杰明，皮普雷克，2002），现已被学术界和实践者广泛接受，其思路和方法都值得借鉴和推广。

该方案从目标客户的覆盖面和农村金融机构的持续性两个基本指标来对农村金融机构运作的经济影响进行评估。其中，覆盖面是一个混合指标，它可以衡量农村金融机构在多大程度上成功地服务目标客户，以及满足目标客户对金融服务需求的程度。覆盖面的指标既有定性的又有定量的，既能衡量深度（所服务客户的类型和贫困程度），又能衡量广度（利用不同方法所服务的客户数量）；一些常用的此类指标包括：储蓄和贷款账户的数量和年增长率、贷款余额和存款额及其年度增长率、营业所和员工数量、平均贷款额和贷款额度的范围、农村客户的比例、妇女客户所占比例、客户的交易费用、服务的灵活性和持久性、服务网络等。由于与许多政策性金融机构一样，农村金融机构常常依赖于补贴而得以持续存在，因此，衡量农村金融机构的可持续性则可以用补贴依赖指数来实现。计算补贴依赖指数的办法是：先计算农村金融机构所接受的全部补贴，然后用总补贴数额除以农村金融机构平均贷款利率乘以年平均贷款余额(即该机构损益表中所列的利息收入)。这一比率表示该机构的利息收入增加百分之多少才可以彻底摆脱补贴。补贴依赖指数为零，表示该机构已经实现完全的持续性；补贴依赖指数为 100%，表示普遍将平均贷款利率增加一倍才可以取消补贴；补贴依赖指数为负，表示该机构已经实现完全的可持续性，该负值是指其年度利润超过该年度所接受的各种形式的补贴部分。

在世界银行看来，这些指标虽然不能对农村金融机构运作的经济影响进行全面的评估，但是，它可以作为一个数量分析方法来度量一个农村金融机构实现其目标的程度，并使与扶持机构相关的社会成本透明化。笔者认为，这种社会成本透明化所释放出来的信息是非常宝贵而重要的，因为，或许它将引起人们再度思考，以如此代价来提供政策性金融服务是否真的物有所值，从而对于政府部门和政策性金融机构都是一种无形的压力与警示。

7.7 预算约束的硬化

国内外的实践表明，政策性金融机构往往容易产生比较突出的软预算约束问题，这主要表现为大量政策性银行亏损严重，不良贷款率和经营风险较高，内控机制不健全，并且除了由国家财政最后来收拾“烂摊子”外，很难找到明确的自然人来对此承担责任。根据国际货币基金组织的调查（贾瑛瑛，2006），2003 年在 125 个国家的 120 个政策性金融机构中，有 1/3 的机构亏损，1/3 机构的不良贷款比例高于10%，政府对政策性银行进行资金注入是非常普遍的现象。这再次表明了政策性金融的软预算约束问题有着内在的原因，而世界银行在一份报告（2001：74）也曾指出，从早期补贴性信贷规划的运行失调中，可以吸取不少深刻的教训，其中最为重要的就是要实施硬预算约束。

然而，基于政策性金融机构软预算约束现象的复杂成因，要彻底根治绝非易事。从国外的经验来看，其措施主要集中在以下几个方面：引入多元化投资者或完全私有化，加强对政策性金融机构的财务和业务监管，将其纳入国家预算，提高其经营透明度，建立起合理的资本金制度等。结合我国的实际来看，需要采取多管齐下的措施。除了引入国外的某些做法①以外，还可考虑以下一些办法：

第一，明确损失或风险承担人的责任。在严格的预算约束环境下，如果企业预算状况处于困境时，控制企业的主体能够得到正确的信息，即企业的不良业绩将使他们付出代价，他们将很难或根本不可能以任何形式筹集资金。这使他们无法进行盈利性投资，并可能迫使企业出售重要资产。换言之，那些曾经造成损失或带来风险的主体将自行承担风险和付出相应的代价。因此，确保那些制造过度风险的人自行承担风险也可以用作为治理政策性银行软预算约束问题的一条重要原则。即便是在分账户的情况下，对于国家账户的亏损，也应当加强审计监督，尽可能地查清损失的人为原因，并追究相关人员的责任。为此，需要事先制定和完善相应的会计核算制度、监督制度、问责制度等。

第二，完善政府救助“问题银行”的制度并使之显性化。许多国家的实践证明（世界银行，2001），政府对“问题银行”的救助常常传达了错误的信息，即增大了银行的软预算约束预期和道德风险意识，尤其是那种不附加任何条件的政府注入资金型重组计划——通常以银行持有国债的形式注入资本金——屏蔽或完全压制了不良经营业绩代价高昂的信息，使实际重组完全被排除或只是在最低程度上进行（如同我国国有商业银行所发生的那样）。这在世界银行看来“等于是从纳税人向银行所有者进行的一种转移支付，所有者则是获得银行资产净值的利益集团”。② 对此的解决办法就是事先就建立起政府救助“问题银行”的相关制度，在制度中规定好政府援助的条件、对“问题银行”成员的处置办法、实施程序等，并将其公之于众。总之，要通过这些事先的措施安排，既打消政策性银行“内部人”盲目冒险或对事后重新谈判

① 在提到的国外经验中，除了私有化一条要慎用外，其他均可借鉴。因为正如许多研究所指出的那样，私有化并不是治理软预算约束的必选之策。但它对机构本身造成的动荡却相当的大。而且实施私有化，也牵涉到大量的技术操作问题，如机构的价值评估就很不容易，再考虑到政策性金融机构所具有的一定程度的准公益性特征，因此笔者认为对此一条要慎重选用。

② 世界银行报告小组．金融与增长——动荡条件下的政策选择．经济科学出版社，2001：168.

财务计划心存侥幸的念头，也能有效抑制“问题银行”的寻租行为和政府部门的渎职行为。

第三，建立负债规模的控制机制。在处理政策性银行软预算约束问题的各种治本之计尚未得以建立或实施之前，对政策性银行的负债规模进行硬性控制是十分明智和必要的。这不仅是保证政策性金融机构发展规模、发展速度一定要控制在国家财力之内的需要，而且也是提高政策性银行的抗风险能力和防范金融风险的需要。这种办法也被许多其他国家所采用，如日本就规定政策性金融机构的负债不准超过准备金 14 倍。为此，我国也应规定一个明确的比率（以 2003 年底的数据计算我国三家政策性银行的该比率都超过了 20 倍）。

第四，针对部分银行实施股权多元化。虽然产权改革并非万能，但国有制的弊端的确不容忽视。这正如有学者（王柯敬，杜惠芬，2004）所指出的那样，过去国有制一统天下已经造成了银行风险财政化的现实。如 1999 年我国成立四家资产管理公司，先后剥离了四家国有商业银行 1.4 万亿元不良贷款；2004 年 1 月，国务院又向中国银行和建设银行两家国有商业银行注资 450 亿美元，为其进行股份制改造试点补充资本金；同年 6 月，国家再度对中国银行和建设银行两家国有商业银行不良资产实施第二次剥离，从四大资产管理公司的实际资产处置情况看，已剥离坏账的资产回收率不足 20%。国有商业银行尚且如此，政策性银行的前景自然也不会更为乐观。因此，从长远来看，逐步降低政府在政策性银行中的股权比重，同时引入机构投资者和私人投资者，也不失为可选之计。

第五，建立健全利益补偿机制。尽快建立对政策性银行从事政策性亏本业务的利益补偿机制。同时，还要制定一系列税收优惠政策，既确保政策性银行的正常运转，也有利于鼓励政策性银行不断做大做强，向综合型银行方向迈进。

7.8 加强对政策性金融机构的监管

金融监管的主要根据在于金融系统中存在着由外部因素、市场力量以及信息问题所引发的市场失灵（威塔斯，2000）。总体来看，根据对监管职能的不同划分，可以概括出两类既有联系又有一定区别的定义。第一类定义突出强调了监管的行政属性而排除了其立法职能。如戴相龙、黄达等（陈建华，2002）认为：“金融监管”是金融监督和金融管理的复合词，它是指一个国家（地区）的中央银行或其他金融监督管理当局依据国家法规的授权对金融业实施监督管理的称谓。刘锡良（1997）的看法也与此相似，认为金融监管是指一国政府根据经济金融体系稳定、有效运行的客观需要以及经济主体的共同利益要求，通过一定的金融主管机关，依据法律准则和法规程序，对金融体系中各金融主体和金融市场实行的检查、稽核、组织和协调。而第二类定义则将金融监管的职能延伸到了立法的领域。如在谢平等（2003）看来，金融监管是一国政府监管当局对金融机构实施的监督和业务管制，包括市场准入、业务范围以及特定业务管制、风险控制、内部控制、市场退出等诸多方面的立法和执法实践。在这两类基本的定义之外，在实践中还有一种常为人们自觉或不自觉中采用的概念，即依据监管主体不同而将其分为广义上的和狭义上的金融监管。所谓广义上的金融监管，除了包括一国或地区的中央银行或其他金融监管当局对金融体系的监管，还包括各金融机构的内部稽核、同业自律性组织的监管、社会中介组织的监管等。而狭义上的金融监管，只包括一国或地区中央银行或其他金融监管当局的监管。

在本文中，笔者较为认同狭义上的、突出强调了行政属性的监管定义。其理由主要是：（1）依照标准的公权力之分，政府及其下属机构一般只能行使行政权，而由议会等拥有立法权，司法部门行使监督权。因此，尽管实践中也存在政府拥有事实上的立法权情况，但这毕竟只是一种权宜之计或个案现象，并不能由此否定权力分割之一般原则。（2）有助于人们更好地认清立法与监管两者之间的关系，促进立法与监管的有机互动。这正如许成钢（2001）所指出的，由于法律要保持相对的稳定性，正规立法的要求相对较高，变化也比较困难，同时也由于法律的实施具有很强的被动性（如“不诉不理”原则），这就极易导致出现法律不完备或无效力等缺陷。为了弥补法律的不足，同时又要适应某些产业过于复杂、发展和变化快等现实需要，因此，就需要设立一些监管机构。这些监管者既作为执法者，但同时也不是作为简单的寻找证据的机构，而是要制定一些具体的规则，去补充完善法律。但它制定的法规同正式的立法有许多差别，如法规的时效性比较短，一般面对比较专门化的对象，范围也比较窄，不是普遍法律。因此，从这种意义上讲，监管机构的设立实际上是在不完备的法律和复杂的现实之间找到的一个折中方案。监管者一方面是专家，另一方面，其主动权又是有限的，即有一定的相机性。这就很好地解释了监管机构的存在逻辑以及监管规则与法律的互补性。（3）抓住主要矛盾，进行重点分析。来自社会中介和同业等的监管固然也很重要，但是对这些机构而言，监管并不是其主要或唯一的职责所在，在社会运行赖以依托的各种人为建构的制度体系中，它们还担当着其他的重要功能，唯有具有准政府性质的监管机构才负有这一主要而繁杂的使命。因此，集中展开对政府授权性质的监管机构进行研究，也就抓住了监管的主要矛盾和核心问题。（4）有助于与其他意义上的“监管”概念进行区分。事实上，“监管”一词也广泛用于公司治理视角上的监事会监管，以及在我国当前环境下的所谓来自国有资产管理机构的监管等。如在一份关于我国国有金融机构监事会职能的研究中，其作者（窦洪权，2003）从金融监管和公司治理两个角度进行了分析，指出监事会制度的建立进一步强化了国有资产所有人对经营者的监督职能。该作者认为，作为国务院下设的专门金融监管机关，监事会独立于各监管部门体现了不同监管职责的差异性，其成立从一定程度上弥补了金融监管部门既是金融规则制定者、又是执法效果检查者的制度缺陷，客观上对上述监管机关的权力形成了一种制衡。对于这些“监管”，在本文的意义上看来，笔者认为由于这类“金融监管机关”的前提并不是建立在通常隐含的政府社会公共管理职能的基础之上，因而其本质不过是作为产权所有者的权利体现形式，应当被归入“金融机构内部监管”或“内部控制”的范畴，与通常人们所指的权力源自外部的“金融监管”含义有着明显的不同。

我国学者（白钦先，王伟，2005b）指出，由于政策性金融机构在资源配置目标、业务宗旨、资产负债结构、运行机制等方面与商业性金融机构具有本质的不同，与一般的政府机构或社会公益机构也有着根本的区别，因而既不能套用商业性金融法，也不适用于规范政府行政行为的法律，必须把政策性金融立法提到重要的议事日程。这种观点也得到了国内其他专家的认可。但笔者认为，倘若只是简单地指出政策性银行与商业银行的差异并由此推出两者监管应有区别，这种观点决非全面且符合逻辑。因为它并没有清楚地论证其监管差异的原因及这种差异的具体表现形式为何，这就很难给解决政策性银行的实践问题提供有力的依据和指导。

依笔者之见，对政策性银行是否应当监管和应如何监管的理由仍应回到有关金融监管的一般原理中去寻找和比较。一方面，由于政策性银行依然会产生外部负效应，并且也受到信息不对称问题的困扰，因此，对其进行监管十分必要，将其纳入基本的银行监管体制也并无完全的不妥。这样做还有利于保持银行监管的统一性，并降低金融监管成本。但另一方面，也应认识到对政策性银行的监管主要属于资源配置性控制类型的金融监管，即由于政府将政策性银行作为一种实现政府对特定产业活动或社会对象予以优先支持的政策转换工具，政策性银行的行为目标和方式必须受到选择性信贷计划、强制性投资需求以及优惠利率等方面的限定，这样，对政策性银行监管不单要强调风险的控制，更要重视其是否符合政府意图或政策精神。但要做到这一点，就必须面对一个比较具体的实际可操作性问题，即由于政府意图或政策指令的实际体现是极为具体的，并且在年度之间甚至年度之内也是连续变化的，那么，由一般的银行监管机构来承担这一任务合适吗？因为理想意义上的银行监管机构与政府部门的关系是相对独立的，它并不实时掌握有关的政府宏观经济目标或政策信息，这些信息主要集中在中央银行、政府财政部门或计划部门之内，因此，尽管从理论上看银行监管者可以要求获得这一信息并依此来进行监督，但这必然会遇到信息传递过程中极易产生的信息失真或“噪声”放大问题，与此相伴的还有对信息的理解极易出现偏差的问题，这两种问题虽然在抽象的理论分析中极易被忽略，在现实中却又切切实实地不以人们的意志为转移地存在着。这样，如果将政策性银行是否体现了“政策性”也纳入监管者的范畴，显然，其间的效率损失以及增大的机构间联系成本不可低估。从这个意义上讲，与对商业银行监管所不同的是，应当将政策性银行监管的任务分为两个方面，一是基于其“金融性”特征而进行的“金融监管”，二是基于其“政策性”特征而进行的“政策监管”。对于前者可以参照或适用对商业性银行监管的方法；对后者却有待结合一国的实际情况进行进一步的权衡和考虑，而这一点正体现了政策性银行监管的特点与难点。

如何才能解决好金融监管与政策监管任务相统一的问题呢？从监管体制的视角上看，主要有两种可能选择：一是将政策性金融机构作为公法人，将其纳入政府财政监管的范畴，实行以财政监管为主、金融监管为辅的监管体制；二是将政策性金融机构作为私法人，将其列入金融监管的范畴，实行以金融监管为主、财政监管为辅的监管体制。这两种监管体制各有利弊。前者有利于政府意图到政策性银行的快捷准确传导，但其对政策性银行的日常运营行为和风险防范的监控能力相对较弱；而后者则正好与之相反。结合当前我国及世界上其他政策性银行的发展趋势来看，笔者认为，应当主要采纳以专业性金融监管为主的体制。其原因主要有以下几点：首先，政策性金融机构并不同于其他意义上的财政资助或支出机构，因为它的资金虽然可能全部或部分来源于财政，但是并不仅限于财政部门。事实上，在国外一些政策性银行，如法国农业信贷银行，同样吸纳会员的存款，而在我国，除了财政注入资金外，国家开发银行等也开始面向其他社会投资者发行债券。因此，考虑到资金来源的多元性，如果让财政机构作为监管主体，容易使人们对其能否保持足够的中立性产生一定的疑虑。其次，政策性银行在资金运用上也与普通的财政性机构有着本质的不同，即它仍然要按照商业化或准商业化的原则来运作，而且由于政策性银行也同样属于从事信用管理的行业，对其监管就必然需要具备与财政支出管理有所不同的专门知识和管理要求，而这正是金融监管机构的强项所在。再次，可以避免“政出多门”，营造透明有序的金融监管环境。政策性银行的政策性任务或目标的调整，并未从根本上改变其行为的具体方式和对金融市场带来的外部影响，因此，将其纳入统一的金融监管体制中，有利于维护金融市场的统一秩序。最后，由于笔者在本文中所用的“金融监管”术语是一个相对狭义的概念，并未涵盖其他主体如所有者、市场和社会中介机构等对金融机构的监督约束行为，因此，对于政策性银行是否体现了“政策”要求，还可以通过其他的途径来予以控制和加以补充。

当然，即便对政策性银行建立了以金融监管部门为主的监管体制，也仍然需要在具体实践上实施一些有所不同的方法。这些不同的方法主要表现为：依据国家相关的政策性金融法规，制定与商业银行有所差异的监管实施细则，作为监管行为的基本指南。监管内容上要与商业银行有较大区别（重庆银监局课题组，2004）。商业银行有合规性监管和风险性监管，政策性银行有合规性监管和导向性监管；风险性监管主要包括政策风险、市场风险、操作风险三个层面，而导向性监管主要有业务运作有效性监控和政策性银行经营风险监控两项内容。在监管重点上要与商业银行有明显差异。事实上，简单地讲，受实力和动机所限，大多数政策性银行都很难具备大型商业银行对金融市场所能产生的同等影响力。因此，商业银行应以风险审慎监管为主，以合规性监管为辅；风险性监管中，政策风险、市场风险、操作风险并重。而政策性银行则应坚持合规性监管与导向性监管并重；导向性监管中，业务运作有效性监控和政策性银行经营风险监控并重；而且风险监控中，并非三大风险等量齐观，而是突出重点，主要防范操作风险。还要加强与其他政府组成部门如发展与改革委员会、农业部、商务部等部门的信息沟通（陆娟，蔡友才，2003），并可成立由相关专家组成的监管咨询委员会，及时了解国家宏观经济政策、产业政策和区域经济发展政策的制定及变化情况，以利于更加切合实际地预测和把握监管重点，及时监管和防范其风险。

7.9 微观治理机制的完善

在伯利和米恩斯（2005）看来，法人治理问题的解决，取决于通过政治、经济及社会条件而建立起来的权力及其运用受到监督的状况。具体的措施主要包括：第一，通过法律规制的途径。随着公司机制的潜在价值获得越来越多的认知和赏识，政府制定了一系列的措施，来保护一般公众、公司的债权人和公司股东的利益，形成对经营者行为的一定制约，这些法律规章构成了治理机制最为核心的依据。第二，通过制定公司章程，来形成公司治理机制的具体框架。第三，内部控制规则。在企业组织内部，受托代表和维护所有者利益的董事会为了保证决策活动的科学有序，同时也为了加强对内部经营管理活动的有效控制，往往会建立或授权高层管理者建立起一套清晰可见的、作为企业大多数活动指南的规章制度，这些制度既有利于提高活动的效率，也起着实施内部控制的作用。这些内控制度一般包括（李敏，2004）：（1）严密有效的组织结构和独立的内部审计机构；（2）完善的会计控制体系；（3）相互独立的业务部门和明确的职责；（4）严格的授权审批程序；（5）高度的电脑化管理；（6）合理有序的内部核查制度；（7）行之有效的员工管理方式等。第四，通过外部监管的途径。对于某些特殊的行业或公开上市的许多公司而言，政府还通过建立监管机构和制定监管规则的途径来对公司法人治理机制提出明确的要求。① 第五，通过完善市场竞争机制的途径。治理机制不健全、代理成本高昂的公司将会受到市场的报复或遗弃，它或者会面临被其他公司所收购的威胁，或者会因投资者“用脚投票”而丧失再生产的可能。

结合我国政策性银行的实际来看，当前应该采取以下一些措施来促进其法人治理机制的规范和完善。

首先，应当将利益相关者治理模式②作为建设的目标模式。其理由在于：（1）政策性银行的国有属性和政策属性决定了它不以利润最大化为目标和归宿。社会公共利益最大化的价值优先于股东利益的最大化③；这与股东至上模式的目标是有分歧的。（2）我国目前尚未建成比较成熟发达的外部市场体系，能够对包括政策性银行在内的各类现代企业形成强有力的外部监控作用。（3）我国现有的社会保障体制、政治体制以及人们普遍接受的一般观念都不允许推行比较激进的以充分地引入市场化机制为目标的公司制度改革，包括政策性银行在内的国有企业都不得不仍然承担起相对于非国有企业更多的社会责任。④（4）我国

① 政府监管与公司治理的关系详见文献：王学人．钟宏武．电信监管与公司治理．经济体制改革．2005（4）．

② 一般认为，有两大公司治理模式，一是股东至上治理模式，二是利益相关者治理模式。在股东至上的治理模式看来，公司股东和经理人两者是委托—代理关系，经理人应以股东利益最大化作为经营目标，但是由于二者目标函数的不一致，以及信息不对称，会导致经理人为了自身的利益而做出损害股东利益的行为，产生高昂的代理成本。因此公司治理的目标就是使代理成本最小化。为此，他们主张通过董事会、股东的监督，完善的审计和信息披露制度，有效的债务和激励等约束机制，合理的经理层制衡机制，以实现股东和公司价值最大化。而利益相关者治理模式却认为，公司治理是指在确保对公司不同债权人（包括社会整体）负责的条件下，为债权人经营并实现价值创造，并在他们中间进行价值转让的最高管理层的变动过程（阿南特·K. 桑德罗姆等，2002）。这一定义包括了以下几个要点：（1）公司治理是一个过程，而且它是一个不断发展变化的机制。要理解治理，需要我们的视野超越单纯的努力和效果，去仔细观察治理规则是如何形成的，以及它们在什么地方遇到了障碍。（2）公司治理是在最高管理层进行的，因为它界定了董事会的作用。（3）需要强调价值创造和价值转移。因此，有效治理的一个必要条件是要自始至终重视公司经营中的利益和效率。（4）“有效”治理的核心是解决效率和公平问题的方法和路径。因为价值的存在必然意味着经济“租金”的存在，而且在多头债权人面前，这种租金提出了与租金分配的有关问题。因而，有效治理也包含着“公平”而“平等”的价值分配的某种形式。（5）强调债权人和责任归属的作用。公司的债权人是指通过他们与企业存在的隐性或显性的经济能够（或将会）合法地取得有关公司收益和现金流所有权的利益相关者。这些利益相关者包括股东、雇员、消费者、债权人、供应商、竞争者，甚至包括公司形式存在于其中的社会整体。因而，这种关系就构成了包括宏观经济（产品市场、资本市场、劳动市场以及不动产和技术市场）、法律和法规、所有权（包括强制执行）体系、政治、文化以及社会经济规范的一种外部环境。治理包含责任归属的见解，蕴含着有效治理属双轨路径的观念。只有当公司为治理所指向于它的利益相关者负责时，治理规则同时也决定了企业的利益相关者（包括社会整体）监督和控制企业的过程。

③ 这里的预设是：社会≠政府，社会公共利益≠政府利益．

④ 参见：路风．国有企业转变的三个命题［J］．中国社会科学，2000（5）．

有着鼓励多方参与企业治理的历史传统，如“老三会”（党委会、职代会与工会）在过去就对经营者的权力有着一定的制衡作用，而这些传统架构并未受到新出台的《公司法》的禁止，而且在国有企业依然受到政府的肯定和重视。因此，综合起来看，选择利益相关者治理模式作为我国政策性银行建设和完善法人治理机制的目标模式，既是合理的，也是可行的。从利益相关者治理模式的取向来看，维护出资人的利益虽然是至关重要的，但它绝对不是唯一的目标和追求，除此之外，还需广泛兼顾其他利益相关者如雇员、消费者、债权人、供应商、所处社区等的要求。当然，就政策性银行而言，其利益相关者主要应包括出资人（如政府及各相关部门等）、雇员、各相关产业中介机构如行业协会等、债务人等。为此，我国应当使各利益相关方都能在公司主要治理机构如董事会和监事会中各占据一定的比例。这一比例可由政府以法规的形式确定。其中，代表出资人的董事和监事可由政府部门推荐，而代表行业协会和债务人的董事或监事也可由各产业协会或工商联等机构推荐，而代表雇员的董事或监事则应由内部员工通过工会、职代会等途径推选。

其次，应当尽快明确政府对政策性银行的出资人代表。在此，我们可以仿效日本、法国等的做法，对于政府全资形式拥有的政策性银行，采取“财政部—政策性金融企业”的模式来管理国有资产（胡怀邦，2005：14）。因为这种模式有利于国家通过控制政策性金融机构实现支持特定产业发展和促进经济发展的目标，也有利于国家对在一定程度上担当着公共职能的政策性金融进行补贴。具体地看，我国可以考虑在财政部下设专门机构来承担对国有政策性金融资产的所有者或出资人职能。就其组织形式来看，选择类似中央汇金公司的法定公司制更为适宜，因为这种组织形式既有一定的“政府机构”或“准政府机构”的权威性，又有利于淡化“行政色彩”，提高政策性银行国有金融资产的市场化运作和管理，促进国有金融企业公司治理结构的完善。在该机构成立后，它将享有出资人的诸多权利，如派任董事、监事权、收益权和收益分配权等。对国有独资性质的政策性银行而言，则由该机构履行股东大会的职责。为了保障政策性银行的法人自主权，该机构应主要按照公司法或政策性银行法等的要求，通过股东会和对董事会的任免来实现其出资人权利，并通过对国有政策性银行的经营绩效和国有资本的利用情况来进行公开评估，运用高度透明的方法实现对国有金融企业的有效监督。为此，该机构需要建立一支高度精干专业的员工队伍，并合理利用社会机构的力量，如审计师事务所等来增强对政策性银行董事会的运作和监督。但与此同时，也要注意加强对该机构的激励和监督（汪雪梅，张革平，2005），以防止其“渎职”或被“俘获”等现象的出现。具体的激励和监督措施可以包括：制定相对丰厚的薪酬制度、福利制度和用工制度以招揽和吸引高素质的专业人才；用法律形式明确国有金融资产管理机构的职责、权利及其行使权力的程序；引入问责制，明确国有金融资产管理机构的工作目标和业绩考核要求；实行向国民公开信息的制度，提高信息披露的透明度，以接受社会的监督；明确工作人员的权责及纪律，合理设计薪酬制度；由国家审计署对其进行监督等。只有引入了以上的激励约束机制，才可能促使该机构在相对独立的地位上，建立起一套以专业经验和素养为核心的董事、监事选择标准，并且按照公开透明的程序面向社会选拔人才，防止其对董事选举的投票权或决定权成为“廉价投票权”或沦为“寻租”的工具。

再次，要加强董事会制度的建设。因为董事会对股东要行使受托人的义务，同时要有效激励约束管理层，起到承前启后的作用（徐永强，2004）。结合国内外实践来看，主要有四种措施：一是引入独立董事制度，建立内部的监督机制。二是建立董事会内部的分工机制，即设立战略、薪酬、提名、审计等委员会，以便在董事会层面引入专业化的决策。三是完善董事的信息披露制度。四是规范董事的义务责任制度，完善股东对董事的诉讼制度。尤其要注意的是，要通过有效的制度安排确保董事会的独立性。这就要求董事的提名和选举不能由高级管理层左右，而是由出资人所委派。当然，董事的人选也要符合相应的素质条件，尤其是其内部设立的关键性的专业委员会的成员，比如薪酬委员会、审计委员会、信贷委员会等，需要具备相关知识背景以及必要的从业经历。此外，还应制定和完善对董事会成员的管理规定，这一方面要求为董事会成员的工作制定相应的薪酬补贴办法，办法应由出资人代表而非由经理层来确定，以此提高其工作积极性并独立于经理层，另一方面也要明确董事会成员的工作职责和义务，并定期对其进行尽职考核。结合我国政策性银行的现状来看，建立规范的法人治理机制还要求将政策性银行的董事长和行长实行分设。根据我国的公司法制度，可由国有金融资产管理机构通过一定的法律和制度安排，指定代表国家出资人利益的董事的数量、任命董事会成员，并选聘高级管理层。由董事会向国有金融资产管理机构负责，高级管理层向董事会负责。通过增加以董事会为核心的决策层次，也有利于减少外来的各种不当干预，更好地使政策性银行开展经营工作所必需的独立性和自主性得到制度上的保障。

然后，鉴于国有重点金融机构监事会的监管职责与出资人监管职责存在着部分重叠情况，为避免重复监管，提高监管效率，应当妥善处理好多重监管机构之间的关系。在此，我国政策性银行也可以效仿中国银行、中国建设银行的做法，即将国务院外派监事会改为由银行股东大会选举产生监事会，由政策性银行的国有金融资产管理机构通过相应的法律或制度安排，指定或派出代表国家出资人的监事数量和成员。在设立监事会以后，也要完善相关的制度，以授予其必需的权力，如否决建议权、惩处建议权、调查权，同时由出资人代表负责制定相应的薪酬制度，并从制度上落实监事会的工作经费，以确保监事会独立尽责地开展工作。

最后，要建立与完善高层管理团队的激励约束机制。高层管理团队的质量和作用发挥如何，是决定政策性银行代理成本的关键因素。按照委托—代理理论中的激励相容的思想，由于高层管理团队相对于股东或董事会而言，总是拥有大量的内部信息优势（要完全克服这一点可能会得不偿失，最极端的例子是由所有者亲自经营），要想有效控制代理成本，比较理想的方法不是一味地加强对高层管理团队的监督和控制（控制过严也会削弱企业经营的灵活性），而是通过制定相应的激励措施来使所有者与经营者双方的利益有更多的一致性。比如西方发达国家广泛流行的期权制度就是一种通过让经营者分享一定的剩余索取权而充分调动其积极性的制度安排。此外，还可以通过提供大量的有弹性的薪酬制度和福利制度来加强对高层管理团队的激励，如实行“年薪+奖金”的薪酬制度，在任期届满时给予一次性补偿等。近年来，这些办法已经在一些国有大型企业包括金融企业中得以部分采纳，尽管其效果如何仍有争议，但基本方向是正确的，也是顺应国际和时代潮流的，应当逐步引入到我国政策性银行中来，并最终运用复合薪酬制度对经营者进行激励。所谓复合薪酬就是“薪酬包”的概念，这个“薪酬包”应包括岗位工资、年终奖、在职消费、福利补贴和持有股权等，从而使经营者的近期、中期和长期利益与股东的利益更加紧密地联系起来，才能从根本上缩小经营者与股东之间存在的利益偏差。在此过程中，还要加强对高层管理团队的权力监督和约束，其中一个重要的方面也是要建立起公开的、可执行的问责制度，从而使高层管理者的权力与责任相匹配。实际上，如果没有高层管理者的纵容或默许，转型经济中大量滋生的损公肥私式“内部人控制问题”将得到很大的缓解，银行内部控制系统也将得到更多的关注和投入，而出于分散自己责任和压力的需要，银行对员工的激励约束机制得以完善的可能性也将增大。总之，要通过激励约束机制的共同作用，真正促使银行的高层经营者能够将以下原则作为自己行事的基本标准：（1）对银行业务有足够的注意；（2）忠于银行利益；（3）对银行业务至少要具有合理的谨慎。

7.10　加快政策性金融立法进程

从各国政策性银行发展历程来看，“立法先行”原则是其重要的成功经验，它们大都是首先颁行专门的政策性银行法，然后依法设立相应的政策性银行在政府指定的经济领域内自主经营并承担风险，比如《日本开发银行法》、《德国复兴开发银行法》、《韩国产业银行法》等。而我国政策性金融立法与其他国家相比还存在较大差距，这不仅表现在我国政策性银行成立及运行所依据的《国务院关于金融体制改革的决定》等行政规范性文件，既缺乏系统性，又缺乏权威性，而且它们一直没有根据不断变化着的实际情况进行过相应调整。目前，对我国政策性金融的规范与管理仍只能参照商业银行的监管模式及其相关法律规范进行。立法上的滞后，已经严重制约了政策性银行的健康发展，成为一个不容忽视的现实问题。

为了解决这一问题，社会各界都已对政策性金融法的立法必要性、紧迫性及具体规范内容等进行了深入的分析和研究，但总的来看，目前各方在立法程序主体、监督制度及责任承担制度等方面并未达成共识。笔者认为，在寻求这些具体问题的答案之前，必须先解决两个基本性的问题——政策性金融法的法律部门归属和政策性金融机构的法律属性。“因为，根据法学理论及立法规则，法律部门归属影响着立法程序主体的选择及监督制度的确定，而主体的法律地位决定其责任承担制度上的特殊性。所以，在明确了这两个法律定性问题之后，我国政策性金融法的立法程序主体、监督制度及责任承担制度等问题才可能迎刃而解”。[①]

笔者认为（王学人，2007），政策性金融法应属于经济法法律部门中宏观调控法的金融法，而政策性金融机构应属于新型的法人类型——“准机关法人”。因而，关于加快我国政策性金融法的立法进程问题，笔者的个人建议包括以下几条：其一，立法程序提案主体应当是国务院。其二，依据“宏观调控行为不可诉”原则[②]，只能通过行政程序对政策性金融机构进行约束，我国应依法新成立“政策金融监督委员会”，由它依据相应行政程序对政策性金融实施监督，它应向国务院负责和汇报工作，但它的主要人事任免权应由全国人大及其常委会直接控制。此外，还应新增法定的社会媒体监督制度，从而克服“谁来监督监督者”的难题。其三，由于政策性金融机构是政府政策意图的传递者和代理人，它在责任承担制度方面具有一定特殊性，只要它严格按照国家经济政策要求开展各项业务活动，则它对出现的负面后果应当免责。同时，笔者还建议，增设关于政策性金融机构主要负责人对各机构未达到法定考核指标应当负行政责任的相关规定，以及政策性金融机构的内部工作人员在触犯刑法规定时应依法追究负其刑事责任。

此外，笔者还有一些具体的立法建议：（1）立法级别应以人大立法的形式，具有最高法律效力并且全国统一；（2）立法范围应以“一行一法”、多部专门法来涵盖我国政策性金融需要有所作为的各相关领域；（3）立法形式宜采用实体法与程序法合一的立法形式，以有利于实践中执行；（4）立法内容应包括不同

① 王学人．我国政策性金融法立法中的若干重要问题探讨［J］．天府新论，2007（2）：76.

② 宏观调控行为不可诉原则，是指由于宏观调控行为涉及重大国家利益、具有很强的政治色彩，是一种国家行为，应当被排除在司法审查之外，即具有不可诉性。

政策性金融机构的权责、组织架构、资金管理、风险管理、外部监管、绩效评价等，但是在具体的条文中需要预留一定的立法弹性空间，以利于体现出“政策性”的“与时俱进”的特征。

总之，我们在立法的过程中会遇到诸多的困难，但是也不能就此搁置起来，从而让政策性银行的运行一直处于试验或摸索状态。即便相关法律的制定还需要一个过程，也仍需要尽快根据新的形势要求和三家政策性银行的不同优势，出台相应的行政性规章，对其业务范围给出新的明确界定。因为不对政策性银行的业务范围准确设限，政策性银行也就失去了其区别于商业银行的最为基本的特征。这正如我国学者李扬（2006）所指出的那样，从发达的市场经济国家来看，政策性金融机构尤其需要法律的规范和保护，并且对于政策性金融机构还应施行“一行一法”，从而分别对它们的定位、宗旨、性质、任务和义务、资本构成及补充机制、资金来源与资金运用、赋税减免和其他优惠、内部治理机制、主要领导人的任免、董事会的组成与权力、与政府各相关部门的关系、外部监督等方面，给予明确且具体的规定。

8 中国政策性银行的转型与未来

制度方面的改革和创新对于政策性金融机构的发展具有至关重要且深远的影响，这一点无疑已在前面章节的分析中得到淋漓尽致的体现。实际上，从对“制度”一词的较为宽泛的定义来看，政策性金融机构也可以大致地被归结为是一种“人工设计”或“人为建构”的制度形式。因为它也具有制度的若干本质属性，如作为一种被（通常是政府）创设的经济组织，它从诞生的那一刻起（甚至远在此之前的人们的头脑和观念中）就被赋予了特定（法定）的目标、运行规则和作用机制。正是这种带有“命定”色彩的工具性特征，意味着它无法率性而为，它已与那些并非空洞无用的观念、目标、规则和机制结成了一张环环相扣、共生而互补的“制度之网”。因此，当那些在外部环绕着它以及渗透进它内部的各种制度结构发展到变革的转折关头时，它自身也将感受到一种转型的强烈压力和冲动。毕竟，那些它曾赖以寄托和成长的条件和基础已经不再完好如初，而是在经历了来自经济的、政治的和社会的等各方面力量的变化冲击之后，开始消逝或发生动摇了。但提出和分析问题并非解决问题的全部，从马克思关于“问题在于改变世界”的箴言和追求实用价值的角度来看，只有把建议和措施与现实中的研究对象紧密结合起来，那么一项研究才能得以宣告结束。为此，在本文的最后部分也即下文中，我们将借鉴比较制度分析理论的思想，基于某一体制或制度结构内各种制度所具有的战略上的互补性要求，来对我国政策性银行转型的理论、目标、内容、措施以及将政策银行作为一个单独类别的长远前景趋向等问题展开较为详细的探讨，而在此过程中，我们也能够针对我国现有三家政策性银行的不同业务范围和其他不同条件，对它们之间有所区别的转型模式、路径和措施等加以更为具体的剖析。

8.1 分析框架

8.1.1 政策性金融转型的缘起与目的

当既定的目标无法得以满足时，或旧的制度框架制约经济主体去把握新的机会时，就必须要么修正目标，要么对实现目标的机构或管理方式进行改革。这就构成了改革的缘由。

政策性金融体系作为金融大系统的一项分支，其改革应被归于为金融改革总体框架中的重要组成部分。因此它与一般金融改革有着若干本质上的相似和共同之处，即促进金融资源更有效地分配，并通过增加金融中介和鼓励金融部门的竞争来动员储蓄。事实上，金融改革经常被作为更广泛的经济自由化的一部分，后者强调市场机制发挥更大的作用①，以消除经济领域中因“政府失灵”所带来的各种负面影响，如政治考虑高于一切、轻视经济核算、人为操纵利率、信贷配给严重并导致融资活动中“寻租”之风盛行、经济管理和运行机制僵化失调等。这些问题也造成了广泛且触目惊心的资源浪费现象，进一步拉大了社会现实总供给与潜在总供给两者间的差距。

当然，作为一个相对独立的金融分支系统，政策性金融的改革也有其独特的目标与任务。这种个性主要表现在：尽管它仍然要朝着以更加强调经济核算和效率重要性为目标的市场化方向进行改革，但是其改革的具体目标和路径却与其他金融机构有所差异。因为从性质上讲，政策性金融首先是作为一种特殊的政府宏观经济管理手段而存在的，这是它最为本质和最为重要的特征。如果丢掉或抹杀了这一点，那么它就等于是发生了质的改变，不应再被纳入政策性金融这一范畴之内来进行考察了。这种突变式改革的实质相当于是取缔或彻底否定了政策性金融的存在，从而意味着政策性金融体系走向解体与终结。很显然，这种极端性的改革虽然也绝非没有出现的可能，但至少在现阶段乃至到未来相当长的一段时期内是不大可能需要的。因为金融市场机制并非是一种简单且唾手可得的东西，相反，它是一种代价昂贵的结构②，需要市场参与者付出或低或高的“交易费用”，因而它的演进和臻于完善的进程必将是漫长而复杂的。而这一现实也决定了政策性金融能够持续较长时期的必然性和合理性。倘若承认了政策性金融范畴这一前提的客观现实性并在此框架下来展开讨论，那么，其改革的目标无疑也应当排除掉取消其政策性目标和任务这一选项。这样，政策性金融改革所面临的真正的问题就变成了各种政策性金融机构作为一种手段与工具如何来更有效地实现既定的政策性目标与任务的问题。为达到这一目标而对政策性金融机构所需进行的改革和调整活动，可以被笼统称为政策性金融转型，也即根据内外部环境变化，对政策性银行的发展方向、经营模式、体制机制等进行战略性调整，从而达到解决既有矛盾、增强内部活力以更好地发挥

① 理查德·海明，卡尔伯纳·柯海尔．增长过程中财政政策和货币政策的作用；选自翁古·A．阿齐兹：结构调整战略——东南亚的经验．中国金融出版社，1992：61.

② ［法］亨利·勒帕日．美国新自由主义经济学．北京大学出版社，1985：11.

其作用和功能的总体目标。从转型的路径来看，政策性金融机构也将紧紧围绕着完成政府特定目标这一中心，从政府、市场和自身等多个层面来寻求解决现实矛盾、提高运作效率的有效措施。

8.1.2 政策性金融转型的基本模式

从国际上看，政策性金融的转型大抵有两种基本模式。一是将原有政策性金融机构进行非国有化改革，然后由政府将政策性业务委托给私营机构承担，并给予适当补贴，这种模式通常涉及产权制度的改革，因此我们称其为基于“产权观”的转型模式。二是将原有政策性金融机构改组为所谓的“开发性金融机构”，然后通过划分政策性账户与商业性账户，并由国家对政策性业务给予补贴，这种方式通常无须从根本上改变原来的产权构成，因而我们称之为基于“超产权观”的转型模式。

8.1.2.1 基于产权观的转型模式

支持这种模式的观点认为，不合理的产权结构尤其是国有产权的存在是导致政策性金融机构效率低下、陷入困境的罪魁祸首。因为国有制有着根本的内在不平衡性，即“公共行动利益分配的集中性和其费用分配的分散性”，这就使得国有机构容易有利于公民中的特权阶层，即有利于官僚。而且国有属性也是导致该机构出现“预算软约束”现象的根本原因（科尔奈，1986）。因此，要提高政策性金融机构的效率，治本之计在于转换其产权结构，使其成为非国有的金融机构，在此基础上形成一整套行之有效的治理结构和运行机制。对于政府需要向社会提供的政策性金融业务，可以由政府委托给该机构来承担，与此同时，政府通过各种方式予以适当的补贴，以此弥补其因承担政策性业务而需增加的成本或损失。

这种以民营化或私有化为导向的思路是与近年来复兴的新自由主义经济思潮一脉相承的。从积极的一面来看，它看到了国有制的弊端所在，也隐含地表示了对激励机制重要性的肯定，因而能够获得相当多的认同和接纳。包括美国、日本、韩国等在内的不少国家都比较看重这种方法，在实践中也积极地采用了这类转型措施。但从消极的一面看，这种观点也有着将“私有产权”的功效“神话化”之嫌。事实上，实际生活中屡见不鲜的例子表明，私有产权既不是现代经济机构高效运行的充分条件，也非必要条件。一国股市上各类公司的涨落兴衰就可以证明这一点。除了产权因素之外，往往市场状况的变化、临时性的外来冲击、内部管理制度的质量、主要经营者的能力素质等也都是影响组织绩效的重要原因。而且按照现代经济法律制度的一般原则，股权结构是一个经济组织中最为重要的基础性结构，它的变动必然联动地引起依附其上的其他结构的相应变动，如控制权结构、人事结构等的改变。因此，与其他方式相比，这类转型在实施过程中所造成的震荡是比较巨大的，至少会在原有组织内部及与之有着较为密切的业务往来者中引起一定的人心动摇和秩序紊乱。此外，实施非国有化改制转型的操作难度也不容低估。这里面牵涉到大量技术性很强的问题，如各种有形和无形资产的评估、交易的定价、原有债权债务的处置、谈判过程的监督等。而要能够解决好这些问题又离不开一系列外部条件的支持，如信誉优良的社会中介机构、发达的产权交易市场、竞争性的同业市场以及基本健全的社会保障体系等。总之，以上分析表明，基于“产权观”的转型模式并非完美无缺，它的功效能够发挥多大，还要取决于其他条件是否予以配合或支持。

8.1.2.2 基于“超产权观”的转型模式

将传统的政策性金融机构改组为现代的“开发性金融机构”是那些赞同“超产权观”式转型模式的代表性见解。在这种观点看来①，政策性银行转型为综合性开发金融机构是一条合理的路径。所谓综合性开发金融机构，就是一种介于商业金融机构和政策性金融机构之间的制度安排。它主要利用市场化手段，按照商业性金融规律运作，在机构自身可持续发展的基础上，为实现国家政策和战略导向服务。传统政策性金融机构通常着眼于社会效应，不追求自身业绩，强调政府的财政性补贴，然而综合性开发金融机构却较多地强调商业原则，力图在通过制度建设、市场建设和保持经营可持续的基础上实现政府目标。因此，这两者间的主要区别在于：传统政策性金融机构（银行）强调按照国家指令办业务，然后由国家兜底；而综合性开发金融机构则强调自主经营，自担风险，市场化运作，既弥补“市场失灵”的缺陷，又开展商业性盈利活动避免“政府失灵”，使银行实现商业上的可持续发展。当然，对于综合性开发金融机构，也要设置“防火墙”，实现政策业务和商业业务的制度性分离。②

但是，这是否真的是一个万全之策呢？正如笔者在上一章中已经指出的那样，由于存在信息不对称，因此这就要求政府或监管部门完善相关制度或付出相当的管理监控成本，才能够真正防范或杜绝“隔离墙”成为徒有虚名的摆设；此外，更大的危险还在于，开发性金融机构会不会在自利动机的驱使下，沿着商业性金融机构的方向越滑越近，进而使得开发性金融机构出现在政策性业务与商业性业务之间主次不分、甚至越来越淡化或忽视政策性金融业务的情况呢？很明显，只要政府管理松懈，那么这种现象也是有可能发生的。还需一提的是，开发性金融机构如果从事商业性金融业务，那么，与那些资产雄厚、网络完善、经验丰富、人才荟萃的普通巨型商业性金融机构相比，它又有多少竞争的优势

---

① 石朝格．聚焦政策性银行转型：三大银行抢跑开发性金融．中国证券报，2005 年 12 月 1 日．

② 已在第 7 章予以具体说明，这里不再赘述。

或资本呢？众所周知，金融服务业也是较为典型的垄断竞争性产业，集中度高，瓜分市场的竞争异常激烈，任何新进入者想要立稳足跟皆非易事。因此，从后两个方面的问题来看，即便组建开发性金融机构，也不宜对其生存和发展前景报以过分的乐观，更不宜仓促改变其主要是作为政策性业务为主而非商业性业务为主的混合型金融机构的基本功能和定位。也许随着时间的推移和各种条件的变化，开发性金融机构最终能够嬗变为主宰金融市场的“超级玩家”，如同法国农业信贷银行经过百余年的不懈耕耘而终成长为当今法国乃至世界金融界的“巨子”那样，但就传统政策性金融机构的一般情况而论，这种动人的远景绝非一朝一夕之功。正如上文中已经提到过的那样，我们对于初始条件的约束是绝不可能通过视而不见的态度就可以不受其影响的，那不过是一种无用的掩耳盗铃式的愚蠢之举。

8.1.3 政策性金融转型的路径

一般地看，金融改革可通过两个途径来进行①：政府和市场。政府主导的改革表现为涉及资金流动和执行货币政策在金融立法方面和管理条例方面的明确变化。无论通过立法变化还是通过管制变化，凡从政府一级发起的改革不论是通过立法程序或条例修改都被称为管理者金融改革。在美国，这种管理者主导的改革包括“1913 年联邦储备法”、1933 年和 1935 年通过的“银行法”，近期的如 1979 年 10 月联邦储备委员会宣布改变管理方针、1980 年 2 月对货币供应量的新定义、“1980 年取消存款机构管制和货币控制法案”及“1982 年高恩·圣杰曼存款机构法”等。

市场主导的改革在金融改革的过程中的重要性并不亚于政府主导的改革，有些时候甚至比后者更为重要。当政府不能解决资金流动的低效益或不能正视金融体系在立法和管理方面与当时经济的不适应时，就会导致市场获利的机会，市场主导的改革便应运而生。

通常，市场改革常先于管理者改革，这种改革表现为“金融创新”及其对金融管理者形成的压力。这里的“金融创新”主要是指为追求利润机会而在市场上出现的新型金融资产和服务。置身于金融市场中，政策性金融机构对于相对要素价格的变化或潜在的获利机会比高高在上的政府管理者更为敏感，为此，它们将寻求运用自身的资源，以一种“打擦边球”的方式去捕获这种利益或规避可能的风险，这种行为外在地表现为一些新的金融业务的出现或旧的金融业务的萎缩。随着时间的流逝，这些表现逐渐转化为一些信号传送到政府管理者

① ［美］托马斯·F. 卡吉尔，吉里安·G. 加西亚. 八十年代的金融改革. 中国金融出版社，1989：3.

那里，从而引起政府的关注和反应。改革就这样在一轮又一轮的“市场创新→政府管制→新的市场创新→新的政府管制”的循环中行进着。改革的这种螺旋式发生进程是对事物成长的客观规律的必然反应。这一原理表明，对改革试图抱有一种一蹴而就或一劳永逸的想法是天真而肤浅的，无论是管理者主导的立法改革或是市场主导的金融改革，都不可能等到考虑好一切因素才来着手进行。每一次改革都要受到制度生命周期的约束，并且每一次改革都应当注入新的精神或内容。之所以特别强调这一点，是因为在我国，当前以立法改革为主的管理者改革迟迟不能发动，就必然使得市场主导式的政策性金融机构自发的业务创新处于混乱无序且“非法”的尴尬状态。

8.1.4　我国政策性金融转型的总体原则

以上分析对于我国政策性金融机构实施转型具有很强的指导意义，从中我们可以归纳出我国政策性金融转型的一些基本原则。

第一，应当明确转型的目标是为了更好地支持和发展政策性金融而非取消政策性金融。实际上在我国现阶段，无论科技产业、中小企业，还是西部开发、东北振兴，甚至环渤海经济圈的发展，都还存在资金不足的问题，都还有政策扶植的必要，特别是农村农业竞争资金的能力很低，这便是“市场失灵”，因而处在迫切需要政策扶植的阶段。如果在目前完全取消了政策性金融，这些微利和少利的产业和地区将难以得到资金，从而难以发展，“三农”问题将难以得到解决，协调经济和构建和谐社会的任务就将难以完成。因此国家必须动员和集中一部分资金资源支撑这种改革和调整的实现，这就使得政策性银行来完成这种集中和配置政策资金资源的任务成为必需和可行的。这也正如我国学者李扬所指出的那样①，无论是发展中国家，还是发达国家，都仍需要政策性金融机构来实现政府的发展目标，完成单纯依靠市场和商业性金融无法办到的事情，促进经济社会协调发展。

第二，政策性金融转型不一定非要从产权结构入手。这主要是因为在我国当前的国情条件下，对政策性银行实行非国有化的时机和条件都还不够成熟。无论是从产权市场、社会中介机构和社会保障体系的情况来看，还是考虑到保持原有政策性金融机构的人员稳定和业务稳定的情况来看，以及再考虑到现有三家政策性银行与社会经济各部门所存在的复杂联系来看，都不宜贸然推进激进的产权改革。

第三，政策性金融机构的转型应当坚持以政策性业务为主的功能定位。同

---

① 王妮娜. 转型要过三道坎. 中国证券报，2005 年 12 月 1 日.

时要注意避免加剧与其他商业性金融机构的“同构性”问题。[①] 所谓的“开发性银行”，其实主要还是从事具有一定的创业投资和风险投资特点的金融业务的金融中介。在我国现阶段这种开发性投资、创业性投资和风险性投资非常缺乏。在以往单一银行制度和只有银行单一信用的条件下，商业银行过多地参与到创业性和风险性投资中，承受了不对称的过大风险，其流动性、安全性和效益性受到极大威胁。在今天再让商业银行承担风险性投资和创业性投资显然已不合适，由于我国现阶段尚未培育出成熟的市场化风险投资主体，只有政策性银行可以更多地承担开发重任。因此，政策性银行转型应当以开发性投融资，特别是政策性开发为主要定位，不要与商业银行争夺这个已经日趋收窄的传统银行业务市场，不要加剧银行业的“同构”现象。而且，我国现有的三家政策性银行也并不具备与其他几家国有大型商业银行进行全面竞争的实力和资本。因此，它们在转型后即便可以从事一定范围内的商业性业务，但也要根据自身特长和优势，选准细分市场，在局部市场上力求突破和成长。

第四，政府主导改革必须与市场改革相呼应。从现阶段来看，我国三家政策性银行并没有严格遵循成立之初的职责限制，而是将业务边界拓展到了更为广阔的领域，甚至包括一些商业化程度已经较高的行业，如小额信贷、交通、机械出口等，然而，有关的立法却迟迟未能出台，这不但使得一些商业银行对政策性银行颇多微词，也使得政策性银行自身对其前途和走向产生迷茫之感。“摸着石头过河”的渐进式改革方式并非是“免费的晚餐”，它牺牲掉的是统筹安排的整体利益、依法行事的法治观念的树立以及经济主体约束自身短期化行为的积极性等。如果认真权衡一下利弊，当真“以政策代替法令”会得大于失吗？

第五，我国政策性银行在转型过程中应当注重业务重点和经营范围的调整。如同第 5 章所述，综观世界许多国家，其政策性金融机构的业务范围都在随着经济发展阶段的变化而不断调整，从而能够更好填补市场空缺，促进社会福利公平目标的实现。

第六，按照实事求是的原则推动不同政策性银行的转型。我国三家政策性银行虽同为政策性金融机构，但实际的作用和承担的任务、面对的对象各不相同，因此从实事求是的原则来看，不能搞“一刀切”的转型，而要根据各自特点，分门别类地对其进行改革。

下面，我们就结合三大政策性银行的实际，来探讨具体的改革方略。

---

① 詹向阳．也谈我国政策性银行的转型与改革［J］．金融论坛，2006（6）．

8.2 国家开发银行的转型

8.2.1 国家开发银行转型的背景

国家开发银行自1994年组建以来，在支持国家基础设施、基础产业和支柱产业项目方面发挥着重要作用。从1998年至2004年，开发银行坚持以市场为导向，以市场业绩为支柱，通过建设市场来实现政府发展目标，已经探索出一条新的开发性金融发展道路。国家开发银行2002—2004年三年的经营业绩数据是最有说服力的证明：在此期间的年利润总额分别是213.38亿元人民币、90.53亿元人民币和118亿元人民币；在此期间的总资本回报率分别为7.20%、7.51%和7.39%，均高于外汇储备投资于美国国债的收益率；在此期间的不良资产比率分别为1.78%、1.34%和1.21%。截至2004年年末，国家开发银行全行管理资产总额为17 222亿元人民币（表内资产和表外资产分别为15 165亿元和2 057亿元）。

虽然国家开发银行的优良绩效不容置疑，但正如前面已经提到的那样，它同样存在一些严重的制度缺陷，这些制度缺陷将可能导致它在不久的将来发展减缓甚至陷于重大危机，其具体表现主要有：

第一，职能定位不清晰，致使其业务范围任意扩大，造成它与商业性金融间的竞争。目前，国家开发银行除了向国家“两基一支”领域内的基本建设和技术改造及其配套工程提供贷款外，其业务范畴已经扩展到直接投资（债转股）、债券承销、财务顾问、基金管理、提供抗非典和抗禽流感援助性贷款、向中国人民财产保险公司发放具有次级债券性质贷款、向中小企业发放贷款、向地方政府和行业主管部门发放技术援助贷款等。在这些新涉及的业务中，除了“提供抗非典和抗禽流感援助性贷款”之外，其余业务内容都是商业性金融愿意涉足的领域，这样一来，既不符合政策性金融“虹吸”和“引导”原则而使国有资金过度占用，又造成国家开发银行利用国家信用的优势而与商业性金融开展不平等竞争的局面。

第二，尚未建立负债规模约束机制，国家开发银行的资产负债规模不断扩大，导致负债规模与资本金比例极不相称，形成巨大的隐形金融危机和隐形财政赤字。从1994年至2004年，国家开发银行的资产和负债规模迅速增长，直至2004年年末，其负债规模已达到其资本金的29倍。同时，该行的人员也在迅速膨胀之中。

第三，尚无健全的资本金补充机制，随着资产规模持续增长和次级债的到期，国家开发银行资本充足率会迅速下降到8%甚至更低，从而使其业务发展受到较低资本充足率的制约。国家开发银行500亿元注册资本金，实际上由中央财政以“一女两嫁”的方式拨付362亿元，其余138亿元是由国家在1997年到2003年间采用税收返还的方法陆续拨付的。

第四，筹资渠道单一，目前发行金融债券筹集的资金已占到全部资金的90%以上。虽然从1998年开始，国家开发银行率先实施市场化发债改革，已建立了市场化筹资渠道，引导社会资金投向国家重点建设领域发挥着一定的作用，但是，由于国内外商业金融机构都可作为债券发行主体，同业市场资金状况波动就会对开发银行市场化筹资造成更大程度上的负面影响。

第五，尚未建立起规范有效的风险监控体系。目前在国家开发银行内部，虽然早已建立了形式上比较完备的各种风险监控制度，但其实际发挥的作用却很有限。因为它主要发放的中长期贷款本身具有较大的市场风险和系统风险，同时现有的法人治理结构还存在“致命”性的缺陷，即“国有出资人”问题尚未得以根本的解决，而且外部监管力度也比较薄弱，所以操作风险的控制也缺乏制度上的保障，“亏了归国家，赚了归自己”的问题也同样没有解决，应该说，这样的监管制度“真空”得不到及时的填补，必将成为开发银行未来发展中的“定时重磅炸弹”。

这些问题的存在，削弱了国家开发银行主动调整自身行为以更好地配合国民经济发展要求的激励机制和约束机制。然而，许多国家现实经济困难却仍然离不开开发性金融的支持，如煤电油运等能源交通供求不平衡、城乡及地区之间发展不平衡以及急需开发国外战略性资源等方面问题，都有待国家开发银行大力配合，发挥更大的促进作用。鉴于此，我国政府应当尽快深化改革，推动国家开发银行实现转型，使它能够更好满足国民经济和自身可持续发展的总体目标要求。

8.2.2 国家开发银行转型的目标

结合当前我国的经济发展现实背景和国家开发银行的具体情况，笔者认为，应当把我国的国家开发银行的转型目标确定为“综合化的开发性金融机构”。

这里的“开发性金融机构”①，是指由政府发起而设立的特殊金融机构，它以政府信用来弥补市场信用缺失、体制不完善、储蓄转化为投资的渠道不畅等“市场失灵”的缺陷，同时它又依据商业金融原则来开展政策性金融活动，从而能最大限度地淡化传统政策性金融之行政化色彩，避免“政府失灵”。所以，开发性金融的最大特色在于把市场约束和资金成本的概念引入到政策性金融的活动当中，即是把效率和盈利作为政策性金融的基本原则之一。它与过去的政策

① 罗学东．国家开发银行改革与发展的方案设想［J］．银行家，2005（7）．

性金融机构最为本质的区别在于，原有的政策性金融机构基本依靠财政补贴或财政承担损失，而且规模及作用很有限，而转型后的开发性金融则更强调国家信用与市场业绩相统一，使其财力和风险承受力大大提升，能在更大的领域内发挥作用。这正如有学者所指出的那样①，“用开发性金融机构代替过去的政策性金融机构更加符合发展的方向和要求……用开发性金融的方法，可以解决大部分政策性金融过去想解决而又没解决好的问题，两种方法既是阶段性互补，又是可以同时使用的，这样会更有效，更能够可持续发展”。笔者认为，由于开发性金融是政策性金融自身发展到更高级阶段的新的呈现形态，当前就应尽快把国家开发银行转型为综合化的开发性金融，才能更有利于它的可持续发展，从而为国家的各相关领域发展作出更为杰出的贡献。

8.2.3 国家开发银行转型的具体措施建议

转型的目标决定了转型的手段和任务。将国家开发银行转型目标确定为“综合化的开发性金融”，就需要从“综合化”和“开发性”两个方面来体现转型后的国家开发银行的主要特征，此外，为了推动转型的顺利进行，还需要采取一些相应的配套措施。

第一，应当实现国家开发银行的职能综合化，具体体现在其业务领域的综合化调整。也就是说，应当把转型后的机构职能调整为依据国家的经济社会发展战略和政策，筹集和引导社会资金，通过建设市场，支持国家基础设施、基础产业和支柱产业的大中型基本建设和技术改造等项目及其配套工程的建设，支持重大高新技术在经济领域的应用，支持经济社会发展的瓶颈建设，为政府特定的经济政策和意图提供金融支持，促进经济社会全面协调可持续发展。具体来讲，应当在原来国家开发银行“两基一支”及其配套领域中形成经济社会发展瓶颈的领域都“解禁”，即应把其业务领域扩展到“能运材农林水”以及军工、高科技等基础物质瓶颈及配套领域，就业、教育、医疗、中小企业和西部大开发、东北地区等老工业基地、县域经济及救灾应急等社会瓶颈领域，境外能源、矿产资源及相关基础设施的开发和建设领域，金融安全与稳定、金融合作等领域。

第二，要逐步调整国家开发银行的产权结构。这是因为产权结构是现代经济组织的基础性结构，只有改变了它，才可能引发组织目标、治理结构、行为方式等一系列的连锁变化。但如前所述，产权改革的成功需要相应的条件支持，不宜盲目追求突变式的变化，必须相机进行，渐进地推进。从国际政策性金融

---

① 石朝格. 聚焦政策性银行转型：三大银行抢跑开发性金融. 中国证券报，2005 年 12 月 1 日.

的实践经验来看，国家开发银行的所有权结构一般都经历了三个发展阶段①：第一阶段是中央政府出资作为主要所有者阶段；第二阶段是中央及地方政府共同出资而形成新的所有权结构阶段；第三阶段是坚持政策性金融的国家信用背景和实现政府宏观战略的基本经营原则下，政府出资的资金逐渐退出，而由私人部门出资者逐渐拥有机构的主要所有权阶段。笔者认为，我国国家开发银行目前正处于第一阶段，因此未来应朝着后两个阶段进行调整。比如，国家开发银行可以把地方政府的出资直接纳入其实收资本，同时按法定比例或等级来增加在此出资的地方政府所在地的开发银行分行的可支配资金量作为对等权利；而且，在市场机制比较完善的情况下，可考虑吸引战略投资者的投资，从而能达到改善管理体制、建立有效激励和约束机制的目的，最终将国家开发银行转型为“资本充足、内控严密、运营安全、服务和效益良好”的特殊的现代金融企业；随着产权结构的调整，国有开发银行投资者的出资方式也需要相应调整。比如，财政部和中央汇金投资有限责任公司可采用直拨、返税和外汇储备注资等出资方式；而国家开发银行的资本公积金、盈余公积金、未分配利润及其他方式增加的资本，经财政部批准可转增为实收资本；此外，参照德国复兴开发银行（KFW）模式，我国各地方政府或其他机构可参股国家开发银行的注册资本，其中，各出资方实缴资本应至少达到资本总额的15%，而国家开发银行理事会可随时要求各出资方补缴剩余部分的资本。通过这些调整，国家开发银行的资本来源渠道也将大大拓宽，其所能发挥的作用和可持续发展能力也将显著增强。

第三，随着产权结构的调整，国家开发银行的治理结构也应当朝着更加规范合理的方向转变。在新的治理框架中，出资者将能够有效激励和约束董事会、监事会，董事会和监事会也能够对高级管理团队进行有效的激励和约束，从而真正解决过去治理结构建设流于形式、“内部人控制问题”突出的问题。具体地看，新的董事会将中央相关部门如国家发展和改革委员会、财政部、人民银行、中央汇金投资有限责任公司等、地方政府以及其他出资机构按《公司法》或其他特别法的法律规定而指派人员组成常驻机构，代表出资者对开发银行执行出资者目标情况实施监督，其主要职责是研究及确定国家开发银行中长期发展规划、经营方针和融资重点；审议批准年度工作计划及报告；审议年度预算决算方案；对增加注册资本金作出决议；修改章程等。监事会也将同样按照相关法律规定组建，作为监督机构，它主要负责对国家开发银行的资产质量和资产保值增值状况以及各方面合规操作进行监督，但是不参与或干预国家开发银行的经营决策及经营管理活动。而高级管理团队包括国家开发银行设行长一名，副

① 石朝格．聚焦政策性银行转型：三大银行抢跑开发性金融．中国证券报，2005年12月1日．

行长及行长助理若干名，则由董事会任免。国家开发银行董事长是法定代表人，负责召集和主持董事会会议，研究审定本行的中长期发展规划、经营方针、融资重点、计划及重要规章；审查行长的工作报告，确定政策性及开发性贷款计划；审查通过本年度财务决算报告；审定其他重大事项。当然，另外还需要设置总会计师、总经济师及总稽核师各一名，他们主要负责全行的信贷、内部控制等综合管理。

第四，实现国家开发银行的管理转型，即把原来的政策性业务和市场性业务合账管理转为分账管理，根据这两类业务的不同性质、特点等，对其实行专项管理、分账经营、独立核算，同时要求机构运行时必须实现以国家信用为基础，以市场化运作为机制，以市场业绩为支柱，以建设市场为方法。如果国家开发银行根据形势变化需要从事市场化业务，还可以在征得出资者商量同意之后，在境内外设立从事特定业务的全资、控股或与战略投资机构合资组建子公司，更有利于自身的专业分工及金融风险防范。在设立子公司后，国家开发银行的母体仍可依法享有国家信用，由它根据具体业务性质需要来决定各子公司是否享有国家信用，而开发银行集团母体仅作为投资者对其子公司承担有限责任。

第五，还要借鉴国际惯例明确国家开发银行的资金充足率和注册资本规模。从一些国际开发性金融机构的资金充足率来看，日本开发银行（DBJ）、韩国产业银行（KDB）在2003年的资本充足率分别为11.1%和16.2%，高于我国国家开发银行在2003年底10.26%的资本充足率。为积极适应我国已加入WTO的国际经济和金融大背景，提高防范及抵御金融风险的能力，增强支持经济社会发展的作用，维护国家经济金融的安全和稳定，我国国家开发银行应积极贯彻政府宏观调控政策和“走出去”战略，努力使自己的资本充足率保持在10%以上的水平，才符合国际开发性金融机构的先进水平。按照国际惯例，国家应根据市场发展需要来决定其发行次级债券，并允许它通过发行低级和定期次级债券等方式补充其附属资本，按风险资产增长规模的12%定期补充其资本金。所以，转型后的国家开发银行注册资本金不应低于1 500亿元，不足的部分应由国家财政及时拨付或者通过中央汇金投资有限责任公司注入外汇资本金200亿美元。

第六，改进经营方式，重视对企业的辅导工作。所谓辅导性融资，是要管、教、养、卫兼筹并顾的，这样才能帮助（中小）企业朝政府政策指导的方向发展。从台湾的经验来看①，政策性银行辅导工作开展的基本方法是：根据业者的申请或有关机关的推荐，选择一定数量的有外销实绩或发展前途的中小型制造业或加工业加以综合性的辅导。在辅导以前，辅导工作小组会同有关机关的技

① 赵既昌．专业金融与中小企业辅导．［台］经济日报社，民国七十二年．

术人员和财务人员组成调查小组，对申请的业者加以诊断调查，这种集体性的诊断，目的即在了解企业的真相，分析其财务业务状况，指出其缺点与困难所在，提供改进建议。如果认为需要加以财务协助者，则由经合会与银行以共同参加的资金办理示范性的辅导贷款；如果认为其在技术与生产方面发生困难者，则协助其研究现状；如果在销售或市场方面发生不利影响者，则查明其症结所在，尽可能予以协助拓展。因此这种辅导是一种综合性的辅导，辅导工作小组处在统筹、策划、联系、推动的地位，待调查工作完毕，提出诊断报告以后，一方面根据诊断报告的建议，督促业者自求改进，另一方面则分别协调有关机关，推动各种辅导工作。例如贷款方面则请银行进行审查核贷的手续，在技术方面则请有关机构协助解决；这些机构可减免费用的收取。

总之，要顺利达到转型的目标，难点在于如何使国家开发银行由过去的基本依赖财政补贴和支持的政策性银行转变为新型的市场化性质更强的“开发性银行”。因为，“综合化”方面的转型，可以通过出台相关法律并严格执法来实现，这种转型的成本是立法和执法的成本总和，其遇到的困难也主要是操作方面的问题。但是，要实现向“开发性银行”过渡，却涉及原有利益相关者的所有权格局调整及各方的利益调整问题，其实现过程可能会很艰难甚至暂时停滞，它的成本也因为受到多方面主观因素的影响而难以实现确定。而且，如前所述，目前我国国家开发银行的产权结构正处于由第一阶段向第二阶段过渡时期，这个时期非常关键，因此必须考虑周全且谨慎实施，防止草率行事而引致负面后果。

8.3 中国农业发展银行的转型

8.3.1 中国农业发展银行转型的背景

中国农业发展银行（以下简称农发行）作为我国为唯一一家农业政策性银行，是我国建立社会主义市场经济体制、深化金融体制改革、支持和保护农业、促进农村经济发展的产物。1994 年农发行成立之初，国务院对农发行的职能定位是：以国家信用为基础，筹集农业政策性信贷资金，承担国家规定的农业政策性金融业务，代理财政性支农资金的拨付，为农业和农村经济发展服务。主要贷款业务范围包括：办理粮棉油等主要农副产品的国家专项储备贷款；办理粮棉油等农副产品的收购、调销贷款；承担国家粮、油等产品政策性加工任务企业的贷款和棉麻系统棉花加工企业的贷款；国务院确定的扶贫贷款、老少边穷地区发展经济贷款、贫困县县办工业贷款、农业综合开发贷款以及其他财政贴息的农业方面的贷款；国家确定的小型农、林、牧、水利基本建设和技术改造贷款。总之，农发行的作用领域就是那些商业银行不愿经营，信用社难以经营，而对农业和农村经济发展又是至关重要的项目，如农田基本建设、乡村道路建设、农业科技开发推广、中小城镇建设等项目。因此，完善和发挥农发行功能，既能有效弥补农业银行、农村信用社支农功能不足，强化对农业的政府支持，又能有力地支持农业银行和农村信用社深化改革，完善农村金融服务。

农发行成立时的业务主要有两块：商业贷款，即对粮棉收购企业贷款，进行资金管理等；开发性贷款，如林业贷款等。但 1998 年开发性贷款被划给农业银行，对粮棉收购企业贷款和进行资金管理就成为农发行唯一的业务。近两年，随着粮改的推进，粮食主产区的收购明显减少，农发行的业务开始大幅萎缩。2002 年，农发行全行累计发放粮棉油贷款比上年同期减少了 152 亿元，其中粮食贷款减少了 62 亿元。随着业务的萎缩，中央银行的再贷款也随之减少，农发行的经营日渐处于困境，而农发行的支出是刚性的，人员的工资、办公费用等都难以削减，所以农发行近几年一直在寻求业务上的突破。发债已经提上了议事日程。此外，农发行运行中又已暴露出一些重大制度缺陷（卢平，蔡友才，2005），包括业务萎缩，业务单一，监管多头，立法之后，大量隐形财政赤字，农险萎缩等，所以，理论界和实践界出现了关于是否需要农发行继续存在并发展下去的热烈讨论。吴晓灵在两年多以前（即 2003 年）就曾指出，我国农村商业性金融发展的市场环境面临着两大制约因素：一是目前我国农村财政在基本公共品方面供应严重不足，这约束了商业性金融的发展，也因此挤占金融资源；二是农业和农村经济结构调整完全由市场自发配置资源难以完成，必须有政府的政策支持引导和推动。简言之，她认为政策性金融机构在我国农村的经济发展中确有存在的必要。① 所以，虽然农发行面临着种种发展困境和与生俱来的问题，我们仍然不能“因噎废食”而将它的特殊职能交由其他机构或政府部门去完成，而只能对农发行尽快实施转型以期使它扬长避短地发展下去。

8.3.2 中国农业发展银行转型的目标

关于中国农业发展银行转型的目标，当前我国理论界和实践界大致有三种主流意见：

一是“完善论”，即在现有农发行组织机构基础上，针对已显现的自身缺陷实施相应的完善措施。比如陈剑波②提出反对“将农发行关闭并入农业银行”的方案，农发行不仅有存在的必要而且还应该进一步加强。二是“转交论”或“合并论”，即将农发行及其分支机构与农村信用合作社或中国农行基层组织合

① 吴晓灵为农发行转型支招. 21 世纪经济报道，2003 年 10 月 15 日.

② 本刊记者. 农发行出路何在 [J]. 中国经济周刊，2004 (3).

并为“农村发展银行”或“农村区域发展银行”，然后把农发行的职责转给这些金融机构去办理，而农发行自身退出历史舞台。比如秦池江[①]认为，随着粮食流通体制转向市场化，农发行业务越来越窄，农村金融体系仅依靠农信社显然不够，应该把农发行的政策性职能转交给农业银行。而张军[②]也赞成“让农发行回归商业银行队伍”。三是“改组论”或“转型论”，即根据不同地区的情况来对农发行业务进行改革和调整。比如何广文[③]认为，“从完善中国农村政策金融机制出发，可以将中国农业发展银行改组转化成为农村信贷担保银行，为政府推动的项目信贷计划提供贷款担保，以发挥政策金融的倡导扶持功能，而不是纯粹地去执行补贴性信贷项目计划。借鉴国外政策金融发展的经验，农村信贷担保银行可以实行股份制，实行业务综合化、商业化操作”。

笔者认为，转型目标的选择非常关键，若在此目标的方向选择上因草率而导致决策失误，将会进一步导致我们的改革之船航行越久则偏离最终目的地越远的严重后果。所以，上述“完善论”“转交论”或“合并论”虽各有其一定的合理性，但是我国农业发展银行转型目标的确定问题，不能仅仅停留在完善、转交或合并某个机构这样简单的探讨层面，不能将对农发行的改革仅仅停留在小修小补或者业务转手这样浅层的对策建议中。

笔者支持“改组论”或“转型论”，认为当前应当综合考虑三个方面的因素，来重新确定我国农发行今后的转型取向。这三大因素主要是：在不同社会发展背景下，由国家调控农业的主要目标所决定的外部政治环境，由国家财政支持能力所决定的经济环境，以及由农发行自身经营管理能力所决定的内部治理能力。

首先，在外部政治环境方面，我国调控农业的主要目标已在内容上发生一定的变化。在建立社会主义市场经济初期，为实现对粮、棉、油等大宗农产品收购、调销、储备以及价格、市场等实施政府调节和干预的主要目标，必须尽快建立完备的国家粮食安全体系，因而组建了中国农发行作为保证国家收购资金供应的特殊金融手段，从而既有利于增加粮、棉的有效供给，又有利于保护农民的利益。然而，当前我国国家粮食安全体系已基本建立起来，但却出现了粮食需求刚性增长与我国人均耕地及种粮积极性逐年下降之间的新矛盾，因而，调控农业的主要目标已变为解决我国粮食中长期供需失衡的问题。当前，我国的粮棉市场已全面放开，粮棉收购和粮棉油产业化龙头企业经营也已商业化，这个领域的业务完全可以由农信社或其他商业银行介入，实际上已没有必要仍

① 王妮娜．转型要过三道坎．中国证券报，2005 年 12 月 1 日．
② 王妮娜．转型要过三道坎．中国证券报，2005 年 12 月 1 日．
③ 王妮娜．转型要过三道坎．中国证券报，2005 年 12 月 1 日．

由农发行来提供资金，所以，应当把农发行的工作中心转移到粮棉储备的支农方面。其次，在外部经济环境方面，国家财政对农发行支持能力有限的问题日益突出。鉴于农发行成立的资本金是由国家财政拨付的，其贷款本金主要源自人民银行的再贷款，而其贷款利息补贴源自国家及地方的财政。由于受到国家财政支持能力和人民银行再贷款可供规模的严重制约，我国农发行不能吸收社会和居民储蓄存款、不能吸收股金，并且不参与市场融资（经人民银行批准可开展外资信贷业务等），因而农发行已没有能力对我国农业进行全面的价格支持和信贷保护，而只能选择粮食等重点产业和产品实施优惠扶持，主要通过对粮、棉、油收购实行保护价政策，对粮、棉、油的收购、储备、仓储建设等贷款实行优惠利率，利差损失由财政补贴给贷款银行等支持方式。此外，由于我国已加入 WTO，财政补贴将受到 WTO 农业协议的严格限制，加上又出现了农业基础地位日益突出与农业弱质特性逐步显现之间的新矛盾，导致我国农发行面临的财政支持能力限制已成为其支持产业结构调整的“瓶颈”。最后，在内部治理能力方面，农发行自身经营管理能力迫切需要得到提升，才能适应今后的发展和改革的需要。由于历史渊源的缘故，我国农发行经营管理方面的技术、知识和人才储备还主要局限在粮、棉、油收购的资金管理方面。随着我国粮、棉流通体制改革的进一步深化，以前那些专业技术、知识和人才已经不能较好地满足农发行自身可持续发展和我国流通体制改革的新需要。因而，我国农发行当前需要尽快学习借鉴国际先进经验，不断拓展农业政策性金融业务领域内的专门技术和知识，大量补充熟悉企业服务、内部监管及管理等方面的现代化管理人才，为其自身可持续发展和我国流通体制改革做好充分准备。

鉴于当前我国农业和农村经济发展正处于新阶段，全国开展“新农村”建设，特别是我国加入 WTO 后的新形势，农发行更应为“三农”问题的有效解决作出重要且基础性的支持，实现收购资金封闭管理，推进粮棉流通体制市场取向改革和农村金融体制改革。所以，综合考虑上述我国农发行当前的外部政治、经济环境及其内部治理能力三方面因素，笔者认为，农发行的转型目标应当确定为“高政策性的政策性金融机构①”。

8.3.3 中国农业发展转型的具体措施建议

第一，为适应国家粮棉流转体制改革和农村金融体制改革的特定政治环境，农发行应当在我国特殊的“二元经济”转型经济背景中，适应我国农村经济发展新阶段的新形势需要，主动充当好政府的好帮手，积极推进我国新农村建设。因此，在以后一段时期内，农发行一方面要将工作重心放在支持国家粮棉等主

① 可参见第 5 章中的相关论述。

要农产品储备体系的建设等方面，使自身成为国家粮棉储备银行，另一方面，对于支持农业和农村基础设施建设、农业科技开发和成果转化、农业和农村生态环境建设以及区域扶贫开发等业务，它也可在自身能力允许的条件下适当介入，从而发挥其作为政策性金融的“虹吸”或倡导功能，带动农信社及其他商业金融机构来共同满足“三农”建设中的融资需求。

第二，为适应国家财政支持能力有限的现实情况，农发行应当建立多元化筹资体制，同时建立配套专业制度来有效提高资金运转效率，降低业务操作中的非谨慎人为风险，从而努力做到自身的可持续发展。具体措施主要包括：（1）发行金融债券，财政对筹资成本高于投资收益的差额部分应进行补贴；（2）积极寻求合作伙伴来建立农业发展基金或农民共同基金，遵循“取之于农，用之于农”原则；（3）寻求境外筹资，尤其是世界银行、国际开发协会和亚洲开发银行对我国农业项目贷款和扶贫开发贷款的转贷，应该统一由国家政策性银行来统一办理其转贷业务；（4）国家规定商业银行向农业投放贷款的最低限额或比例（例如5%～10%），或要求商业银行将存款增长的一定比例用于购买农业政策性金融债券，或把这部分资金归农业政策性金融机构使用，并由人民银行采取监管稽核措施予以保证；（5）统一国家支农资金的管理，特别要求国家预算拨款用于农业的资金及其他用于发展农业的专项基金必须存入农业政策性银行，同时鼓励或统一规定政府部门到农业政策性银行存款；（6）将邮政储蓄存款、社会保障基金等划归农业政策性金融机构使用。①

第三，建立科学化的资金管理体系。在建立多元化筹资体制的“开源”举措的同时，农发行还需要积极实施“节流”措施，即建立相应的资金管理体系，从而使其资金运转的效益最优化。拟考虑新建的农发行资金管理体系应主要包括以下方面：（1）立法明确政策性贷款必须遵循信贷资产安全管理的基本原则；（2）贷出款项之前，对所有使用农业政策性贷款的借款人都必须进行资信评估，确定其信用等级后按不同等级进行“区别对待”；（3）贷出款项之后，制定强有力的督促借款单位专款专用及按时还本付息的制度；（4）建立经营绩效评估制度，并且建立经营效益与个人收入的严格挂钩制；（5）积极学习借鉴其他各金融机构的有效资金管理措施，并结合农发行自身实际情况加以综合运用，比如财务报表定期交监事会审核的制度，办公网信息分级查询制度等。

第四，建立现代化的风险控制体系。对于农发行来说，“开源”措施是为了增大其可利用资金的基数，“节流”措施是为了优化其资金运转的效益，但是，作为政策性金融机构的特殊属性，农发行的经营风险是与生俱来的，所以，必

① 中国农业发展银行山东省分行课题组．加入WTO后我国农业政策性金融发展战略研究［J］．农业经济问题，2001（7）．

须要尽快建立相关的风险控制体系来有效地控制及降低其经营风险。拟考虑新建的农发行风险控制体系应主要包括两方面：一是尽量降低风险的措施，比如尽快依法建立呆账准备金制度，实施专人跟单制及利益相关人连带责任制等；二是积极分散风险的措施，比如尽快设立农村存款保险制度并严格实施等。

第五，为尽快将农发行原有的人员进行知识和技术的“升级”，应建立并实施现有人员的分流、专业培训和轮岗等制度，招聘高级专业人员；此外，对于因自身机构或人力客观条件限制而难以办理的业务，就依据严格的委托代理业务制度委托给农信社或农业银行去办理，农发行严格执行业务监督。

总之，农发行的转型目标是要使其逐渐发展成为为解决“三农”问题而服务的高政策性金融机构，配套的转型措施则包括建立多元化的筹资体系、科学的资金管理体系及风险控制体系，尽快提升人才、知识和技术的专业化程度等。

8.4 中国进出口银行的转型

8.4.1 中国进出口银行的发展瓶颈及转型背景

中国进出口银行成立于1994年，是直属国务院领导的、政府全资拥有的国家政策性银行。近年来，中国进出口银行在支持我国进出口贸易和对外经济合作方面，作出了积极而重要的贡献，尤其是在“十五”期间，累计支持出口的机电产品和高新技术产品以及对外承包工程和境外投资项目总额达1 473亿美元，累计转贷外国政府贷款33.2亿美元，为250个国内重点项目提供了支持。截至2005年底，该行资产总额达到2 047亿元，占同期国内全部存款货币银行总资产的0.57%，贷款余额达到1 760亿元，占同期国内全部金融机构本外币贷款余额的0.85%，占同期GDP的0.97%。这些成绩的取得，为该银行的未来可持续发展奠定了良好基础。与之同时，我们也应清醒地认识到，该银行当前面临的诸多发展“瓶颈”问题，正严重制约着它的发展，主要包括四个方面：

第一，资本金不足的限制。中国进出口银行成立时注册资本为33.8亿元人民币，至2000年底实收资本累计达50亿元人民币；而我国出口信用保险公司资本金为40亿元人民币，按照常用扩大比例1:22来计算，其最高承保额仅占我国年出口额的3.3%，如此巨大的承保缺口与2002年我国出口贸易总量排名世界第五的地位极不相称，并且会严重制约该银行的资产可扩张程度及损失弥补能力。

第二，融资渠道及资金补充渠道的限制。中国进出口银行至今没有稳定充足的融资渠道及资金补充渠道，制约其有效拓展出口信贷业务。目前，该银行融资对象主要限于向国有商业银行融资，融资成本较高，资金补充渠道较少且资金补充数量也不稳定，这些都在客观上降低其盈利空间及抵抗风险能力。

第三，风险承受力及控制力的限制。当前中国进出口银行存在风险管理方法及手段缺乏、可运用资金规模过低以及财务结构尚待优化等缺陷，直接致使其风险承受力及控制力明显不足，尤其在金融全球化和我国已加入 WTO 的国际国内形势下，这样脆弱的风险承受力及控制力将是未来我国金融发展和经济发展的一大隐患。

第四，业务方面存在诸多限制。由于业务方面的诸多限制，该银行在进出口领域的应有作用不能充分发挥，主要包括：业务拓展滞后；业务发展规模不足；服务对象过窄；出口信用保险承保方式不当且信息来源单一；提供担保停留于形式化层面；服务水平及质量有待提升；立法滞后致使经营机制不规范；对出口政策性金融的宣传力度仍显不足等。

正是由于上述四个方面的“瓶颈”，直接制约着中国进出口银行的可持续发展，而且也使它难以适应我国当前的社会经济发展阶段、进出口贸易态势以及与世界经济之间关系的新形势的需要。加入 WTO 之后，国际经济贸易领域内任何变化都将更容易地传递给我国，会影响我国国内经济发展。所以，一方面需要中国进出口银行在国际贸易中能发挥更为强大的经济风险和政治风险“隔离墙”作用，另一方面需要它尽快完成自身转型，以更有效地传导政府新经济政策，更充分地发挥其在经济外交方面的特殊职能。

8.4.2 中国进出口银行转型目标的确定

中国进出口银行的职责范围已经经历了一些调整。如在 1994 年成立之初，其职责是“为大型机电成套设备进出口提供买方信贷和卖方信贷，为中国银行的成套机电产品出口信贷办理贴息及出口信用担保，不办理商业银行业务”。但随着我国经济规模、进出口规模以及和世界经济之间的关系的变化，它的职责也已经变为“贯彻执行国家产业政策、外经贸政策和金融政策，为扩大我国机电产品和高新技术产品出口、推动有比较优势的企业‘走出去’、发展对外关系、促进对外经济技术合作与交流提供政策性金融支持”，而且如前所述，我国进出口银行现有的业务范围中已经包括了“办理对外承包工程和境外投资类贷款；办理本行贷款项下的国际国内结算业务和企业存款业务”等商业银行业务。因此，笔者认为，我国进出口银行应像国家开发银行一样，定位于以政策性业务为主兼营商业性业务的政策性金融机构。借鉴国外同行的经验来看，它还应当力争实现两个具体目标：一是保持和增强自身的“开放性”，以更加充分吸引一切可利用的国内、国际金融资源，“团结一切可以团结的力量”来推进本国经济的可持续发展；二是积极促进我国“经济外交”的开展。依据 WTO 相关规则，各国政府对本国企业的直接补贴被严格限制，但允许各国出口信用机构继续存在并发挥作用，而且通过出口信用机构支持本国出口和对外投资的做法也更符合国际惯例。为规避 WTO 相关规则的限制，各国政府都加大了对其出口信用机构的财政支持力度，来实现对本国企业提供间接补贴的目的。比如，美国国会曾多次召开听证会，并多次修改《美国进出口银行法》，就是为了增强其进出口银行的国际竞争实力。我国已加入 WTO，更应遵循和利用国际惯例，把我国进出口银行作为应对 WTO 相关规则的支持出口及对外投资的国家政策手段，把它转变为对外经济贸易中具有外交策略性及隐蔽性的国家政策性金融工具，使它在支持外贸出口和发展开放型经济方面承担起更为重要的职能。

8.4.3 中国进出口银行转型的具体措施建议

第一，增强业务拓展的开放性。其内容主要包括：（1）拓展出运后信贷与出运前信贷相结合的创新业务。应改变我国进出口银行的出口合同中采用延期付款方式的中长期项目不多的状况，并根据出口企业具体需要，灵活运用出运前信贷和出运后信贷相结合的方式，使出口信贷更好地为出口企业服务。（2）拓展卖方信贷与买方信贷相结合的创新业务。实践中，发展中国家多提供卖方信贷，发达国家多采用买方信贷，我国进出口银行应将卖方信贷与买方信贷有机结合起来，不仅能大力发展国际上流行的买方信贷，而且能解决出口商出运前流动资金不足问题。（3）拓展福费廷与出口信贷相结合的创新业务。根据出口项目的具体情况，我国进出口银行应努力探索福费廷与出口信贷相结合的创新业务，从而能在外贸出口中充分利用这两种融资工具的优点。（4）拓展对外优惠贷款与出口信贷相结合。我国进出口银行对于符合出口信贷条件的对外优惠贷款支持项目应提供资金来源不同的混合贷款，这样既能加强对具体项目的支持，促进对外经济援助，又能分散项目风险，强化项目管理。（5）拓展直接贷款、担保与保险相结合的创新业务。前者属于直接融资方式，后两者则属于发达国家使用率较高的间接融资方式。我国进出口银行也应学习借鉴发达国家经验，针对不同类型项目分别采用或组合采用这三种融资方式，使整体效益最优化。（6）尽快开办在本行贷款项下国际、国内结算业务。这些主要包括出口信贷、外国政府贷款转贷、我国政府对外优惠贷款等在内的结算业务，能够有效促进进出口银行控制贷款资金的使用及本息回收，有效提高政策性银行信贷资产质量。

第二，建立与完善相关的业务合作与管理制度。首先，要建立与国际机构合作与协调制度。当前对各国进出口政策性金融进行协调的国际机构有两个，即伯尔尼联盟和经济合作与发展组织（OECD）制定的许多规则已逐步被大多数国家所接受。在我国加入 WTO 后，经济交往范围逐步扩大，经济交往深度不断推进，因此，如何建立我国进出口银行与国际机构的合作与协调制度已是迫在眉睫的问题。其次，还要完善委托代理制度并加快相关立法进程。我国进出口银行采用只设总行及派出机构、不设营业性分支机构的组织体系，但其业务辐射全国，为解决业务办理、贷后管理及风险防范等问题，其贷款业务是委托其他商业银行代理的。由于我国尚未出台政策性金融业务实行委托代理的有关法律法规，相关部门也没有制定统一管理办法，导致我国政策性金融业务委托代理制度不完善、不规范，蕴藏着巨大的隐形危机。笔者认为，可先由中国人民银行制定关于规范政策性金融业务委托代理的行业规章，并由各政策性金融机构根据央行的统一规定，结合本机构实际情况制定各自的实施细则；经过实践的检验与修正后，再通过全国人民代表大会进行正式立法，出台《政策性金融机构业务委托代理管理办法》，以最高立法来有效规范政策性金融与商业性金融间的代理行为。此外，还要完善其他相关的经营管理制度。我国进出口银行创办历史较短，其运作方式、管理制度都没有可直接模仿的成功运行模式，只能在实践中“摸着石头过河”，按照科学化管理的要求做好建章建制的工作，不断完善和加强自身制度建设与业务管理体制，为扩大我国企业的出口提供优质服务，比如建立健全审贷分离制、财务报表定期审核制、内部监管制，完善企业内控制度和人事制度等。

第三，严格履行国际协议及相关业务规则。首先，要严格遵守 WTO 补贴和反补贴协议对进出口政策性金融的相关规定。入世后，我国进出口银行必须抛弃直接财政补贴方式而代之以 WTO 框架认可和各成员方普遍通行的间接补贴形式；同时要尽量采用更加适应国际买方市场和国际通行的出口买方信贷而少采用出口卖方信贷；并且还应根据具体情况来选用出口信贷和出口信用保险两者的不同组合方式。其次，要遵守伯尔尼联盟和经济合作与发展组织这两个国际合作与协调机构制定的相关规则。伯尔尼联盟和经济合作与发展组织制定的大量规则虽未上升为国际法，但这些规则已为大多数国家接受而具有国际惯例性质，对各国进出口金融机构具有事实上的行为约束作用，而我国也已承诺遵守其中的部分规则，中国进出口银行应当尽快明确并严格遵守这些已经承诺的规则。再次，还要遵守其他相关法律或约定的相关内容。这主要包括国际公法、国际私法、国际条约、国际协定及国际惯例等当中进出口领域的相关法律规定等内容。最后，作为我国援外优惠贷款的唯一承贷银行和外国政府或国际机构对我国贷款的主要转贷银行，我国进出口银行还必须严格执行已经签订的相应承贷协议或转贷协议的条款要求，以使我国在优化外贸结构、加强国际合作、推动经济外交及减少贸易摩擦的国际舞台上发挥出更大更重要的作用。

第四，更加有效地促进国家对外经济战略的实现。在国家支持出口的产业选择方面，由于当前我国正处于国内社会经济“双重”转型和国际政治经济多元化发展格局的大背景中，为了不断提高我国中长期国际竞争力，我国进出口银行就需要给在国民经济中占有重要份额，且为正处于行业生命周期上升阶段的那些行业提供优先的出口支持，比如为高新技术行业来提供出口信贷及出口信用保险等支持。在国家支持出口的企业选择方面，我国进出口银行应根据政策性金融“虹吸原理”和“引导原则”，不再支持盈利性已经明显增强的原有产业或重点企业，将信贷资金更多地转贷给有出口资金需求的中小企业。从企业成长性来看，还应大力扶持在国际经济贸易中具有比较优势的企业，比如为劳动密集型的来料加工企业提供出口信贷及出口信用保险等支持。

第五，调整内部管理方式，将现有的政策性业务和商业性业务的合账管理转为分账管理，即类似国家开发银行一样，根据两类业务的不同性质、特点等，对其实行专项管理、分账经营、独立核算。对于商业性账户，由进出口银行自担风险、自负盈亏。

第六，完善资本金制度并补充资本金，增强其自身实力。按照国际惯例，政策性金融机构的资本充足率为5%，即资产是资本的20倍。目前我国进出口银行的资产已达到资本金的40倍，资本金不足问题已非常突出。所以，国家应当尽快补足其资本金，增强其自身实力和抗风险能力。此外，它自身还需探索稳定的资金来源渠道，以适应我国对外经济发展规模不断扩大的新形势需要。

8.5 中国政策性金融的转型进展与未来展望

8.5.1 转型进展

2007年1月19日，在北京召开的全国金融工作会议提出，“要按照‘一行一策’的原则，推进政策性银行改革；首先推进国家开发银行改革，全面推行商业化运作。”同年的政府工作报告也将深化政策性银行改革、重点进行国家开发银行改革作为当年金融体制改革的任务之一。自此，以国家开发银行为代表的我国政策性银行转型进程正式拉开序幕。国务院随即成立了国家开发银行改革工作小组，由人民银行牵头、财政部、银监会、商务部、国务院法制办等部门参与起草改革方案，确定国开行改革的具体操作路径。经过近2年的筹备，2008年12月16日，根据国务院决定，经中国银监会批准，国家开发银行股份有限公司在北京挂牌成立，确定了公司章程以及第一届董事会、监事会、高级管理人员团队，成为了第一家由政策性银行转型而来的商业银行，标志着中国政策性银行改革取得重大进展。

新成立的国家开发银行股份有限公司继承原国家开发银行全部资产、负债、业务、机构网点和员工，注册资本3 000亿元。财政部和中央汇金投资有限责任公司分别出资1 539.08亿元和1 460.92亿元，分别持有国家开发银行股份有限公司51.3%和48.7%的股权。按照确定的商业化转型方案，新成立的国开行公司所发行的人民币债券所享有的国家信用将延长2年至2010年。[①] 而自股份公司挂牌成立之日起，其所做的商业担保，则按商业银行标准计算风险权重。在业务范围上，国开行公司可以吸收居民储蓄存款之外的公众存款，发放短、中、长期贷款，可代理发行、承销政府债券，从事保理业务等。另外，国开行公司除设立集团性质的银行股份公司外，还将另设两大子公司，分别负责直接投资和投资银行。此后，国开行在金融领域全面开花，通过旗下国开金融、国银租赁、国开证券等子公司，成为一家汇聚了“投贷债租证”的全能银行。

在国开行全面面向商业化转型的同时，中国农业发展银行也在逐步提高其商业化程度。自2007年获准开办基础设施贷款以来，农发行自营性业务迅速扩张。2012年6月末，农发行各项人民币贷款余额突破两万亿元大关，达到2.07万亿元；其中，粮棉油购销储贷款余额9 620.3亿元，主要投向基建领域的中长期贷款余额9 157亿元，“两轮驱动”特征显著。农发行的商业化进程有效提高了经营水平。数据显示，2012年6月末，农发行不良贷款余额减少至260.8亿元，不良贷款率则降至1.26%。[②] 2012年9月，经过长达一年半的筹备，农发行正式成立了投资部，拟进军直接投资和资产证券化等领域，这不仅意味着该银行商业化程度的进一步提升，还昭示着其在综合金融的道路上大步迈进。

中国进出口银行近年来同样也在追求业务转型，积极拓展自营业务。2009年11月，进出口银行上报国务院获批的改革方案中就包含了开展部分自营业务的内容，即在保持政策性银行定位不变的情况下，实行政策性业务与商业性业务分账经营。[③] 虽然与农发行相比，进出口银行自营业务的规模相对有限，但是其所涉领域却不少，包含了农产品出口卖方信贷、自营进口贷款、园区贷款、旅游文化贷款和国际物流贷款等。优惠贷款和自营贷款相结合，让进出口银行取得了显著的经济效益。从2007年进出口银行突破单纯的政策性业务模式、开创自营性业务起，当年即大幅扭亏。[④] 次年，进出口银行首次实现税后盈利1.996亿元，取得历史性突破。

总的来看，经过几年来转型的实践探索，在服务国家战略的同时，政策性银行自身也在不断发展壮大。[⑤] 截至2013年6月末，国开行总资产达到7.8万亿元，资产规模位列第六大中资银行。与2007年商业化改革初期的3万亿元总资产相比，短短五年，国开行总资产翻了一番多。中国农业发展银行贷款规模

---

① 王镇江，闫蓓．国家信用保留两年 国开行改制挂牌落定．21世纪经济报道，2008年12月17日．

② 董云峰．农发行成立投资部 布局直投与资产证券化．第一财经日报，2012年9月21日．

③ 胡蓉萍．中国进出口银行改革方案获批 将开展部分自营．经济观察报，2009年11月7日．

④ 张宇哲．李若谷详解进出口银行成长 政策金融亟待立法．新世纪，2010（6）．

⑤ 王好强．政策性银行转型路在何方．金融时报，2013年12月23日．

也从过去的几千亿元，到2013年底超过2万亿元，支农功能越来越强，已形成了以支持国家粮棉购销储业务为主体、以支持农业产业化经营和农业农村基础设施建设为两翼的业务发展格局，初步建立现代银行框架，经营业绩步步攀升，有效发挥了在农村金融中的骨干和支柱作用。中国进出口银行在稳定外贸增长和促进经济平稳较快发展方面也取得了良好的成绩。然而，这并不意味着中国政策性银行的改革就此告一段落。事实上，伴随着政策性银行的发展，一些带有共性的问题和制约因素也在不断凸显，而且与加快我国国民经济发展和更好实现其他社会目标的要求相比，以及与促进我国金融体系更加高效和健康运行的要求相比，转型中的我国政策性金融体系仍然存在诸多的不足和不适应之处。

首先，一些长期存在的老问题并没有随着商业化转型进程而得到有效解决。这些老问题主要体现为：政策性银行内部的公司治理改革和内部控制机制建设仍没有到位，违规放贷问题不容忽视；① 政策性业务与自营业务（商业性业务）的边界难以划清，导致政策性银行预算软约束现象仍较明显，且持续引发商业银行对其开展不公平竞争的抱怨；稳定的融资或资金补充机制仍有待建立完善；政策性金融立法建设仍较滞后等。实际上，一个耐人寻味的现象是，2013年9月，全面面向商业化银行转型的国开行却传出了争取回归政策性银行的报道，而且据业内人士称："（商业化转型后的）国开行的政策性业务性质从头到尾就没有改，除了公司治理有所进步，设立了董事会、监事会，引入汇金公司成为股东成员，决策程序有了一定调整，但业务实质没有改，甚至政策特征更加明显，特别是经济复苏期间，国开行更强化了其政策性业务。"② 很显然，这些老问题的存在和国开行的回归心态表明，仅仅给现有政策性银行不同程度地放松商业化运作限制是远远不够的，我国政策性金融要实现健康发展，还必须要重新解决好一系列基础性问题。由于这些基础性问题在本书的前面部分已有过详细的讨论，所以在此不再赘述。

其次，我国政策性金融的组织体系还有待进一步优化。现行的机构分设的组织格局是在特定历史时期形成的，带有过渡的性质，并未完全考虑成本等因素。经过十余年的稳定运行和基本完成承接原有国有商业银行的政策性业务的历史使命后，就有必要重新审视原有的结构是否经济合理。

再次，我国政策性金融的覆盖面还相对较窄。国民经济和社会生活中还有许多领域有待政策性金融的支持。如教育、中小企业、地区开发、科技开发、住房等。虽然有的政策性银行如国家开发银行已经涉足于上述领域③，但是其投

① 董云峰. 违规不逊大行：政策性银行的商业化苦果. 第一财经日报，2013年5月13日.

② 张宇哲. 国开行争取回归政策性银行［J］. 新世纪周刊，2013（38）：54－56.

③ 详见：王学人. 地区开发与我国开发银行的战略转型［J］. 开发研究，2006（6）.

入的力度很有限，而这也情有可原，因为这原本不是其主营性业务。然而，发达国家经济发展的实践经验表明，随着一国经济水平的不断提高，上述薄弱领域正成为各国关注的重点，因为这些领域不但关系到一国经济发展的长远潜力，也直接影响到一国政治的稳定与社会的和谐。事实上，正如新经济增长所指出的那样，在当今时代，技术创新和知识扩散已经成为国家提高经济竞争力和实现持续增长的决定性因素。在此进程中，国家的政策干预具有积极的意义和影响。

最后，我国政策性金融机构还缺乏竞争条件下的运营经验和足够的自成长能力。在可以预见的将来，我国市场经济体制的框架必将更趋完善，与世界经济融合的程度也将不断加深，金融市场将得到更好更快的发展，而多层次的资本市场的成形和完善必将对政策性金融的长期融资和风险性融资功能提出严峻的挑战，具备更加雄厚的经济实力和运营经验的商业银行不但将使政策性金融机构在商业性业务方面面临强大的竞争压力，甚至还可能挟其规模经济和范围经济优势而将业务领域延伸至传统的政策性业务领域，到那时，现有的政策性金融机构如何求得生存和发展？而从现在起，它又应作何准备？这些都不是通过一两次转型就能够完成的艰巨任务。

总之，除了采取推动现有政策性银行转型的存量调整方式外，新增机构的增量改革方式等也可以作为发展政策性金融以满足国民经济要求的可选路径。为此，接下来将对以上提到一些关系我国政策性金融长远发展的相关问题作一些粗浅的探讨。

8.5.2 组织构架

有观点认为①，从政策性银行长远发展着眼，应尽快实行集团化发展模式。这有两种模式可供选择：（1）将现有政策性金融机构整体重组，组建成一家新的综合型政策性金融控股集团，下设若干专业性子机构，也可先将国家开发银行、进出口银行和出口信用保险公司合并重组，成立新的综合型政策性金融控股集团，分别下设基础设施和基础产业、小企业、进出口、住房金融、信用担保、基金管理等专业政策性子公司，提高集约化和专业化程度；将农业发展银行与农村金融体系改革统筹另行考虑。（2）现有政策性金融机构格局大体不动，分为综合型和单一型两类。国家开发银行可向综合型开发性金融机构发展，业务领域包括经济和社会“瓶颈”，重点支持长期、大额、重点项目建设，实行市场化运作；中国农业发展银行和进出口银行可继续保持单一型支持性政策金融机构，分别服务于农村、农业开发和设备进出口、担保等外经外贸服务领域。

① 刘克崮. 借鉴国际经验加快推进我国政策性银行发展［J］. 管理世界，2006（3）.

同时完善机构组织体系，开发银行、进出口银行的分支机构在国内可延伸到重点市，国外可按大经济区域设立，提高金融服务水平和效率。

对于第一种集团化模式，笔者认为既有利也有弊。有利之处在于通过机构合并的确能够节约管理成本，增强政策性银行的整体实力和抗风险能力，同时也能够方便政府的管理；但同时也应看到，这些只是理论上的正效应，能否变成现实还要取决于整合后的集团管理者是否具备高超的驾驭能力和控制能力。此外，三家银行长期分设，各自都形成了相对独特的公司文化和行为模式，如果硬要通过“行政拉郎配”的方式把它们组合到一起，恐怕在短期内的实际运作中也还会产生大量的内部冲突现象，这种不同组织磨合所带来的成本或负面影响不容低估。而且，融合工作对各家银行原有高层管理团队的利益影响很大，尤其是高级管理职数将会精减，中基层管理队伍也将重新“洗牌”，这些都直接关系到原先据有大量实权的“内部人”的切实利益能否得以保留的问题，因此，能否平衡好这些利益继而得到这些管理者们的支持，也还尚存疑问。还需一提的是，集团模式也可能使各子机构或子公司的风险最终传递到集团总公司，实质是使国有资产或国家信用面临更大的风险。综合考虑这些因素，笔者认为，选择第二模式显得更为实际和可行。这不但保证了现有政策性银行运作的连续性和稳定性，增强其内部向心力和凝聚力，而且也有利于不断提高各政策性银行的专业化水平。

8.5.3 政策性金融功能

从国外的政策性金融的发展历程来看，它们都是为适应各国不同的经济发展需要而筹建或改组的。比如，二战使日本的经济受到重创，战后日本即成立了复兴金融公库专门为部分基础产业提供急需资金；后又于 1951 年成立了日本开发银行取代复兴金融公库，为产业开发和社会经济发展提供长期资本。此后，随着日本经济继续发展，其国内的环境问题日益严重，于是 1967 年成立了环境卫生金融公库，专门负责为环境卫生单位提供资金融通来解决国民生活密切相关的卫生水平问题。又比如，韩国也在二战后 1954 年建立了韩国开发银行，专门为战后经济重建提供资金支持。而 20 世纪 60 年代中后期，韩国政府专注于教育、国民保健和社会福利事业，并于 1967 年成立了韩国住房银行。而后，韩国经济继续恢复和发展，当进出口问题关系到其生存和继续发展的时候，韩国在 1969 年颁布了《进出口银行法》，并在 1976 年成立了进出口银行。通过日本和韩国的政策性金融机构的例子，我们不难发现，政策性金融是在各家经济发展水平变化中，为解决涌现的社会重大问题而产生的，说到底，都是政府为解决各种社会问题而采用的特殊经济手段。

笔者认为，我国的政策性金融发展可以借鉴日本、韩国的历史经验，为适应不同经济发展阶段而成立相应的政策性金融机构，以便实施侧重于不同领域内的政策性金融扶持。所以，我国的政策性金融体系的进一步完善，除了包括对已有的三家政策性金融机构进行转型之外，还应结合我国实际情况组建相关的新政策性金融机构，以立法明确各机构的定位及业务领域，使其各司其职，使整个政策性金融体系能够充分发挥在国家经济发展、缓解制约“瓶颈”、调整经济结构、促进经济增长方式转变等方面的金融支持和先导作用。

综上所述，笔者认为应综合考虑我国当前的宏观经济基本目标、政府经济职能以及社会重大问题等来确定政策性金融体系的具体组成机构，所以，我国应按照问题紧迫性的高低，“分三步走”来完善政策性金融体系：

首先，必须尽快消除当前我国经济发展中的两个不稳定因素，解决好低收入者的“安居”和“乐业”问题。

为此，需要采取以下措施：第一，组建新的居民住宅贷款政策性银行。“安居”才能“乐业”，自古以来各国政府都必须解决居民住房这一基本生存条件问题。由于住宅是一种非常特殊的商品，具有价值大、不能分割的特点，必然导致住宅市场的供求平衡不可能由市场手段来实现。据针对国内 612 个城市的相关统计数据分析，1994 年全国人均居住面积在 4 平方米以下的住房困难户有 414.5 万户，1995 年这一数据上升到 440 万户；而同时又存在大量空置的商品住宅，1994 年空置的商品住宅总面积为 4 208 万平方米，而 1995 年这一数据上升为 5 031 万平方米。可见，这种“有人无房住而有房无人住”的失衡状态还在不断升级。所以，住宅市场需要政府介入来解决社会低收入阶层的住宅问题，依据“兼顾效益与公平”原则，实施住宅这种特殊商品的社会“再分配”问题。因而，我国当前应组建新的居民住宅贷款政策性银行，专门为解决社会低收入阶层人员的住房问题提供资金支持。在此，笔者建议把已有的住房公积金作为此新组建政策性银行的主要资本金和重要的资金补充渠道，从而积极处理好廉租房和经济适用房实践操作中的社会公平与效率问题，使广大人民真正能够“安得广厦千万间”。第二，组建新的社会互助与就业扶助银行。只有解决好人们的基本生存问题，才能保障社会稳定的局面，而保障社会稳定也正是政府的重要社会职能之一。目前，我国可持续发展正面临着经济体制改革带来的城市中“下岗再就业”和社会二元结构转型带来的农村中“失地人口就业”这两条“拦路虎”，所以，我国当前应组建新的社会互助与就业扶助政策性银行，专门为解决上述两类就业问题提供技术培训、重新创业等资金支持。在此，笔者认为，由于社会保障基金的设立初衷是为了维护社会稳定发展，因而可考虑把已有的社会保障基金作为此新组建政策性银行主要资本金和重要的资金补充渠道。

其次，要为经济发展源动力及新增长点培育提供大力支持，即解决好对教育和中小企业尤其是高新科技类中小企业成长的促进问题。

这方面的具体措施主要有：第一，组建新的教育产业扶持银行。“教育兴国”战略是我国的大政方针，人才是实现国家经济可持续发展的基石与核心，所以，政府必须坚定地支持教育产业发展。当前，一些银行也开办了“助学贷款”等性质的业务，但是，由于尚无专门的立法作为保障，其具体业务内容及操作方式等是以各家银行内部的规章制度为准的，缺乏统一性和规范性，使“助学”性质难以充分体现，有的高校甚至出现学生毕业时若不能还清欠款则扣押学位证书和毕业证书，待其还清全部银行贷款本息才能领到。这样的做法，虽然能够在一定程度上为银行减少一些道德风险，能对一些恶意欠款不还的行为进行遏制，但是，这样的规定内容实际上使学生的很大部分精力和时间必须用在赚钱还贷方面，而不可能专注于学习知识这项作为学生应尽的天职。所以，笔者认为，我国应尽快组建新的教育产业扶持银行，它的职责不仅限于助学贷款领域，而是负责与扶持教育产业相关的一切政策性业务，包括为贫困学生提供贷款或担保，为落后地区办学条件改善提供优惠贷款，为发放教师工资提供贷款或担保，等等。第二，组建新的中小企业（尤其是高新科技类中小企业）融资扶持银行。中小企业在技术创新性、解决更多就业数量、提供个性化服务等方面有自身的竞争优势和特点，因而决定了其在一国经济发展中不可或缺的地位。尤其是高新科技类企业在创业初期，还属于风险大、信誉难以确定的中小企业，必然面临新科技项目启动中的融资“瓶颈”问题，这时更迫切地需要政府能够“雪中送炭”地予以扶持。有关统计资料表明，美国中小企业的技术创新成果占全国的55%以上，英国国内的80%的科技创新都是由中小企业和个人完成的。在美、英、日等发达国家和韩国、泰国等发展中国家都专门设立中小企业银行来支持中小企业融资。由于我国现阶段经济发展正处于国有经济结构调整期，整体发展速度有所减缓，为使国民经济平稳发展，就必须寻找到新的经济增长点。目前，我国经济发展的新经济增长点已经确定在高新科技领域内，而这一领域内的中小企业的数量非常大，也非常需要在融资问题上得到政府的大力支持。所以，政府更应主动、有效地为高科技中小企业提供更多融资扶持。在政府可以选用的多种解决办法中，政策性金融作为特殊的金融工具，具有干预效果迅速且显著的特点，能够充分体现国家经济政策的导向性，为商业性金融在下一阶段的积极进入起到有效地示范作用。鉴于此，笔者认为，应当将目前设立在国家开发银行内的中小企业局独立出来，组建为新的中小企业融资银行，专门负责为中小企业发展提供多种途径的融资扶持，尤其是扶持高新技术类中小企业的融资。具体的融资扶持手段，笔者认为，可借鉴成都市高新区为支持中小企业发展而新近出台并实施的相关政策，包括地方财政为其担保贷款及地方税减免等政策，这些政策都有利于实现工业园区规范化管理。

最后，应加快实现开发银行战略转型，以促进解决地域性经济发展不平衡的问题。

我国幅员辽阔，地区间经济发展水平本来就有较大的差异，呈现出明显的东高西低的梯形分布，而20世纪后二十多年的改革开放政策又使这种区域间发展不平衡状态进一步加剧。由于存在“马泰效应”，各种经济资源，尤其是金融资源，由经济发展水平较低的地区、部门、行业和产业向经济发展水平较高的地区、部门、行业和产业的“逆向流动”会不断加速，最终导致区域间的经济发展差距不断扩大。而这样的区域间经济发展差距不断扩大，又会影响到我国国民经济发展的整体均衡，进而影响到社会的政治稳定。笔者认为，“结合我国当前实际，虽然新设区域性开发银行之计并非没有必要，但至少从比较务实的眼光来看，即便确定要设立新银行，再到其实现有效运转，也还需要一个耗时不短的过程，因而当务之急更在于探讨如何改进和发挥现有政策性银行尤其是国家开发银行的功能，解决其存在的问题和矛盾，使之能够在促进国家地区开发战略的目标实现中发挥更好的作用”。① 为此，我国可以加大国家开发银行的财政支持力度，并将地区开发职责纳入其业务重点。这样，它不但可以更好支持好西部大开发和老东北工业基地的复兴，而且随着我国经济发展进入更高阶段，可能还可以支持其他一些特殊地区的发展，比如那些自然资源耗尽区域和环境破坏严重区域等。

8.5.4 政策性金融机构市场竞争力

在市场经济条件下，竞争力通常是指企业占领市场、拓展市场和适应市场变化的应对能力。对于政策性金融机构而言，其竞争力水平受到多方面因素的影响。

第一，竞争对手的影响。其与竞争对手的相对实力和创新能力决定了其竞争力的水平。如果竞争对手的实力不断增强，那么，政策性金融机构也必须加快自身能力的提高，这样才能确保或扩大原有的优势。

第二，潜在竞争者的影响。随着金融管制的进一步松动和金融全球化的进程加深，政策性金融机构所面对的潜在竞争者的数目越来越大，范围也愈加广泛。甚至国际上的知名金融机构也会加入进来，使竞争变得更加激烈残酷。为此，政策性金融机构还必须关注潜在竞争者的动向和举措，及时跟进创新。

第三，国家政策因素的影响。虽然所有金融机构都会受到国家政策因素如利率调整、进入管制放松、允许新金融工具的推出等方面变化的影响，但除此之外，政策性金融机构还要受到其他一些特殊的政策因素变动的影响，如国家产业政策的调整、外贸战略的变化、地区政策的转向等，都可能使政策性金融

① 王学人. 地区开发与我国开发银行战略转型［J］. 开发研究，2006（6）.

机构面临较大的政策风险，这些变化既可能给政策性金融机构带来新的机遇，如加大对政策性银行的注资和优惠支持，也可能使之面临新的挑战，如中止政策性银行部分原有业务的垄断经营权或部分优惠措施等，为此，政策性金融机构必须加强对国家经济发展态势的分析和预测，以便能够提早做好应变准备，化挑战为契机。

第四，自身经营管理能力的影响。按照唯物辩证法思想，内因是起决定性作用的因素。因此，政策性金融机构自身工作做得如何，是制约其竞争力高低的关键性因素。而其内部经营管理水平的高低，又从根本上取决于管理层和员工队伍的素质如何。队伍的整体素质高，政策性金融机构就能够用好用足政策优势，扬长避短，在金融细分市场上形成自身的核心竞争力，并且能够以此为基础，不断复制和扩大自身的优势，增强市场控制力和影响力。事实上，与其他商业性金融机构相比，政策性金融机构在资产规模、营销网点、客户数量以及由此而来的管理上的规模经济和范围经济等方面都居于不利地位，为此，政策性金融机构必须选择集约型发展道路，通过高素质的人才和先进的经营管理能力来实现内涵式增长，按照“先做强，次做优，再逐步做大”的顺序实现自身的稳健成长。当政策性银行已经具备足够的核心竞争力时，它应对政策或市场形势变动的灵活性也就大大增强，而这正是一个现代优秀企业的最为重要的特征。

第五，从增强政策性金融体系整体稳定性和可持续发展能力的角度来看，国家在“分三步走”完善我国政策性金融体系的同时，还需积极实施其他一些配套举措，以有效防范和化解我国政策性金融体系内在的风险。比如把我国现有的四家金融资产管理公司合并为新的不良资产管理政策性银行，负责运用多种商业手段（如收购等）来处置我国各商业银行的不良资产。另外，还可以建立存款保险银行来进一步完善我国金融体系安全网，这样既能为中小金融机构的市场退出提供专门通道，又能保障公众对国家金融体系的信心。

参考文献

1. ［美］阿道夫·A. 伯利，加德纳·C. 米恩斯. 现代公司与私有财产. 商务印书馆，2005.

2. 埃德温·H. 尼夫. 金融体系：原理和组织. 中国人民大学出版社，2005：285.

3. 巴瑞林. 论经济转轨中政策性银行的经营缺陷及其调整——国际的经验及中国的对策. 当代财经. 1997（10）.

4. 白钦先. 政策性金融论. 经济学家，1998（3）.

5. 白钦先. 白钦先经济金融文集（第二版）. 中国金融出版社，1999.

6. 白钦先. 2005：国内外政策性金融理论与实践若干问题的思考. 广东金融学院学报，2005（1）.

7. 白钦先，曲昭光. 各国政策性金融机构比较. 中国金融出版社，1993：38.

8. 白钦先，王伟. 政策性金融可持续发展必须实现的“六大协调均衡”. 金融研究，2004（7）.

9. 白钦先，王伟. 2005a：政策性金融监督机制与结构的国际比较. 国际金融研究，2005（5）.

10. 白钦先，王伟. 2005b：中外政策性金融立法比较研究. 金融理论与实践，2005（12）.

11. 毕世杰主编. 发展经济学. 高等教育出版社，1999：259.

12. 布劳. 社会生活中的交换与权力. 孙非，张黎勤译. 华夏出版社，1988.

13. 蔡新华. 日本经济的结构性问题及其改革. 现代日本经济，1996（3）.

14. 蔡友才. 政策性银行规范化改革问题研究. 社会科学，2003（11）.

15. 蔡玉峰. 政府调节经济学. 中国发展出版社，1995：20.

16. 曹文烁. 德日韩政策性银行透析. 中国投资，2001（9）.

17. ［美］查尔斯·沃尔夫. 1994a：市场或政府——权衡两种不完善的选择/兰德公司的一项研究. 中国发展出版社. 1994：15，79.

18. 陈观烈. 经济发展中的货币与资本. 中译本序. 上海三联书店，1988.

19. 陈建华. 金融监管有效性研究. 中国金融出版社, 2002: 3.

20. 陈全伟, 王彤. 金融监管理论的演变. 中国经济时报, 2002 年 1 月 26 日.

21. 陈彩虹. 中国国有商业银行治理结构变革论. 战略与管理, 2003 (1).

22. 陈虎城. 国有银行治理: 逻辑起点、约束条件与模式选择. 金融理论与实践, 2005 (6).

23. 陈柳钦. 我国金融制度创新的理论分析与实践选择. 北华大学学报 (社会科学版), 2005 (2).

24. 陈元. 2004a: 在开发性金融实践中落实科学发展观. 国家开发银行网站.

25. 陈元. 2004b: 改革的十年发展的十年——开发性金融实践与理论的思考. 国家开发银行网站.

26. 陈元. 2004c: 发挥开发性金融作用促进中国经济社会可持续发展. 管理世界, 2004 (7).

27. 陈雨露. 经济市场化进程中的金融控制与国家工具. 现代商业银行, 2005 (7).

28. 陈志刚. 金融深化与中国的经济增长. http: //cedr. whu. edu. cn/cedr-paper/2004512202949. doc.

29. 陈志祥. 论政策性金融运行的制度安排. 金融理论与实践, 1997 (4).

30. 程勇. 央行官员表示: 我国政策性银行转型条件已具备. 上海证券报, 2005 年 8 月 9 日.

31. 重庆银监局课题组. 对政策性银行实施有效监管的思路与对策. 重庆金融, 2004 (8).

32. 楚红丽. 公立高校与政府、个人委托代理关系及其问题分析. 高等教育研究, 2004 (1).

33. 崔艳梅, 王莹. 进出口政策性金融的经济学原理及其在我国的实践. 经济师, 2004 (10).

34. 戴达年. 我国入世后政策性银行的地位和作用研究. 浙江金融, 2003 (6).

35. 戴晓萍. 政策性银行资金来源问题研究. 金融管理科学, 1994 (3).

36. 单羽青. 政策性银行未来走向尚无定论. 中国经济时报, 2005 年 4 月 15 日.

37. 邓宏图. 制度均衡: 供给与需求. 河北师院学报 (社科版), 1996 (2).

38. 蒂米奇·威塔斯. 对金融中介规管的影响. 金融规管——变化中的游戏规则. 上海财经大学出版社, 2000: 69 - 70.

39. 窦洪权．法人治理中的权力边界明确化：论国有重点金融机构监事会职责．金融研究，2003（3）．

40. 段京东．中国政策性银行法律制度研究．中国人民大学出版社，2005．

41. 段银弟．政策性银行监管模式新探．武汉金融，2006（4）．

42. 方福前：当代西方经济学主要流派．中国人民大学出版社，2004．

43. 方福前，徐丽芳．信贷市场及其机构的演化：基于交易的功能观——以担保公司的出现为例．中国人民大学学报，2005（3）．

44. 高世楫，陈伟，张安．完善公共服务监管体制．经济日报，2005 年 9 月 19 日．

45. 龚明华．发展中经济金融制度与银行体系研究（财金科学文库）．中国人民大学出版社，2004：43．

46. 顾鸣超，李晓苹．完善经营机制进一步发挥政策性金融的作用．国际贸易问题，1998（2）．

47. 国家开发银行，中国人民大学联合课题组．开发性金融论纲．中国人民大学出版社，2006．

48. 郭连成，米君．金融全球化与经济转轨国家的金融改革的路径选择．经济社会体制比较，2004（5）．

49. 国务院发展研究中心．中国开发性金融的理论与政策制度安排［R］，2005（4）．

50. 国务院发展研究中心《开发性金融研究》课题组．课题负责夏斌．执笔张承惠．依托国家信用行使职能——国外政策性金融的发展趋势．国际贸易，2005（5）．

51. 郭新双．金融发展与政策性金融．宏观经济管理，2004（12）．

52. 何德旭，姚战琪．政策性金融与西部大开发．金融研究，2005（6）．

53. 赫尔曼，穆尔多克，斯蒂格利茨．金融约束：一个新的分析框架．载于青木昌彦，金滢基，奥野－藤原正宽主编．政府在东亚经济发展中的作用——比较制度分析．中国经济出版社，1998．

54. 何正文．谈政策性金融机构的外部关系．黑龙江金融，1998（11）．

55. 何自云．商业银行的边界：经济功能与制度成本．中国金融出版社，2003．

56. 胡朝建，刘伟，王秋凌，罗俊华．国外农业政策性金融运作特点及我国农业政策性银行的发展定位．中国农村经济，2001（5）．

57. 胡代光．西方经济学说的演变及其影响．北京大学出版社，1998：386．

58. 黄河静．对完善我国政策性金融体系的几点思考．经济问题探索，2003（5）．

59. 黄继忠. 省级财政支出制度：委托代理关系下的分析. 经济社会体制比较，2003（6）.

60. 贾瑛瑛. 探索政策性银行改革与转型之路. 中国金融，2006（10）.

61. 蒋伏心，周春平. 交易费用视角的政府行为——以温州模式为例. 中国工业经济，2005（6）.

62. 姜欣欣. 政策性银行要向综合性开发金融机构转型. 金融时报，2005年8月8日.

63. 蒋自强，史晋川等. 当代西方经济学流派（第二版）. 复旦大学出版社，2001.

64. 金英姬. 20世纪80－90年代的韩国金融体制改革. 当代韩国，2001年春季号.

65. 开发性金融研究课题组. 开发性金融在市场经济体系建设中的作用及其与财政的关系研究. 经济研究参考，2006（12）.

66. ［美］考夫曼（Kaufman G）. 陈平等译. 现代金融体系：货币、市场和金融机构. 经济科学出版社，2001：70.

67. 科尔奈. 短缺经济学. 经济科学出版社，1986.

68. 雷蒙德·W. 戈德史密斯. 金融结构与金融发展. 上海三联书店，1996.

69. ［英］理查德·L. 基钦. 发展中国家的金融. 黑龙江人民出版社，1990.

70. 李宏宇，梁晓静，张宏宇. 政策性金融几个基本问题的探讨. 武汉金融，2001（5）.

71. 李吉平，陈民，李小涛. "入世"对政策性金融的影响及对策. 中国投资，2000（10）.

72. 李岚. 政策性银行：加快改革势在必行. 金融时报，2005年3月16日.

73. 李敏. 新兴市场经济国家与发达国家金融监管的经验教训. 云南财贸学院学报，2004（3）.

74. 李若谷. 主导进出口银行首次会议定调"全球化". 第一财经日报，2005年8月10日.

75. 李守荣. 中国金融体系概论. 经济管理出版社，1993：9.

76. 李扬. 国家目标、政府信用、市场运作——我国政策性金融机构改革探讨. 经济社会体制比较，2006（1）.

77. 李燕君，黄才伟. 政策性金融机构在西部大开发中的作用. 财经科学，2000（增刊）.

78. 李忠元. 有关政策性银行发展的几个问题. 中国金融，2005（2）.

79. 梁江波. 我国政策性银行行为边界的理性思考. 首都经贸大学学报, 2005 (5).

80. 梁小民. 高级宏观经济分析. 北京大学出版社, 1989: 86.

81. 廖有明. 依法规范我国政策性金融体系. 金融时报, 2004 年 7 月 27 日.

82. 廖有明. 当前我国政策性金融面临的主要问题. 经济研究参考, 2005 (39).

83. 林毅夫. 关于制度变迁的经济学理论: 诱致性变迁与强制变迁; R. 科斯, A. 阿尔钦, D. 诺斯. 财产权利与制度变迁——产权学派与新制度学派译文集. 上海: 上海三联书店. 上海人民出版社, 1996: 331.

84. 林毅夫, 谭国富. 自生能力、政策性负担、责任归属和预算软约束. 经济社会体制比较, 2000 (4).

85. 刘国华. 出口政策性金融体系的国际比较及中国的对策. 湖南大学经贸学院 2001 级硕士学位论文.

86. 刘明康. 为何要重视银行治理机制. 国际金融研究, 2002 (4).

87. 刘世祥. 探讨我国政策性金融机构重组. 广西金融研究, 1999 (11).

88. 刘锡良等. 中央银行学. 中国金融出版社, 1997.

89. 刘新辉. 美国对董事会经营决策行为的法律规制. 华东政法学院学报, 2005 (4).

90. 刘运顶, 王一鹏. 美国"国家出口战略"分析. 华南金融研究, 2003 (3).

91. 刘玉萍, 王灵敏. 农业融资、金融浅化与中国农村金融制度创新. 中国经济评论, 2004 (4).

92. 刘云清. 中国进出口银行因势而变. 银行家, 2005 (10).

93. 陆娟, 蔡友才. 政策性银行规范化改革问题研究——我国政策性金融国际借鉴与改革思路. 经济要参, 2003 (76).

94. 陆谷孙. 英汉大辞典 [Z]. 上海译文出版, 1993.

95. 卢平, 蔡友才. 我国农村政策性金融改革思路. 金融理论与实践, 2005 (3).

96. 卢晓平. 研究报告认为我国政策性金融机构监管体制亟须调整. 上海证券报, 2005 年 4 月 15 日.

97. 罗伯特·默顿. 兹维·博迪金融. 体系的设计: 金融功能和制度结构的统一. 比较, 2005 (17).

98. 罗纳德, 麦金农. 经济市场化的次序——向市场经济过渡时期的金融控制. 上海三联书店, 1999.

99. 罗学东. 国家开发银行改革与发展的方案设想. 银行家, 2005 (7).

100. ［法］N. 马居歇等. 法国农业信贷银行. 北京：农业出版社，1988.

101. 马克思恩格斯全集（第1卷）. 人民出版社，1995.

102. 马庆钰，杨庆东. 公共服务的理性及其运作框架. 国家行政学院学报（政府管理），2005（2）.

103. 马斯金，许成钢. 软预算约束理论：从中央计划到市场. 经济社会体制比较，2000（4）.

104. ［美］迈克尔・P. 托达罗. 常青藤——经济学读本选译：经济发展（第六版）. 中国经济出版社，1999：564.

105. 麦金农. 经济发展中的货币与资本. 上海三联书店，1988.

106. 毛永强. 新加坡发展银行应对21世纪发展挑战所采取的战略. 融资研究，2004（10）.

107. 尼古拉斯・施普尔伯. 国家职能的变迁. 辽宁教育出版社，2004.

108. 牛晓健，王胜英. 政策性金融应当成为拉动我国经济增长的火车头——论政策性银行的改革与创新. 当代财经，2003（10）.

109. 牛晓健. 政策性金融创新探究——论社会保险和政策性银行融合的可能性与可行性. 学习论坛，2004（12）.

110. D. C. 诺斯. 制度、制度变迁与经济绩效. 上海三联书店，1991.

111. 欧阳康，张明仓. 社会科学研究方法. 高等教育出版社，2004：266.

112. 皮天雷. 金融生态的法律缺席研究基于新制度经济学的分析. 重庆金融，2005（11）.

113. 祁鸿佑. 当前农业政策性银行亟待解决的两个重要问题. 经济问题，2005（7）.

114. 钱晔. 试论我国政策性银行与政府宏观调控职能的良性衔接. 税务与经济，2005（5）.

115. 钱颖一. 比较. 北京. 中信出版社，第五辑（2003年3月）.

116. 卿淑群. 政策性银行学. 西南财经大学出版社，1999.

117. 青木昌彦，钱颖一. 转轨经济中的公司治理结构：内部人控制和银行的作用. 中国经济出版社，1996.

118. 邱兆祥，史瑞军. 中国政策性银行的改革与发展. 金融科学，2001（1）.

119. 瞿强. 经济发展中的政策金融——若干案例研究. 中国人民大学出版社，2000.

120. R. 科斯，A. 阿尔钦，D. 诺斯. 财产权利与制度变迁. 上海：上海人民出版社，1994.

121. 冉勇，蒲勇健. 激励规制理论与商业银行监管金融理论与实践，2004

(2).

122. 任俊生. 论准公共品的本质特征和范围变化. 吉林大学社会科学学报, 2002 (5).

123. 任晓林. 中国公共行政价值的多重跨越与共生. 云南行政学院学报, 2002 (3).

124. 荣九勇. 对重构我国专业金融体系的思考. 金融与经济, 1999 (6).

125. 世界银行. 1989 年世界发展报告. 中国财政经济出版社, 1989: 34.

126. 世界银行. 东亚奇迹 (中译本). 中国财政经济出版社, 1994.

127. 世界银行. 1998 ~ 1999 年世界发展报告: 知识与发展. 中国财政经济出版社, 1999: 72.

128. 世界银行. 金融与增长——动荡条件下的政策选择. 经济科学出版社, 2001.

129. 世界银行. 农村金融: 问题、设计和最佳做法. 世界银行研究报告 (2745 号), 2002.

130. 孙冀. 试论法人制度在银行系统的实现形式. 国际金融研究, 1995 (12).

131. 孙永波, 陈柳钦. 论金融制度创新. 北京工商大学学报 (社会科学版), 2002 (3).

132. 谭功荣. 问责制: 责任政府最基本的实践形式. 中共福建省委党校学报, 2004 (7).

133. 唐成. 中国的政策性金融和邮政储蓄的关系研究. 经济研究, 2002 (11).

134. 田永强, 王凤芹. 农业政策性银行脆弱性问题研究. 金融理论与实践, 2006 (2).

135. 托马斯·F. 卡吉尔, 吉里安·G. 加西亚. 八十年代的金融改革. 中国金融出版社, 1989.

136. 王沪宁. 新政治功能: 体制供给和秩序供给. 上海社会科学院学术季刊, 1994 (2).

137. 王继祖. 美国金融制度. 中国金融出版社, 1994.

138. 王柯敬, 杜惠芬. 国有商业银行改革目标: 金融企业还是准政府机构. 经济理论与经济管理, 2004 (10).

139. 王松奇. 金融学. 中国金融出版社, 2002.

140. 王廷科, 薛峰. 现代政策性金融机构: 职能、组织与行为理论. 金融与经济, 1995 (2).

141. 王伟. 论政策性金融的内涵和外延. 金融理论与实践, 1996 (4).

142. 汪雪梅，张革平. 关于完善我国国有金融资产管理体制的探讨. 参见：胡怀邦. 国有金融机构发展与监管. 中国金融出版社，2005：29.

143. 王学人. 地区开发与我国开发银行战略转型. 开发研究，2006（6）.

144. 王学人. 我国政策性金融研究综述. 求索，2006（7）.

145. 王学人. 我国政策性金融法立法中的若干重要问题探讨. 天府新论，2007（2）.

146. 王学人，张立. 产业安全问题制度非均衡成因探讨. 求索，2005（4）.

147. 王学人，钟宏武. 电信监管与公司治理. 经济体制改革，2005（4）.

148. 王晓升. 政府失效与政府行为的优化. 理论学习月刊，1997（9）.

149. 温家宝. 全面深化金融改革促进金融业持续健康安全发展. 求是，2007（5）.

150. ［加］温迪·多布森.［法］皮埃尔·雅凯. 国际经济热点译丛. WTO中的金融服务自由化. 北京出版社，2000：30.

151. 吴洁. 西部开发中政策性金融的发展与完善. 现代管理科学，2002（8）.

152. 吴敬琏. 正视风险、稳妥改革、规范发展. 经济界委员通讯，2005（3）.

153. 吴义国. 建设中国中小企业政策性金融支持体系. 管理世界，2004（12）.

154. 吴易风主编. 当代西方经济学流派与思潮. 首都经贸大学出版社，2005.

155. 伍旭川. 政策性银行的改革与发展：日本的经验. 银行家，2006（2）.

156. 夏斌，张承慧. 关于政策性银行改革的若干认识. 国务院发展研究中心调查研究报告摘要，2005 年 6 月.

157. 夏志华. 我国金融创新的影响因素分析. 技术经济与管理研究，2005（1）.

158. 肖. 经济发展中的金融深化. 上海三联书店，1988.

159. 谢建华. 公共服务领域的体制改革与管理创新. 经济管理，2005（17）.

160. 谢平，蔡浩仪. 金融经营模式及监管体制研究. 中国金融出版社，2003：10.

161. 谢汪送. 关于农业政策性金融业务的界定. 财贸研究，1998（2）.

162. 熊华军，刘鹰. 大学政策实施中的委托代理问题分析. 现代大学教育，2004（5）.

163. 徐爱田. 各国进出口政策性金融：历史与比较. 广东金融学院学报，2005（1）.

164. 徐爱田，姜伟，欧建雄. 中国进出口政策性金融发展面临的挑战及对策. 上海金融，2003（1）.

165. 许成钢. 法律、执法与金融监管——介绍法律的不完备性理论. 经济社会体制比较，2001 (5).

166. 徐良平. 金融与经济关系研究的功能方法：一个分析框架. 南京大学“斯密论坛”. 经济发展评论，2002 (1).

167. 徐永前. 国有资产管理新体制下的九个关系. 法人杂志，2004 (11).

168. 薛晓斌. 软预算约束制度成因研究. 开放导报，2005 (6).

169. 郇丽. 三大政策性银行转型路线图. 中国新闻周刊，2006 (10).

170. 雅荣·本杰明，皮普雷克. 农村金融问题、设计和最佳做法. 世界银行出版物，2002 (2)，第2745号报告.

171. 杨浩，肖翌. 委托代理理论：对构造企业家激励和约束机制的启示. 上海经济研究，1995 (12).

172. 杨君，龚玉池. 有效制度供给不足与中国经济增长. 经济学家，2001 (1).

173. 杨秋宝. 社会主义市场经济中的政府行为合理化. 北京行政学院学报，2003 (4).

174. 杨瑞龙. 论制度供给. 经济研究，1993 (8).

175. 杨涛. 政策性金融理论与实践研究. 中国社会科学院金融研究所 IFB 工作论文 [R]，2004 (No. 0004).

176. 杨育民. “经济人”的制度化基础. 中州学刊，2000 (5).

177. 杨育民. 略论“制度化”. 社会科学辑刊，2001 (6).

178. 杨有振. 金融开放：创新与监管. 中国金融出版社，2002：23.

179. 羊子林. 认识“走出去”的紧迫性加大政策性金融支持——访中国进出口银行行长羊子林先生. 国际工程与劳务，2005 (2).

180. 姚建平，龚连英. WTO 与我国外贸政策性金融界体系建设. 江西教育学院学报（综合），2004 (6).

181. 尹继红. 政策性金融与经济发展：国际比较与动态模式. 金融时报，2006年6月21日.

182. 余菁. 案例研究与案例研究方法. 经济管理，2004 (20).

183. 袁峰. 制度变迁与稳定. 复旦大学出版社，1999：27.

184. 苑志宏. WTO 框架下我国进出口政策性金融体制的发展战略. 辽宁经济，2005 (12).

185. 岳予晋. 政策性银行的经营风险与对策. 中国金融，2005 (1).

186. 张承惠. 中国政策性金融的现状、问题与发展. http：//www.drcnet.com.cn/DRCnet.common.web/docview.aspx?chnid=172&leafid=203&docid=-2510，1999年1月20日.

187. 张承惠. 韩国政策性金融体系运作的特点及对我国的启示. 产业经济研究，2004（6）.

188. 张承惠. 依托国家信用行使职能——国外政策性金融的发展趋势. 国际贸易，2005（5）.

189. 张春霖. 公共服务提供的制度基础：一个分析框架. 比较，2005（17）.

190. 张长利. 政策性银行法性质探析. 法学杂志，2000（1）.

191. 张荔. 发达国家与发展中国家的政策性金融机构的比较分析. 金融科学，1996（1）.

192. 张涛. 开发性银行的国际实践. 银行家，2005（7）.

193. 张涛，卜永祥. 关于中国政策性银行改革的若干问题. 经济学动态，2006（5）.

194. 张孝成. 农业政策性金融理论及实证研究. 西南农业大学，2002 届博士学位论文.

195. 张忠军. 征信法律制度中的政府角色. 法学，2005（9）.

196. 赵洪. 东亚发展中国家的政策金融及其启示. 当代亚太，2001（9）.

197. 赵怡. 金融与经济发展理论综述. 经济问题，2006（2）.

198. 郑新华，黄剑辉. 国外发达国家开发性金融经验借鉴. 经济研究参考，2005（62）.

199. 中国农业发展银行山东省分行课题组. 加入 WTO 后我国农业政策性金融发展战略研究. 农业经济问题，2001（7）.

200. 中国社会科学院“新自由主义研究”课题组. 新自由主义研究. 马克思主义研究，2003（6）.

201. 中国人民银行武汉分行营业管理部审计理论课题组. 国家审计、社会审计、内部审计在金融监管体系中的作用及如何形成监管合力之研究. 武汉金融，2004（7）.

202. 邹德财. 对建立住房政策性金融机构的构想. 中国房地产金融，2000（6）.

203. 邹东涛，席涛. 制度变迁中个人、企业和政府行为主体的经济分析. 北京大学学报（哲社版），2002（2）.

204. 周小川. 商业银行如何充实资本. 人民日报，2000 年 5 月 9 日.

205. 周小川. “十一五”期间金融体制的改革. 学习时报，2005（311）.

206. 周小川. 2006a：积极推进中国政策性银行的改革与发展. “政策性银行改革与转型国际研讨会”发言. http://finance.sina.com.cn，2006 年 4 月 28 日.

207. 周小川. 2006b：积极推进中国政策性银行的改革与发展. 中国金融，2006（10）.

208. 庄辉. 充分发掘和运用我国政策性金融的作用. 宏观经济管理，2001(9).

209. Alan L. Olmstead, Investment Constraints and New York City Mutual Savings Bank Financing of Antebellum Development, THE Journal of Economic History, Vol. 32. No. 4 (Dec., 1972): 811 –840.

210. Antonio Vives and Kim Staking, Policy – Based and Market Alternatives: East Asian Lessons for Latin America and the Caribbean, Section Four; 163 – 182. June 1997. Inter – American Development Bank.

211. Beck, T., Levine R., Loayza, N., 2000. Finance and the sources of growth. Journal of Financial Economics 58, 261 –300.

212. Brian Branch of WCOCU: Savings Mobilization: Conceptual Framework. November 2002. Paper for the Best Practice in Savings Mobilization Conference. Washington. (5 –6 November 2002).

213. Calomiris, Charles W., and Charles P. Himmelberg (1994). "Directed Credit Programs for Agriculture and Industry: Arguments from Theory and Fact", Proceedings of the World Bank Annual Conference on Development Economics, 1993: 113 –137.

214. Calomiris, C. W., C. P. Himmelberg, C. M. Kahn, and D. Vittas. "Evaluating Industrial Credit Programs in Japan: A Research Proposal", Working paper, University of Illinois. 1992.

215. Charles W. Calomiris, Charles P. Himmelberg, "Government credit policy and industrial performance", The World Bank Financial Sector Development Department larch. 1995. Policy Research Working Paper 1434.

216. Cho, Y. J. (1996) Government Intervention, Rent Distribution, and Economic Development in Korea, in Aoki, M. Kim, H. K and Okuno – Fujiwara, M. eds.: 208 –232.

217. Cho, Yoon J. 1997. "Credit Policies and the Industrialization of Korea: Lessons and Strategies", Policy – Based Finance and Market Alternatives: East Asian Lessons for Latin America and the Caribbean. Kim B. Staking, editor. Washington D. C.: Inter – American Development Bank.

218. Cho, Yoon Je, and Joon Kyung Kim. 1997. Credit Policies and the Industrialization of Korea, KDI Research Monograph 9071. Seoul: Korea Development Institute.

219. Cho, Yoon – Je and Thomas Hellmann, "The Government' s Role in Japanese and Korean Credit Markets: a New Institutional Economics Perspective," Seoul

Journal of Economics, 1994. 7 (4): 383 -415.

220. Corrigan, Gerald. 1997. Building Modern and Efficient Banking Systems in Emerging Markets. Infrastructure and Financial Markets Working Papers Series. Washington, D. C. : Inter - American Development Bank.

221. D. A. Fergusson, The Industrial Development Bank of Canada, The Journal of Business of the University of Chicago, Vol. 21, No. 4 (Oct. , 1948): 214 - 229.

222. Demetriades, Panicos O. & Hussein, Khaled A. , 1996. "Does financial development cause economic growth? Time - series evidence from 16 countries," Journal of Development Economics, Elsevier, vol. 51 (2), 387 -411.

223. Dewaatripont. Mathias and Maskin. Eric. Credit and Efficiency in Centralized and Decentralized Economics [J]. Review of Economic Studies. October 1995. 62 (4): 541 -556.

224. Diamond, Douglas W. 1984. "Financial Intermediation and Delegated Monitoring", Review of Economic Studies 51: 393 -419.

225. Dimitri Vittas and Akihiko Kawaura. "Policy - Based Finance, Financial Regulation, and Financial Sector Development in Japan", The World Bank Financial Sector Development Department, 1995, Policy Research Working Paper 1443.

226. Ethel B. Dietrich, British Export Credit Insurance, The American Economic Review, Vol. 25, No. 2 (Jun. , 1935): 236 -249.

227. Fry M. Money, Interest and Banking in Economic Development [M]. Johns Hopkins University Press, 1995.

228. Goldsmith R W. Financial Structure and Development [M]. New Haven: Yale University Press, 1969.

229. Hideki Funatsu, Export Credit Insurance, The Journal of Risk and Insurance, Vol. 53, No. 4 (Dec. , 1986): 679 -692.

230. Horiuchi Akiyoshi & Sui Qing - yuan, 1993. "Influence of the Japan Development Bank Loans on Corporate Investment Behavior," Journal of the Japanese and International Economies, Elsevier, vol. 7 (4): 441 -465.

231. Inter - American Development Bank. 1996. Economic and Social Progress Report of the Inter American Development Bank. Washington D. C.

232. Japan. The Twenty - Eighth Meeting of the Council on Economic and Fiscal Policy Monday, October 7, 2002.

233. Japan Development Bank (JDB). Policy - Based Finance: The Experience of Postwar. 1994. World Bank Discussion Paper 221.

234. Judy Pearsall.: The New Oxford Dictionary of English [Z]. 上海：上海外语教学出版社，1998.

235. Kim, S. Ran (1993), Beyond State and Market: The Role of the State in Korean Industrial Development, The Case of Machine Tools, WZB – Discussion Paper FS II 93 – 205, Berlin.

236. La Porta, R., F. Lopez – de – Silanes, A. Shleifer and R. Vishny. 1997, Legal Determinants of External Finance, Journal of Finance, 1131 – 1150.

237. Levine, Ross. 1997. Financial Development and Economic Growth: Views and Agenda. Journal of Economic Literature 35: 688 – 726.

238. M. A. Taslim, Entrepreneurship, Default, and the Promblem of Development Finance. The Canadian Journal of Economics. Vol. 28. No. 4a (Nov., 1995), 961 – 972.

239. McKinnon, Ronald. Money and Capital in Economic Development [M]. Washington, D C, Brookings Institution, 1973.

240. Merton, Robert C., and Zvi Bodie. 2000. Finance. Upper Saddle River, N. J.: Prentice – Hall.

241. Morduch. Jonathan. The Microfinance Promise. Journal of Economic Literature. 1999 (37).

242. PaulP. Streeten. "Against Minimalism" in Louis Putteman and Dietrich Rueschemeyer. State and Market in Development—Synergy or Rivalry. Boulder & London: Lynne Rienner Publishers. 1992.

243. Proceedings of the World Bank Annual Conference on Development Economics 1993, Washington D. C.: World Bank.

244. Rajan, Raghuram G. and Luigi Zingales, 2001. The Great Reversals: The Politics of Financial Development in the 20th Century, Working Paper, University of Chicago.

245. Robert A. G. Monks, Nell Minow. corporate governance. Basil Blackwell Inc. 1995.

246. Santomero, Anthony M. 1989. "The Changing Structure of Financial Institutions: A Review Essay", Journal of Monetary Economics.

247. Santomero, Anthony M. 1997. "Effective Financial Intermediation", Policy – Based Finance and Market Alternatives: East Asian Lessons for Latin America and the Caribbean. Kim B. Staking, editor. Washington D. C.: Inter – American Development Bank.

248. Shaw E. Financial Deepening in Economic Development [M]. Oxford Uni-

versity Press, 1973.

249. Stiglitz, Joseph E. and Andrew Weiss. 1981. "Credit Rationing in Markets with Imperfect Information", American Economic Review 71 (3): 393 –410.

250. Stiglitz, Joseph E. 1993. "The Role of the State in Financial Markets", Proceedings of the World Bank Annual Conference on Development Economics. Washington D. C.: The World Bank. 1996. "Some Lessons from the East Asia Miracle", The World Bank Research Observer 11 (2): 151 –78.

251. Stiglitz, Joseph E. and Marilou Uy. 1996. "Financial Markets, Public Policy, and the East Asian Miracle", The World Bank Research Observer 11 (2): 249 –276.

252. Tsutomu Shibata, 1997, "Policy – Based Finance in Japan: Possible Lessons for the Americas", Policy – Based Finance and Market Alternatives: East Asian Lessons for Latin America and the Caribbean. Kim. B. Staking, editor. Washington D. C.: Inter – American Development Bank: 196.

253. Vittas, Dimitri. 1997. "Policy – Based Finance: Application of East Asian Lessons to the Americas", Policy – Based Finance and Market Alternatives: East Asian Lessons for Latin America and the Caribbean. Kim. B. Staking, editor. Washington D. C.: Inter – American Development Bank.

254. Vittas, D., and Cho, Y. J., 1995. Credit policies: lessons from East Asia, The World Bank (Financial Sector Development Department) Policy Research Working Paper 1458, May.

255. Vittas, Dimitri and Yoon Je Cho.. "The Role of Credit Policies in Japan and Korea", Finance &Development, 1994.

256. Vittas, Dimitri and Yoon Je Cho. "Credit Policies Lessons from East Asia", 1995. the World Bank Policy Research Working Paper 1458 [R].

257. Vittas, Dimitri and Yoon J. Cho. 1996. "Credit Policies: Lessons from Japan and Korea", The World Bank Research Observer 11 (2): 277 –298.

258. W. Keeton. Equilibrium Credit Rationing [M]. New York : Garland Press, 1999.

259. William Diamond, Development Banks, Baltimore, Maryland: Johns Hopkins Press: 1 –5.

260. World Bank. "The East Asian Miracle – Economic Growth and Pubic Policy", The World Bank, Oxford University Press, Washington D. C., 1993.

261. Yin, R. K., 1984, Case study research: Design and methods, NewburyPark, CA : Sage Publications.

后　记

本书是在我的博士毕业论文基础上修改而成的。值此出版之际，我不禁回想起过去数年的求学生涯，真是收获良多，感怀万千。

打开电子邮箱，导师邓翔教授发来的数十封邮件仍历历在目。这些邮件涵盖了参阅书目文献、资料索引、外刊信息、学术交流通知以及选题意见建议等。保留的论文初稿中，也布满了邓老师的详细批注。每一封邮件，每一处批注，都饱含邓老师的精心指点与殷切期盼，让我得以不畏学业困苦而坚持不懈。

四川大学的恩师和学友们也留给了我难以忘怀的美好回忆！这里要特别提到的是李天德教授、廖君沛教授、朱方明教授、张衔教授、张红伟教授、蒋永穆教授、徐玖平教授、杨江教授、杨永忠教授以及各位授课老师，感谢你们对我的学业和成长给予的谆谆教诲！正是有了你们的指引和帮助，我才得以在四川大学这个美丽而充满人文气息的校园里，实现了从法学学士到经济学博士的跨越梦想，并进入到商学院从事博士后研究工作。我对母校的感激之情难以言表！

挥别校园并不是求知生涯的结束，而是崭新的起点！来到四川省社会科学院这个学术大家庭里，我充分感受到了知识的力量和源自社会各界对社科研究的旺盛需求！在仓促而忐忑地投入到紧张的实践研究工作中的同时，我也吸收到大量的新知识、新信息。借此机会，我要向关怀和支持我学习与成长的各位领导、同事致以深深的感谢！我要衷心感谢四川省社会科学院为我提供了优越的工作、学习环境和施展才华的大舞台！我还要感谢四川省社会科学联合会的唐永进教授和王云川教授等对我部分研究成果给予的鼓励和肯定！

最后，这本书能够顺利出版，也与家人的全力支持是分不开的，尤其是因为阅读写作的缘故，占去了不少本应更多地陪伴宝贝儿子玩乐的机会。所以这项研究的完成，儿子也备感高兴，因为妈妈将可能腾出更多的时间来陪伴他健康成长。

成绩已属过去，今后还有更长远、更艰难的知识探索之路有待我脚踏实地、全力以赴地去完成。我坚信，自己一定会继续沿着这条尽管艰辛但充满挑战和乐趣的求知之路无怨无悔地走下去！这本书的出版同样也只是一个开始，未来我还将力争推出更多的成果，以回报各位恩师、学友、领导和同事朋友们！

王学人

2014 年 5 月于成都